企業情報管理
実務マニュアル
必備の書式35例付

漏えい・事故リスク対応の実務と書式

長内　健
片山　英二
服部　誠
安倍　嘉一
著

発行　民事法研究会

はしがき

　企業情報とは、企業の経営や事業活動に係るすべての情報で、大別すると、経営に関する情報、コンプライアンスに関する情報と営業秘密を含む知的財産に関する情報の三つに分類できます。企業として営業活動を継続し、競争力を維持することによって、営業利益を確保し、将来に向かって永続していくためには、企業にとっての多様なリスクを回避するというリスク管理の観点から、これらの企業情報を適切に管理することが要請されます。

　本書の**第1部**において、企業情報管理の基礎知識として、企業情報全般をリスク管理の観点から管理するための企業内体制を構築するために、内部統制システム、コンプライアンス体制、コーポレートガバナンスについて解説しています。

　本書の**第2部**は、三つに大別した企業情報である経営に関する情報、コンプライアンスに関する情報と営業秘密を含む知的財産に関する情報のそれぞれについて、リスク管理の観点から適切に管理するための具体的な質問とそれに対する回答のQ&Aで構成しています。質問Qに対する解答Aのあとに、詳細な論点の解説と対応策が示されています。

　第1章の経営に関する情報は、競争会社対策のために原則として社内で秘密に管理されるべきですが、企業のステークホルダーの利益のために、会社法や金融商品取引法、企業の社会的責任（CSR）の法理によって、開示や公表が要求される場合があることについて、解説しています。

　第2章のコンプライアンスに関する情報において、企業内に埋もれてしまいがちなコンプライアンス違反情報を収集するための社内体制と企業にとって問題となりそうなコンプライアンス違反リスクについて解説しています。

　第3章の企業秘密に関する情報において、企業が業績を上げていくうえで必要不可欠であり、外部に漏えいさせてはならない企業秘密をどのように保護していくべきか、対応策や人事労務管理の方法について解説しています。

　第4章の知的財産に関する情報において、発明やデザイン、ブランドと

いった知的財産に関する情報の管理について解説しています。具体的には、自己の知的財産を有効に活用し、他方において、他人の知的財産を侵害しないようにするため、どのような管理、対策を講じるべきか、また、管理、対策を講じるための前提知識として理解しておくべき知的財産法の内容について、解説しています。

本書の**第3部**は、実際の企業活動の場面における企業情報の管理とその実務上の留意点につき、人事労務面と事故・紛争と法的対応とに分けて構成させており、第2部と同様にＱ＆Ａにより解説と対応策・予防策が示されています。

第1章の人事労務面の対応では、企業秘密が外部に漏えいしないために、物理的・技術的に漏えいを防ぐための方法、また従業員等が漏えい等の行為をしないようにするための適切な人事労務管理のポイント、さらには実際に企業秘密が外部に漏えいしてしまった場合に企業が取り得る手段について解説しています。

第2章の事故・紛争と法的対応では、企業情報の流出等の事故、また、それに起因する紛争が生じた場合、どのような民事上および刑事上の法的対応をとるべきか、解説しています。

加えて、第2部、第3部においては、それぞれの場面において、具体的かつ実践的に対応策をとっていくために必要となる書式例を示しておりますので、きわめて有用かつ至便な手引書として活用していただけるものと自負しております。

膨大な量の個人情報の漏えいが発覚したベネッセコーポレーション個人情報漏えい事件からの教訓は、企業に対する信用を著しく毀損させるだけでなく、損害賠償や信頼回復のために多額の費用の負担を余儀なくされ、経営に重大な影響を与えることです。日々、大量の情報が流通・交換、蓄積される現代社会にあっては、重大な企業情報漏えい事故を引き起こせば、場合によっては企業の存立さえ危険にさらすことになりかねないことを肝に銘ずべきです。

このような危機意識の下で、本書は、企業活動によって発生する多様な企業情報を経営者や担当者が適切に管理するための具体的、実践的な指針を示したものです。本書のQ&Aを参考にしながら、企業情報を適切に管理していただければ幸いです。

　最後に、本書の出版にあたっては、民事法研究会の田口信義社長、南伸太郎氏、輿石祐輝氏をはじめとする編集部の皆さまに大変お世話になりました。ここに感謝申し上げます。

　平成26年12月

弁護士　　長内　　健
同　　　片山　英二
同　　　服部　　誠
同　　　安倍　嘉一

●凡　例●

　法令・条文・判例等の引用については、以下に記載した以外は大方の慣例による。

〔判例〕
　判例の表記は次の例によるほか、一般の慣例による。
　　最判（決）昭和63・1・1　民集42巻1号1頁
　　　　　　　　　　＝最高裁判所昭和63年1月1日大法廷判決（決定）

　　人＝大審院　　　　　　　　家＝家庭裁判所
　　最＝最高裁判所　　　　　　支＝支部
　　高＝高等裁判所　　　　　　判＝判決
　　地＝地方裁判所　　　　　　決＝決定
　　簡＝簡易裁判所

〔判例集・雑誌等〕
　民録＝大審院民事判決録
　民集＝最高裁判所民事判例集
　裁判集〔民事〕＝最高裁判所裁判集〔民事〕
　労民＝労働関係民事判例集（法曹会）
　判時＝判例時報（判例時報社）
　判タ＝判例タイムズ（判例タイムズ社）
　労経速＝労働経済判例速報（日本経営者団体連盟）
　労判＝労働判例（産労総合研究所）
　裁判所ホームページ＝裁判所ホームページ判例検索システム

目　次

第1部　企業情報管理の基礎知識

Ⅰ　リスク管理の対象としての企業情報 …………………………………… *2*
　1　はじめに………………………………………………………………… *2*
　2　企業のリスク管理と内部統制………………………………………… *3*
　3　わが国における内部統制の導入・普及の経過……………………… *4*
　　(1)　COSOレポートと内部統制の構築………………………………… *4*
　　(2)　日本版SOX法の導入と内部統制システムの整備 ……………… *6*
　4　コンプアイアンス（法令順守）体制 ………………………………… *8*
　　【書式1】　コンプライアンス基本方針例／*9*
Ⅱ　企業情報の分類に応じた管理方法 ……………………………………… *11*
　1　はじめに………………………………………………………………… *11*
　　(1)　経営情報の管理方法………………………………………………… *11*
　　(2)　コンプライアンス違反情報の管理方法…………………………… *12*
　　(3)　営業秘密や知的財産権など知的財産に関する情報の管理方法… *13*
　2　経営情報の意思決定プロセス………………………………………… *13*
　3　コーポレート・ガバナンス…………………………………………… *15*
　　(1)　コーポレート・ガバナンスとは…………………………………… *15*
　　(2)　日本社会へのコーポレート・ガバナンスの導入と日本型ガバ
　　　　ナンスの強化………………………………………………………… *16*
　　(3)　今後のコーポレート・ガバナンス──会社法改正を踏ま
　　　　えて── …………………………………………………………… *17*

Ⅲ 企業内における企業情報の管理体制、管理者、社員教育 …… 19
  1 はじめに……………………………………………………………… 19
    (1) 企業情報管理に責任を負う者とは………………………… 19
    (2) 企業情報の管理体制のあり方……………………………… 20
    (3) 社員教育による周知徹底の重要性………………………… 20
    (4) 派遣社員の管理……………………………………………… 21
  2 企業情報の管理体制構築のスタート……………………………… 21
  3 コンプライアンス行動基準の制定………………………………… 22
    【書式2】 コンプライアンス行動基準の具体的内容例／23
  4 コンプライアンス担当部署の設置………………………………… 28
  5 社員教育……………………………………………………………… 29
Ⅳ 企業情報をめぐるトラブルへの対応 …………………………… 31
  1 情報収集……………………………………………………………… 31
  2 対策本部の設置……………………………………………………… 31
  3 記者会見・プレスリリース対応…………………………………… 31
  4 調査委員会の設置…………………………………………………… 33
  5 再発防止策・社内処分……………………………………………… 34
  6 法的対応……………………………………………………………… 34

第2部　Q&A　企業情報の種類と管理

第1章 経営に関する情報管理の実務 …………………………… 36
Q1 経営情報の性質と留意点…………………………………………… 37
Q2 経営情報の秘密管理の可否………………………………………… 41

Q3　裁判手続における経営情報の開示……………………………………… *50*

第2章　コンプライアンスに関する情報管理の実務… *54*

　　Q1　企業のコンプライアンスに関する情報の性格とその収集方法…… *55*
　　Q2　個人情報保護法によって保護される個人情報………………………… *60*
　　　　【書式3】　個人情報保護規程例／66
　　Q3　公益通報者保護法による内部告発の対象となる情報……………… *70*
　　Q4　インサイダー取引規制の対象となる情報…………………………… *78*
　　Q5　独占禁止法に違反する違反行為情報………………………………… *84*
　　Q6　輸出関連法規に違反する情報…………………………………………… *91*
　　　　【書式4】　輸出管理内部規程例／96
　　Q7　公務員に対する賄賂や便宜供与の情報の問題……………………… *105*

第3章　企業秘密に関する情報管理の実務 ……… *112*

　　Q1　企業秘密と漏えい対策…………………………………………………… *113*
　　Q2　企業秘密が漏えいする事例……………………………………………… *119*
　　Q3　知的財産制度と企業秘密による保護の違いと特徴………………… *126*
　　Q4　企業秘密の流出を防止するための予防と対策……………………… *133*
　　Q5　海外への技術移転の際の企業秘密の管理と流出防止策…………… *139*

第4章　知的財産に関する情報管理の実務 ……… *145*

　　Q1　知的財産、知的財産権とは何か……………………………………… *146*
　　Q2　会社の知的財産を保護する法律のメリット・デメリット………… *151*
　　Q3　知的財産の管理に関する基本方針と方策…………………………… *160*
　　　　【書式5】　知的財産管理規程例／165
　　Q4　職務発明規程を策定する場合の留意点……………………………… *169*
　　　　【書式6】　職務発明規程例／174
　　Q5　共同研究開発を行う場合の留意点…………………………………… *182*

【書式7】　共同研究開発契約書例／189
Q6　研究委託を行う場合に留意すべき点……………………………… 195
　　　【書式8】　営業秘密管理チェックシート例／198
　　　【書式9】　受託研究契約書例／201
Q7　デザインや商品名の開発を外部に委託する際の留意点………… 205
　　　【書式10】　業務委託契約書例／211
Q8　特許出願とその留意点……………………………………………… 217
Q9　商標登録出願の意義と留意点……………………………………… 225
Q10　意匠出願の意義と留意点…………………………………………… 234
Q11　商標使用基準を策定する際の留意点 …………………………… 240
　　　【書式11】　商標使用基準例／244
Q12　知的財産権を譲渡・譲受けする場合の留意点 ………………… 246
Q13　知的財産権を実施許諾する場合の留意点 ……………………… 252
　　　【書式12】　特許実施許諾契約書例／256

第3部 Q&A 企業情報をめぐるリスク対応

第1章　人事労務面での対応をめぐる実務 …………… 262
Q1　従業員・取締役の秘密保持・競業避止義務……………………… 263
　　　【書式13】　就業規則規程例（服務規律）／270
Q2　アルバイト従業員、派遣社員や請負企業の従業員に企業秘密を
　　開示する場合の留意点……………………………………………… 272
　　　【書式14】　派遣社員に対する秘密保持誓約書例／279
　　　【書式15】　請負契約における秘密保持条項例／280

Q3 採用を行う場合の企業秘密に関する留意点………………………… 282
　【書式16】　入社時の誓約書例／287
　【書式17】　プロジェクト参画時の誓約書例／289
　【書式18】　管理職就任時の誓約書例／290
Q4 日常的な業務を行う前の教育・研修に関する留意点……………… 291
　【書式19】　ソーシャルメディア利用ガイドライン例／298
Q5 技術面からの企業秘密の具体的管理………………………………… 301
Q6 企業秘密を保護するための従業員の管理…………………………… 311
　【書式20】　秘密管理規程例／318
　【書式21】　閲覧申請書例／323
　【書式22】　印刷・複製申請書例／324
Q7 従業員に対するモニタリング（調査）の留意点…………………… 326
　【書式23】　社内調査規程例／333
Q8 在職中に秘密保持義務・競業避止義務に違反した者への懲戒処
　　分の留意点……………………………………………………………… 336
　【書式24】　懲戒解雇通知書例／342
Q9 退職者が他の従業員を勧誘して競業会社に引抜きをした場合の
　　対応策…………………………………………………………………… 343
Q10 退職者による競業行為に対する留意点 …………………………… 350
　【書式25】　退職時の秘密保持・競業避止誓約書例／358
Q11 競業避止契約に違反した場合の退職金の減額または返還の可否 … 360
　【書式26】　退職金規程例／367
Q12 フランチャイズ・システムにおける競業避止義務………………… 368
　【書式27】　フランチャイズ契約における秘密保持義務・競業避止義
　　　　　　　務の規定例／376

第2章　事故・紛争と法的対応策 ……………………………… 378

Q1 自社の営業秘密が他社により勝手に利用されていることが発覚

した場合の対応策 …………………………………………………… *379*

Q2　自社の知的財産権が侵害されていることが発覚した場合の対応策

……………………………………………………………………………… *386*

　　【書式28】　特許権侵害の警告書例／*390*

　　【書式29】　特許権侵害が疑われる場合の通知書例／*391*

Q3　他社から営業秘密侵害の警告を受けた場合の留意点 ………… *392*

　　【書式30】　特許権侵害の通知書への回答書例／*396*

　　【書式31】　企業担当者が回答する場合の特許権侵害の警告書への回答書例／*397*

　　【書式32】　代理人が回答する場合の特許権侵害の警告書への回答書例／*397*

Q4　他社の知的財産権を侵害しないための留意点 …………………… *399*

Q5　競業行為を行った者に対して、損害賠償請求・競業行為差止請求を行う際の留意点 ………………………………………………… *403*

　　【書式33】　損害賠償請求の訴状例／*409*

　　【書式34】　不正競業行為の差止めを求める仮処分命令申立書例／*411*

Q6　自社の知的財産権を侵害する者を刑事告訴する場合の留意点 …… *414*

　　【書式35】　告訴状例／*420*

事項索引 ……………………………………………………………………… *422*
執筆者略歴 …………………………………………………………………… *429*

〔収録書式目次〕

●第1部　企業情報管理の基礎知識

【書式1】　コンプライアンス基本方針例 …………………………………… 9
【書式2】　コンプライアンス行動基準の具体的内容例 …………………… 23

●第2部　Q&A 企業情報の種類と管理

第2章　コンプライアンスに関する情報管理の実務

【書式3】　個人情報保護規程例……………………………………………… 66
【書式4】　輸出管理内部規程例……………………………………………… 96

第4章　知的財産に関する情報管理の実務

【書式5】　知的財産管理規程例……………………………………………… 165
【書式6】　職務発明規程例…………………………………………………… 174
【書式7】　共同研究開発契約書例…………………………………………… 189
【書式8】　営業秘密管理チェックシート例………………………………… 198
【書式9】　受託研究契約書例………………………………………………… 201
【書式10】　業務委託契約書例………………………………………………… 211
【書式11】　商標使用基準例…………………………………………………… 244
【書式12】　特許実施許諾契約書例…………………………………………… 256

●第3部　Q&A 企業情報をめぐるリスク対応

第1章　人事労務面での対応をめぐる実務

【書式13】　就業規則規程例（服務規律）…………………………………… 270
【書式14】　派遣社員に対する秘密保持誓約書例 …………………………… 279
【書式15】　請負契約における秘密保持条項例……………………………… 280
【書式16】　入社時の誓約書例………………………………………………… 287
【書式17】　プロジェクト参画時の誓約書例………………………………… 289

目 次

【書式18】 管理職就任時の誓約書例……………………………………… 290
【書式19】 ソーシャルメディア利用ガイドライン例 ………………… 298
【書式20】 秘密管理規程例………………………………………………… 318
【書式21】 閲覧申請書例 ………………………………………………… 323
【書式22】 印刷・複製申請書例…………………………………………… 324
【書式23】 社内調査規程例………………………………………………… 333
【書式24】 懲戒解雇通知書例……………………………………………… 342
【書式25】 退職時の秘密保持・競業避止誓約書例……………………… 358
【書式26】 退職金規程例…………………………………………………… 367
【書式27】 フランチャイズ契約における秘密保持義務・競業避止義務の規定例 ………………………………………………………………… 376

第2章 事故・紛争と法的対応策

【書式28】 特許権侵害の警告書例 ………………………………………… 390
【書式29】 特許権侵害が疑われる場合の通知書例 ……………………… 391
【書式30】 特許権侵害の通知書への回答書例…………………………… 396
【書式31】 企業担当者が回答する場合の特許権侵害の警告書への回答書例……………………………………………………………… 397
【書式32】 代理人が回答する場合の特許権侵害の警告書への回答書例……… 397
【書式33】 損害賠償請求の訴状例………………………………………… 409
【書式34】 不正競業行為の差止めを求める仮処分命令申立書例……… 411
【書式35】 告訴状例………………………………………………………… 420

第1部

企業情報管理の基礎知識

〔第1部〕企業情報管理の基礎知識

I　リスク管理の対象としての企業情報

1　はじめに

　企業は、代表取締役・取締役や執行役などの経営陣と、そこで働く社員と家族のために生活の場を提供する人的・物的な組織体であり、企業の社員はもちろんのこと投資家、株主、債権者、顧客、取引先、消費者などのステークホルダー（利害関係者）との関係においても、営業活動を継続し、競争力を維持することによって営業利益を確保することが要請されます（以下、本書中において「社員」「従業員」「経営陣」等の語句を用いますが、それぞれ慣用的な使用によるものです）。

　企業情報とは、かかる企業の経営や事業活動のすべてに関わる情報であり、企業は、競争力を維持し営業利益を確保するために、企業情報を適切に管理することが必要です。

　まず、企業存続のためには競争相手に対して競争力を維持することが必要であり、企業の社員に関する人事情報、資金繰りなどの財務情報、経営や事業・営業活動に関する企業情報などの経営情報については、競争会社への対策として秘密に管理される必要があります。

　とはいえ、企業の直接金融や間接金融取引に関係する投資家、株主、債権者などの外部のステークホルダーを保護する目的から、株式会社や上場企業は、会社法や金融商品取引法により、貸借対照表などの財務情報や有価証券報告書の開示を要求されています。

　さらに、企業の経営や事業・営業活動は、法令を順守して行われなければならず（コンプライアンス経営）、コンプライアンスに違反した場合には、企業は社会的に信用を失い、刑罰、課徴金賦課や損害賠償請求などのリスクがあるのです。それを回避するために、企業内におけるコンプライアンス違反

情報の収集と対応策が必要となります。

　また、企業の営業活動で使用される営業秘密、特許権や著作権などの知的財産は、企業の競争力を維持するために企業にとって大切な財産であり、その管理方法を誤れば企業財産を棄損することになり、そのために企業の競争力を失うリスクがあります。

　企業の競争力を維持し営業利益を確保するために、企業にとっての多様なリスクを回避するというリスク管理・内部統制システムとコンプライアンス体制の観点から、企業情報を管理する必要があるのです。

2　企業のリスク管理と内部統制

　私たちは、いってみれば、「危険」「リスク」「危機」という縦糸と「安全」という横糸の織りなす、綾模様の世界に生きているようなものです。「危機」や「リスク」は数え上げれば切りがありません。人は、その知恵で自分に迫りくる「危険」や「リスク」を予知し、適切な予防策を講じるとともに、発生したリスクに対処することにより、「危険」や「リスク」を回避または処理して、後世に命を伝えていきます。企業もまた然りで、企業の競争力、成長力、収益力などの企業価値を維持し、企業として存続していくために、昔から、企業の創業者の知恵や感性で、また生産、法務、財務などの各部門の責任者の努力と技能の蓄積で、リスク管理をしてきました。そして、他の企業の失敗例を研究し、自らの企業にとってどのようなリスクがあるのかを学び、同じ失敗を繰り返さないようにリスクを避けながら、自らの企業を存続させてきました。

　今日におけるリスク管理の主流は、特定の個人や部署の感性や経験、技能の伝承に頼るのではなく、企業価値を阻害することになる企業にとってのリスクを識別、評価、対処するために、経営陣が関与し、企業全体で取り組む全社的な管理体制を構築することにあります。言い換えれば、企業のトップマネジメントが関与して、全社的な内部統制の体制づくりをして、リスクをコントロールすることに尽きます。

〔第1部〕企業情報管理の基礎知識

　ここでいう内部統制とは、企業がその業務を適正かつ効率的に遂行するために、社内に構築され運用される体制およびプロセスを指します。内部統制は、リスク管理を適切に行うために不可欠であり、リスク管理を支えるものということができます。適切なリスク管理および内部統制は、市場経済社会における企業において、経営者がステークホルダーに対する責務等を果たすために不可欠なものといえます（2003年6月、経済産業省リスク管理・内部統制に関する研究会「リスク新時代の内部統制」13頁〜14頁）。

3　わが国における内部統制の導入・普及の経過

(1)　COSO レポートと内部統制の構築

　米国では、1970 年代、多くの企業において違法支出や粉飾決算等の企業不祥事が発生したことを契機として、内部統制への取組みが行われるようになり、1992 年、トレッドウェイ委員会組織委員会（the Committee of Sponsoring Organizations of the Treadway Commission）が、「内部統制の包括的フレームワーク（Internal Control-Integrated Framework）」（COSO レポート）を公表しました。その内容は、財務報告の信頼性のみならず、コンプライアンスや業務の効率性をも包含するものとなっています。

　この COSO レポートの考え方は、米国や日本の監査基準等でも参照され、現在、内部統制のあり方に関して、世界のデ・ファクト・スタンダードとみなされています。

　わが国においても、1990年代から企業の不祥事が多発したために、多くの企業において内部統制の必要性が認識され、COSO レポートの考え方に従って、積極的な取組みが行われるようになりました。その背景として、2000年9月の大和銀行ニューヨーク支店における巨額損失事件に係る大阪地裁判決（平成12・9・20判時1721号3頁）、2002年4月の神戸製鋼所における総会屋への利益供与事件に係る神戸地裁の所見等をあげることができます。これらの判決や所見において、経営者が企業内に十分な内部統制を構築して

いない場合、善管注意義務違反に問われる可能性があるという点が明確にされました。

●大和銀行株主代表訴訟事件判決●
（大阪地判平成12・9・20判時1721号3頁）

〈事案の概要〉

　大和銀行ニューヨーク支店の行員が、米国財務省証券の簿外取引により発生した損失を隠ぺいするために、顧客および同行所有の同財務省証券を無断かつ簿外で売却し、同行に約11億ドルもの損害を与えた。さらに、大和銀行は、この取引により損害が発生した事実を米国当局に隠匿したとして、米国において刑事訴追を受け、罰金として約3億4000万ドルの支払いをした。

〈判　旨〉

　「健全な会社経営を行うためには、目的とする事業の種類、性質等に応じて生じる各種のリスク、例えば、信用リスク、市場リスク、流動性リスク、事務リスク、システムリスク等の状況を正確に把握し、適切に制御すること、すなわちリスク管理が欠かせず、会社が営む事業の規模、特性等に応じたリスク管理体制（いわゆる内部統制システム）を整備することを要する。そして、重要な業務執行については、取締役会が決定することを要するから、会社経営の根幹に係わるリスク管理の大綱については、取締役会で決定することを要し、業務執行を担当する代表取締役および業務担当取締役は、大綱を踏まえ、担当する部門におけるリスク管理体制を具体的に決定するべき職務を負う。この意味において、取締役は、取締役会の構成員として、また、代表取締役又は業務担当取締役として、リスク管理体制を構築すべき義務を負い、さらに、代表取締役および業務担当取締役がリスク管理体制を構築すべき義務を履行しているか否かを監視する義務を負うのであり、これもまた、取締役としての善管注意義務および忠実義務の内容をなすものというべきである」。

〔第1部〕企業情報管理の基礎知識

> ●神戸製鋼所株主代表訴訟の2002年4月●
> 和解に際して神戸地方裁判所の所見表明
>
> 〈所　見〉
> 　「神戸製鋼所のような大企業の場合、職務の分担が進んでいるため、他の取締役や従業員全員の動静を正確に把握することは事実上不可能であるから、取締役は、商法上固く禁じられている利益供与のごとき違法行為はもとより大会社における厳格な企業会計規則をないがしろにする裏金捻出行為等が社内で行われないよう内部統制システムを構築すべき法律上の義務があるというべきである。
> 　そうであるとすれば、企業のトップとしての地位にありながら、内部統制システムの構築等を行わないで放置してきた代表取締役が、社内においてなされた違法行為について、これを知らなかったという弁明をするだけで責任を免れることができるとするのは相当でないというべきである」。

(2)　日本版SOX法の導入と内部統制システムの整備

　米国では、粉飾決算による史上最大の破綻といわれる2001年12月のエンロン事件、2002年7月、不正会計によりワールドコム社が倒産したのを受けて、サーベンス・オクスリー法（企業改革法、SOX法）が成立しました。

　日本においても、2006年5月に施行された会社法で、大会社（資本金5億円以上、あるいは負債総額200億円以上）に、「取締役の職務の執行が法令及び定款に適合することを確保するための体制その他株式会社の業務の適正を確保するために必要なものとして法務省令で定める体制」の整備（それに関する事項の決定）が義務づけられています（会社法348条4項、362条5項、委員会設置会社についても同趣旨の規定があります（同法416条2項））。

　その内容は、事業報告書に記載されることによって開示され（会社法施行規則118条2項）、監査役設置会社においては監査役による監査の対象になり

ます（同規則129条1項5号、130条2項2号）。

ここで規定されている「株式会社の業務の適正を確保するために必要なものとして法務省令で定める体制」は、一般に「内部統制システム」とよばれているもので、具体的には以下のものを指します。

> ●内部統制システム●
>
> ・会社法施行規則100条
> ◎ 取締役会設置会社で委員会設置会社以外の場合
> ① 取締役の職務の執行に係る情報の保存および管理に関する体制
> ② 損失の危険の管理に関する規程その他の体制
> ③ 取締役の職務の執行が効率的に行われることを確保するための体制
> ④ 使用人の職務の執行が法令および定款に適合することを確保するための体制
> ⑤ 当該株式会社並びにその親会社および子会社からなる企業集団における業務の適正を確保するための体制
>
> ◎ 取締会設置会社で監査役設置会社以外の場合
> ①～⑤〈略〉
> ⑥ 取締役が株主に報告すべき事項の報告をするための体制
>
> ◎ 監査役設置会社の場合
> ①～⑤〈略〉
> ⑥ 監査役がその職務を補助すべき使用人を置くことを求めた場合における当該使用人に関する事項
> ⑦ 前号の使用人の取締役からの独立性に関する事項
> ⑧ 取締役および使用人が監査役に報告するための体制その他の監査役への報告に関する体制
> ⑨ その他監査役の監査が実効的に行われることを確保するための体制

〔第1部〕企業情報管理の基礎知識

　2006年6月、証券取引法が改正され（改正後は、「金融商品取引法」に名称変更がされた）、上場会社等は、事業年度ごとに、当該会社の属する企業集団および当該会社に係る財務計算に関する書類その他の情報の適正性を確保するために必要なものとして内閣府令で定める体制について、内閣府令で定めるところにより評価した報告書（内部統制報告書）を有価証券報告書と合わせて内閣総理大臣に提出しなければならず（金融商品取引法24条の4の4）、内部統制報告書には公認会計士または監査法人による監査証明を受けなければならないことになりました（同法193条の2第2項）。これが日本版サーベンス・オクスリー法（SOX法）とよばれている条項にあたります。そして、2007年2月に、金融庁の企業会計審議会より、監査基準をめぐる具体的指針である「財務報告に係る内部統制の評価及び監査の基準並びに財務報告に係る内部統制の評価及び監査に関する実施基準の設定について（意見書）」が公表され、2008年4月1日以降すべての上場会社に適用されています。

　なお、リスク管理と内部統制の理論とわが国への導入の経緯については、阿部・井窪・片山法律事務所編『法務リスク管理ガイドブック』2頁以下に詳細な研究成果が記載されているので、ぜひご参照ください。

4　コンプアイアンス（法令順守）体制

　内部統制システムの企業内での実践的な取組みの一つとして、コンプライアンス体制の構築があります。「コンプライアンス」という概念は、1980年代に企業の不祥事の発生を防止するために、米国や英国で提唱された企業の経営理念です。わが国においても、1990年代に企業の不祥事が多発しました。以下、年代順に、1992年には、製品開発の安全確認義務を果たさなかったために、米国でのPL（製造物責任法）訴訟に巻き込まれ1500億円もの出費を強いられた昭和電工のL－トリプトファン事件。1995年9月には、前述の米国財務省証券のデリバティブ取引担当者の失敗により約1100億円の損失を出した大和銀行ニューヨーク支店事件。1997年には、1989年より7年間にわたり、総会屋に対して利益供与や損失補塡を続けたことが1995年に発覚、

元社長や3人の元常務取締役が逮捕された野村証券事件、そして、同じ総会屋に、銀行ぐるみで117億円もの迂回融資による利益供与をし、副頭取、専務や元副頭取など、10名もの逮捕者を出した第一勧業銀行事件。2000年6月には、会社のトップが保健所の検査から32時間も食中毒の発生を公表しなかったために、1万3000人以上の発症者を出した雪印乳業の集団食中毒事件。2000年7月には、リコールすべき欠陥情報を隠蔽していたことが発覚した三菱自動車工業事件。2002年2月には、国外産牛肉を国内産牛肉と偽装することで農林水産省国産牛肉買い取り事業を悪用、買取費用の不正受給をねらった雪印食品牛肉偽装事件。同年8月には、雪印食品牛肉偽装事件と同様の日本ハム事件などが発生しました。これら企業不祥事の多発を受け、経済界においても、コンプライアンス経営が企業の存続、企業イメージの向上、ひいては、競争力強化のために必要であると力説されるに至りました。

　ここで、コンプライアンス経営のイメージを理解するため、ある上場会社の「コンプライアンス基本方針」を示して解説します。企業のトップである社長が、企業グループ全体に対し、コンプライアンスの基本方針を示すことが、コンプラアンス体制の構築のために、最も重要なスタートとなります。

【書式1】　コンプライアンス基本方針例

コンプライアンス基本方針

　「当社は、社会の構成員たることを自覚し、誠実に正道を歩む活動により、社会が求める製品とサービスを提供し、会社の発展を通じて、社員の福祉の向上と、社会の貢献に努める」という当社の経営理念に従い、以下のコンプライアンス基本方針を制定し、実施するものとする。
　この基本方針は、当社の役員・社員の全員が順守すべき行動規範である。役員と社員は、この規範に従って行動し、これに抵触するおそれのある事態が発生した場合には、全員協力して、原因の究明と問題の解決を図り、再発防止のための業務改善を行うものとする。
1　法令・規則、社内規定・ルールの順守
　　・法令を順守し、誠実かつ公正な企業活動を行う。

・国際社会のルールに適応した事業運営を行い、グローバル企業として更なる発展を目指す。
　２　反社会的勢力の排除
　　　・社会の秩序や安全に脅威を与える反社会的な勢力に対し、毅然とした態度で臨み、これを断固として排除する。
　３　社会に有用な製品・サービスの提供
　　　・社会に有用な製品・サービスを提供することにより、社会に貢献する。
　４　社員の人格・個性の尊重
　　　・社員一人ひとりの主体性と創造力を尊重し、それが企業活動に生かされる企業風土を醸成する。
　　　・社員の健康を守り、人権を尊重し、差別のない公正な処遇を行い、安全でゆとりある職場環境を確保する。
　５　ステークホルダーへの情報公開
　　　・顧客、取引先、株主、社員に対し、企業情報を積極的に公開し、経営についての透明性確保に努める。
　６　地球環境の保全
　　　・地球環境をよりよき状態に保全していくことが責務であることを自覚し、行動する。

　　　　　　　　　　　　　　　　平成○○年○○月○○日
　　　　　　　　　株式会社○○○○
　　　　　　　　　　代表取締役××××

　この会社では、コンプライアンス基本方針のほか、同方針中の上記「１　法令・規則、社内規定・ルールの順守」の具体的内容として、①私的独占の禁止及び公正取引の確保に関する法律（以下、本書中では「独占禁止法」という）に違反する談合、価格維持、そして優越的な地位の濫用等の禁止、②輸出関連法規に違反して輸出することの禁止、③インサイダー取引の禁止、④公務員に対する賄賂や便宜供与の禁止、⑤企業秘密の秘密保持義務、などが規定されています。

Ⅱ 企業情報の分類に応じた管理方法

1 はじめに

　企業情報は、企業の事業・営業活動に関連して発生し、蓄積、利用されます。これらの情報は、企業の経営情報として管理されることもあれば、企業の役職員や従業員の事業・営業活動が法令を順守して行われるのを監視するためのコンプライアンス違反情報として管理されることもあり、また、営業秘密や知的財産権などの知的財産として管理、利用、運用されることもあります。

　企業情報の管理は、リスク管理に裏打ちされた内部統制システムの具体的実施例としてのコンプライアンス体制に組み込むことによって、全社的視点から、経営陣に管理責任者を定め、各部門のリスク情報を一元的に管理する体制を構築することが重要となります。

　企業情報である経営情報、コンプライアンス違反情報、そして知的財産に関する情報は、以下のとおり、それぞれ管理方法が異なります。

(1) 経営情報の管理方法

　企業が競争力を維持し営業活動を継続するためには、事業・営業活動のための人的組織である社員とその資金手当てである財務の充実は欠かせません。企業の経営情報のうち、社員に関する人事情報は、賃金台帳・人事考課表・勤務評定書などの書類や電子データなどに秘密に保管され、企業の財務情報も会計帳簿・伝票・資金計画書なども同様に書類や電子データなどとして秘密に保管されています。

　営業利益の源泉である企業の経営や事業・営業活動に関する経営情報は、そもそも、企業の経営や事業・営業活動が、その担当者である販売部門社

〔第1部〕企業情報管理の基礎知識

員、製造部門社員や研究部門社員とそれぞれの事業部のトップである事業部長・執行役員、最終的には、経営陣である代表取締役や執行役員によって遂行されることから、販売企画書、年間事業計画上申書、稟議書、新規事業計画書、M&A戦略書、取締役議事録やそれぞれの担当者の交信するメールや取引契約書などに保管されます。さらに、担当者である営業部門社員、執行役員や代表取締役のそれぞれの頭脳にも記憶されています。これらの経営情報は、競争会社対策のために、秘密に管理されます。

ところが、企業は、資金手当てのために直接金融や間接金融の利用が必要であり、株主、投資家や債権者などのステークホルダーの支援なくしては存続しえず、特に、上場企業にあっては、株式市場における直接金融の手段を確保するために、投資家に対して決算書類や有価証券報告書などの開示が必要とされます。そのため、企業の直接金融や間接金融取引に関係する株主や投資家、金融機関や取引先の利益保護の観点から、これらの企業の経営情報のうち、貸借対照表、損益計算書などの決算書類は、会社法と金融商品取引法によって開示が義務づけられています。いずれも、会社法と金融取引法の適用を受けるので、これらの法律に違反しない管理体制が必要となります。また、公開前の重要情報がインターネット上で閲覧されないように管理することも必要です。その詳細については、後述の第2部の「第1章　経営に関する情報管理の実務」で詳しく述べることとします。

(2)　コンプライアンス違反情報の管理方法

企業の事業・営業活動の過程で、もし社員や経営陣が、独禁法違反事件、輸出関連法規違反事件、インサイダー取引事件、公務員に対する賄賂や便宜供与事件などに関与している場合には、これらのコンプライアンス違反情報は、事件に関与した社員や経営陣の記憶、メール履歴、取引先との打合せメモ、契約書や事業部内会議録などに保存されています。

企業の事業・営業活動の過程においてコンプライアンスに違反することが発生した場合には、かかるコンプライアンス違反情報を、企業のコンプライ

アンス担当役員と担当部署が迅速に収集し、コンプライアンス違反行為に対して的確に対応して、コンプライアンス違反による企業の信用喪失や罰金や懲役刑の刑罰、課徴金賦課などのリスクを防止するとともに、日頃から、社員教育や社内監査によって、コンプライアンスの違反を防止するための体制づくりが必要となります。その詳細については、後述の第2部の「第2章 コンプライアンスに関する情報管理の実務」で詳しく述べることとします。

(3) 営業秘密や知的財産権など知的財産に関する情報の管理方法

企業の競争力の源泉である知的財産のうち、営業活動のために日常的に利用される顧客名簿や新製品の設計図、製造設備のレイアウトなどの営業秘密は、書類、電子データ、工場設備・装置のレイアウトなどとして秘密に保管され、特許権、実用新案権、商標権や著作権などの知的財産権についても、研究開発資料、特許等出願申請書類、特許公報、工場で使用される図面、設計図、ソフトウエア、製品などで保存されています。さらにいえば、開発担当者の頭脳にも記憶されています。

企業の競争力の源泉である営業秘密や知的財産権に関する情報は、その財産的価値を維持し、必要に応じて利益を上げるための運用をするために、不正競争防止法や特許法などの法律に準拠した管理方法によって管理することが必要です。

その詳細については、後述する第2部の「第3章 企業秘密に関する情報管理の実務」と「第4章 知的財産に関する情報管理の実務」で詳しく述べます。

2　経営情報の意思決定プロセス

企業の事業活動や営業活動の過程においては、さまざまな経営情報が発生します。たとえば、「ある企業が他の同業他社と経営統合する」という情報といったものです。経営統合や合併、企業買収は、ある企業がすでに存続する他の企業の商圏や人的・物的組織体を取り込み、もう一ランク上の売上げ

拡大や企業規模の充実を図ろうとする経営判断です。この経営統合に係る経営統合や合併、企業買収交渉に関する情報も経営情報の一つであり、通常は、経営陣のトップ同士によって秘密裏に行われます。上場企業の場合には、インサイダー取引を防ぐため、M&A（合併・買収）に関する情報は、発表時まで限られた人だけがもつのが原則となっているからです。2013年6月13日に、川崎重工業が取締役会で社長を解任し、三井造船との経営統合交渉を白紙撤回した事件が発生しましたが、この一件には、経営情報の意思決定プロセスについて学ぶべき点があります。この事件に対しては、川崎重工業はカンパニー制（事業部門制）をとっていて、取締役会は各業務部門の寄合いであったために、会社全体の利益を考える体制になっていなかったのではないか、だから内紛であるととられても仕方がないとういう意見もあります。一方で、この解任劇は以前と比べて日本企業のガバナンスが向上した証といえるとの意見もあります。社内取締役が大多数を占める日本企業のガバナンスの弱点は、いざという時に社長を止められないことだといわれてきました。ですが、この事件で川崎重工業が取締役会で社長を解任したことで、社内取締役でも与えられた権限は行使できるということが示されたことになりました。

　この三井造船との経営統合交渉打切りを機に発足した新しい経営陣は、前社長の売上高重視の姿勢を改め、経営目標として利益率を最優先する方針を打ち出し、株式市場の支持を受けていると報道されました（2013年8月20日付け日本経済新聞電子版）。

　以上は、経営情報の意思決定プロセスに関する事例でしたが、この川崎重工業の経営統合に関する情報は、M&A戦略書や合弁契約書の作成まで進んでいない途中経過において問題が発生し、結局は社長の解任によって解消となったものの、解消されるまでは秘密裏に管理されるべき経営情報であったといえるでしょう。

3　コーポレート・ガバナンス

(1)　コーポレート・ガバナンスとは

　前述の川崎重工業の件で問題とされた「コーポレート・ガバナンス」という概念は、1990年代に米国で確立されたもので、カリフォルニア州職員退職年金基金（カルパース）や企業年金などを運用する機関投資家が、基金である株主の利益を確保するために、証券市場に上場する企業の経営形態にまで口出しした、株主復権の理論です。米国では、経営者、特に最高経営責任者（CEO）への権力の集中による企業不祥事が多発していましたので、取締役会の独立性と機能強化によって経営陣の独走を防止するという観点から、コーポレート・ガバナンスの取組みが行われてきました。

　わが国では、すでに1991年の日米構造問題協議において、米国より、株主の権利拡大の具体的方策として、コーポレート・ガバナンスに基づく社外取締役制度や監査委員会制度の導入を要求されていました。そして、この要求に従い、2002年に、「株式会社の監査等に関する商法の特例に関する法律」（以下、「特例法」という）を改正、資本金5億円以上の大会社が米国型のコーポレート・ガバナンスに基づく委員会等設置会社を選択できる制度を導入しました（資本金1億円を超える中会社も選択できます）。

　その要点は、以下のとおりです。

① 監査役制度を廃止する。
② 取締役会に指名委員会（取締役候補者を決定）、報酬委員会（取締役と執行役の報酬を決定）、監査委員会（取締役と執行役の職務執行を監査）の三つの委員会を設置する。
③ 委員会のメンバーは、取締役会で選任され、委員会の過半数は、社外取締役とする（兼務可）。
④ 業務執行を行う執行役を設置し、取締役はこれを行わない（執行と

⑤　取締役の任期は1年。

(2) 日本社会へのコーポレート・ガバナンスの導入と日本型ガバナンスの強化

　1899年に施行されたわが国の商法は、ドイツの学者ヘルマン・ロエステルが三権分立の理念に基づき起草したものであり、会社の機関として、株主総会が取締役と監査役の双方を選任するという制度でした。この商法に基づき構築された会社機構に対して、米国型の会社組織形態を要求する上記2002年の特例法改正（施行日は、2003年4月1日）は、これまでのわが国の会社機構に大変革を迫るものでした。

　これに呼応して、わが国の産業界では、2003年4月の特例法改正法施行とともに、ソニー、日立製作所、東芝、イオン、オリックスなどが、委員会等設置会社に移行しました。また、政府も、公的資金を投入する銀行については、委員会等設置会社への移行を事実上義務づける方針を固めました。これを受け、すでに約2兆円の公的資金が投入されていたりそなホールディングスと、りそな銀行は、委員会等設置会社に移行されました。

　この動きに対して、トヨタやパナソニックは、この米国型の経営形態とは一線を画しました。これらの企業は、「社内を知り尽くした人材でなければ経営はできない」との認識に基づき、社外取締役制度を採用しませんでした。常務役員という執行役員ポストを新設し、取締役会は、会長、副会長、社長、副社長と専務によって構成されるものとし、専務が監督と執行をつなぐ役目を担うという独自の体制をスタートさせました（現在は、トヨタも社外取締役を設置しています）。

　さらに、キヤノンは、2001年の商法と特例法の改正により、監査役の機能が以下のように強化されたので、従来どおり監査役制度を徹底的に活用し維持していくことを表明しています。

① 監査役の取締役会への出席義務・意見陳述義務。
② 監査役は、業務執行の適法監査のみならず、相当性についても監査する。
③ 任期を3年から4年に伸長。
④ 人数は3名以上、半数以上は社外の者（以前、会社の取締役、支配人、使用人となったことのない者）。
⑤ 辞任に関して総会で意見を陳述できる。
⑥ 監査役の選任議案に対し、監査役会が同意権をもつ。

　以上の経過を経て、米国型のコーポレート・ガバナンスに基づく委員会等設置会社や、従来どおり社外取締役制度を採用せず、監査役制度を徹底的に活用し維持していく日本型ガバナンスのいずれをも選択できる会社法が新たに制定され、2006年5月1日より施行されています。

(3) 今後のコーポレート・ガバナンス――会社法改正を踏まえて――

　経営情報の意思決定のプロセスに直接関与しているという意味では、コーポレート・ガバナンスは重要であり、現在、社外取締役の義務づけが必要かどうか議論されています。経団連は、時価総額の大きい上場企業では、すでに圧倒的多数が社外取締役を設置しており、日本の企業統治（コーポレート・ガバナンス）の軸には長い歴史をもつ監査役制度があり、ガバナンスは十分に機能しているため、そのうえでさらに社外取締役が必要かどうかは各社が判断すればよいとして、機械的に社外取締役の選任を義務づけることに反対しています。これに対し、日本では社長の権限は米国の最高責任者（CEO）ほど強くなく、また暴走するほどパワーのある人も少なく、取締役会では社長以下のサラリーマン役員が互いの顔色をみながら物事を決めるため、不採算事業からの撤退といった重要な意思決定を先送りし、「不作為の暴走」を許す「ムラ型ガバナンス」が生じることが、日本の大企業が抱える最大のリスクであるため、「ムラ」の空気をかき乱すのが社外取締役の使命

だとして、社外取締役の選任を義務づけるべきだとの主張もあります（2013年9月22日付け日本経済新聞朝刊「社外取締役義務づけ必要か」）。

　社外取締役の選任を促すことで企業統治の強化をめざす会社法の改正が2014年6月20日に成立し、2015年4月から施行の予定です。社外取締役の設置の強制は見送られましたが、その代わりに、有価証券報告書を提出しなければならない監査役設置会社は、定時株主総会において、「社外取締役を設置することが相当でない理由」の説明を義務づけられました（会社法327条の2）。そして、改正法施行の2年後には設置義務の再検討をすることになります。さらに、監査役を置かず、取締役会の監督機能を高めるために、取締役会に監査等委員会を置く「監査等委員会設置会社」制度を導入することも可能となりました。委員会設置会社では三つの委員会が設置され、各委員会の構成員の過半数が社外取締役であることが要求されていますが（同法400条3項）、新たに導入される監査等委員会設置会社では、取締役会に監査等委員会を一つだけ置けばよいですが、その委員会の構成員は3人以上でその過半数が社外取締役であることが必要とされています（同法326条2項）。これに伴い、現行の「委員会等設置会社」は「指名委員会等設置会社」に呼称変更されます。なお、今回の改正には、親会社の株主が子会社役員の責任を追及できる「多重代表訴訟制度」なども盛り込まれています。

Ⅲ 企業内における企業情報の管理体制、管理者、社員教育

1 はじめに

(1) 企業情報管理に責任を負う者とは

　企業情報は、企業の経営や事業・営業活動に伴って形成される情報であり、書類や電子データ、メールなどの記録媒体に保管され、社員によって使用されますが、企業の経営や事業・営業活動は、担当社員、事業部長、経営陣などの人的組織によって遂行されるので、企業の人的組織の中で、「生」の企業情報が一番早く、そして集約的に把握できるのは、事業部のトップである事業部長または執行役員となります。それゆえに企業情報の管理において第一次的に責任を負うのは、担当者を指導監督するそれぞれの事業部のトップである事業部長または執行役員となります。企業の経営情報のうち、人事情報については人事部や総務部のトップである人事部部長や執行役員、財務情報については財務部長や執行役員、事業や営業活動については経営企画室や各事業部の事業部長や執行役員がこれにあたります。コンプライアンスに関する情報については、各事業部のトップである事業部長や執行役員とコンプライアンス部のトップである執行役員になります。これは、部下である社員の営業活動につき直接報告を受け、指導していくべき立場にある者として、部下がコンプライアンスに従っているかどうかについて、監督する責任があるからです。そして、知的財産部門については、知的財産部または法務審査部長や執行役員が一次的に責任を負います。

　とはいっても、企業情報の管理について、二次的には企業で働く社員全員が責任を負うことになります。各事業部のトップである事業部長や執行役員が一次的に責任負うのは企業組織上の管理責任のためであり、営業活動を継

〔第1部〕企業情報管理の基礎知識

続し競争力を維持することによって営業利益を確保するという企業目的を達成するためには、企業で働く社員全員もその責任を負います。というのも、企業の経営情報、コンプライアンス情報、知的財産に関する情報を適切に守らず、企業に対して損害を与えるか否かは、結局は、社員自身の行為に原因があるからです。

そして、最終的には、企業のトップである経営陣である代表取締役が、企業に対して善良な管理者の注意義務を負うため、内部統制のシステムを構築することによって、コンプライアンス違反を防止する管理責任を負うことになります。そして、取締役には、その監督責任があります。

(2) 企業情報の管理体制のあり方

企業情報の管理体制は、取締役会の諮問機関としてコンプライアンス委員会を設置することや、経営陣の中にコンプライアンス担当役員として責任者を選任するなどして、その委員会や責任者の指揮下で、企業として統一的に管理する必要があります。これは、たとえば企業情報が、二つ以上の事業部に関連する場合に、それぞれ事業部によって異なる対応をしないように全社的な取組みをするためです。

これらコンプライアンス委員会や担当取締役の下には、日常的にコンプライアンスを担当する部署を配置し、事業部からの相談を受け、必要に応じて、業務についての社内監査を実施することによって、社員や執行役員からの情報や書類、電子データ、メール、取引打合せメモ等に残された経営情報を基に、可能な限りコンプライアンス情報を収集する体制が必要です。企業の経営陣が管理責任を負う以上、経営陣が陣頭指揮をとって、社内において統一的な管理体制を構築することが必要なのです。

(3) 社員教育による周知徹底の重要性

そして、企業情報を使用し、それを守り、または悪用をする者も社員であることから、日頃から、社員に対し、企業情報を適切に管理することが社員

とその家族の生活を守ることになることを自覚させ、コンプライアンス違反があった場合における企業にとってのリスクの重大さを、コンプライアンス部の社内スタッフや弁護士などによる社内講演会や説明会などの社員教育によって、周知徹底することが重要です。

(4) 派遣社員の管理

企業は大量の企業情報をデータベースで管理しているため、そのデータベースの情報処理や管理を関連会社や外部の第三者に委託することが行われています。2014年7月に、ベネッセコーポレーションの顧客データベースで秘密に管理されていた大量の顧客情報が、顧客データベースの保守管理を委託された会社の社員で、派遣社員として勤務していたシステムエンジニアによって不正に持ち出されていた事件(ベネッセコーポレーション顧客情報漏えい事件)が発覚し、派遣社員は、不正競争防止法違反(営業秘密の複製)容疑で逮捕されました。この事件を契機に、派遣社員をいかに管理すべきかについて議論されています。

企業としては、派遣社員が業務を開始する前に、企業情報の処理や管理にあたって、秘密に管理し、漏えい防止や業務外の複写禁止など注意すべき点を教育・訓練する機会をつくるべきですが、委託先に対しても、委託契約を締結することによって、企業情報の管理のために派遣社員を適切に管理すべき義務を負わせることが必要です。そして、その管理状況について定期的に報告を受け、その合意内容が順守されていることを確認することになります。そして、派遣社員による違反行為が発生した場合には、委託先が管理責任者として損害賠償責任を負うことも明記すべきです。

2 企業情報の管理体制構築のスタート

企業の盛衰はある意味で、戦国大名の栄枯盛衰に似ているのかもしれません。企業も多くの社員を動員して、自由競争の経済市場という戦場で、競争会社との戦いに勝ち残る必要があるからです。1575年5月、織田信長は、最

強の騎馬軍団を率いる武田勝頼と対決しました。いわゆる長篠の戦いです。連子川を挟んで高台に陣取った武田軍は、戦国一の騎馬隊で高台を駆け下り、織田・徳川連合軍を粉砕しようとしました。これに対し、織田・徳川連合軍は、互い違いに3重の馬防柵を川沿いに設置し、3000挺の鉄砲隊を5隊に分け、馬防柵の後ろに配置しました。

　信長曰く、「敵馬を入れ来たらば、際1町まで鉄砲撃たすな。間近く引き受け1000挺づつ放ちかけ、1段づつ立ち替え立ち替え撃たすべし。敵なお強く馬を入れ来たらば、ちっと引き退き、敵引かば引っ付いて撃たせよ」（小瀬甫庵『信長記』）。

　馬防柵と鉄砲3段撃ちの組合せという信長の戦略によって、武田軍は、わずか8時間で壊滅してしまいました。この戦いにより、武田氏は滅亡への坂道を転がり落ちることになり、信長はいよいよ天下統一をめざすこととなります。

　織田家トップの信長が、鉄砲隊に鉄砲3段撃ちの戦略を明確に命令したため、織田・徳川連合軍がその命令に従い、わずか8時間で武田軍の騎馬軍団を壊滅させたのです。

　企業における企業情報の管理体制の構築についても、この信長のように、企業のトップである社長が全社員に対して、「会社の経営・営業活動は、倫理的規範や法令に違反してはならない」と、明確に意思表明をすることが必要です。その意味で、企業情報の管理体制構築のスタートは、企業にとってのコンプライアンス基本方針をトップである社長が、企業戦士である全社員に対して、従うべき基本戦略を表明することにほかなりません。

　すでに解説したとおり、管理体制構築のスタートは、すでに解説しましたが「コンプライアンス基本方針」（9頁参照）を、企業のトップである社長が全社員に対して表明することです。

3　コンプライアンス行動基準の制定

　前述のように信長が、長篠の戦いにおいて、鉄砲隊に対して、「敵馬を入

れ来たらば、際1町まで鉄砲擊たすな。間近く引き受け1000挺づつ放ちかけ、1段づつ立ち替え立ち替え撃たすべし。敵なお強く馬を入れ来たらば、ちっと引き退き、敵引かば引っ付いて撃たせよ」（小瀬甫庵『信長記』）と、鉄砲3段撃ちを具体的に指令することによって、織田・徳川連合軍の全軍を動かし勝利したように、企業のトップが上記のコンプライアンス基本方針を疑義なく全社員に伝えるためには、経営陣や社員が順守すべきコンプライアンス基本方針の内容を具体的かつわかりやすく記載したコンプライアンス行動基準を企業内で制定し、全社員に周知徹底することが必要です。コンプライアンス行動基準は、いわばコンプライアンス基本方針を実行するために、役員や社員の守るべき具体的な社内規則となります。

　コンプライアンス行動基準の具体的内容として、おおむね以下の内容が記載されることになります。

【書式2】　コンプライアンス行動基準の具体的内容例

1　法令・規則および社内規定・ルールの順守

(1)　法令の順守について

①　製品・サービスに係る法規の順守

　　会社の取り扱う製品やサービスは、薬事法、建設業、医薬品卸売販売業、宅地建物取引業、運送業、倉庫業、貸金業などの業法の規制を受けるので、適用される法令に適合した許認可取得および届出を確実にするための管理・運営が必要である。また、食品衛生法、電気用品安全法、廃棄物の処理及び清掃に関する法律、消防法、労働安全衛生法などにより、品質基準、安全基準、定期報告、取引記録作成なども規定されているので、その順守も必要となる。

②　貿易関連法規の順守

　　外国への輸出や技術の提供は、日本、米国などの輸出関連法規の規制を受けているので、必要に応じて、日本政府や米国政府その他関係国などの許認可を得なければならない。輸出関連法規が規制するのは

製品（貨物）の輸出に限らず、メールによる技術・図面等の提供、個人の知識を海外で提供する技術支援、国内での非居住者への技術の提供なども、輸出管理の対象行為となる。輸入に関しても、多くの国で輸入関連法規が規定されているので、適用される輸入関連法規に従う必要がある。

③ 公正競争に係る法規の順守

公正な競争を阻害する入札談合、価格協定、再販価格維持、優越的な地位の濫用など独占禁止法に違反する行為を禁止する。独占禁止法が2005（平成17）年と2009（平成21）年に改正され、課徴金の減免制度が採用されたものの、適用される違反行為がそれまでのカルテル行為から再販価格維持や優越的地位の濫用などに拡大され、課徴金の算定率も引き上げられ、割増も採用されたために、リスクが大きいからである。

以下の禁止事項を守ること。

ⓐ 価格問題が討議される同業者の会合や業界団体の会議に出席しないこと。

ⓑ 価格、販売条件、マーケット・シェア、市場分割、入札条件に関する協定に加わらないこと。

ⓒ 取引先の再販売価格を拘束するような取引をしないこと。

ⓓ 優越的な地位を濫用したり、不当な取引条件を付した契約をしないこと。

④ インサイダー取引規制の順守

上場企業である自社の株価に影響を及ぼす非公開の内部情報を知っている場合でも、公表された後でなければ、自社の株式の売買をしてはならない。違反すれば、罰金や懲役の刑罰を受けることがある。取引先や提携会社の株価に影響を与える内部情報を業務上取得しても、その情報が公開されるまでは、その会社の株式を売買してはならない。また、内部情報は、業務上知る必要のない役員や社員はもちろんのこと、家族や知人に対しても、開示してはならない。

(2) 取引先、行政との健全な関係

① 取引先との関係

取引先の役員・社員等に対して社会通念を超える金銭、贈物、接待その他の経済的利益を供与しないこと。

営業政策に基づく販売奨励金、協力金等は、社内規定に従って行うこと。

　　　取引先から株式やストックオプションを受けることは、利益供与になる可能性があるので、会社の事前の了解を得ること。
　② 官公庁の職員との関係
　　　官公庁の職員（外国政府や地方公共団体も含む）およびこれに準じる者に対して、物品や金銭を提供することは、法律で禁じられている。不正競争防止法は、外国公務員に対し、「営業上の不正な利益」を得るために贈賄の申し込み等を行うことを禁止している。国際取引において手続の円滑化のみを目的とした「少額の円滑化のための支払い（Small Facilitation Payments）」については、「営業上の不正な利益」を得るためのものには該当しない。
　③ 政治活動の公明性
　　　会社として、政治活動に関する公明性と公正を確保する。政治献金、パーティー券の購入を禁止する。
(3) 社内規定・ルールの順守
　① 企業秘密・知的財産に関すること
　　　ノウハウ、技術・開発情報、顧客リストといった営業秘密は、自社およびビジネスパートナーや取引先から預かった情報を含め、会社の重要な財産として、厳重に管理しなければならない。会社の承諾なくして、営業秘密を第三者に開示してはならない。取引先に営業秘密を開示する場合には、事前に秘密保持契約の締結が必要である。

　　　また、特許、実用新案、意匠、商標、芸術作品、コンピューターソフトなどの著作権等の知的財産権は、会社の重要な財産として管理し、その保護に全力を尽くさなければならない。第三者の知的財産権を侵害すれば損害賠償の対象になるので、事前調査などの注意が必要である。
　② 利害調整に関すること
　　　複数の会社において決定権を有する役員・社員は、利益相反行為にならないように注意しなければならない。
　③ 会社の資産の使用に関すること
　　　役員・社員は、業務時間の内外を問わず、会社の有形・無形の資産（OA機器、電話、営業車など）や経費を、個人的な目的で使用して

はならない。
④ 適正な会計処理に関すること
会計帳簿への記帳や伝票への記入にあたっては、社内規定に従い正確に記載しなければならない。虚偽または架空の記載をしてはならない。
⑤ 情報システムの適切な利用
会社の情報システムは業務のためのみに使用しなければならない。会社のパソコンにはパスワードを設定し、情報漏えいを防止すること。会社は、必要に応じて、役員・社員のパソコンのデータやメールを閲覧するものとする。
⑥ 会社を退職する場合
定年その他の理由で会社を退職する場合、会社に属する営業秘密その他の業務上知り得た秘密情報を含む資料や媒体（USBメモリー、CD-ROM、外付けHDD）などの会社の資産はすべて、会社に返還しなければならない。役員・社員である間に創作した知的財産に関する権利は、引き続き会社にある。再就職先において、営業秘密や業務上知り得た秘密情報を使用するには、事前に会社の許可が必要である。

2 反社会的勢力の排除

暴力団などが、製品クレームなどで脅しをかけて不法な金銭的要求をする場合には、会社の役員・社員は一致団結して、警察や弁護士などの支援を得て、断固拒否する。

3 社会に有用な製品・サービスの提供

(1) 製品・サービスの安全性に十分配慮した開発、提供
製品の欠陥により利用者の生命、身体や財産に被害を生じさせることがないように、製品の研究、開発、企画、デザイン、生産、販売、アフターリービスなどのどの段階においても、製品とサービスの安全性に配慮すること。
(2) 被害拡大の防止

製品に欠陥が発見された場合には、製品の利用者へその情報を速やかに伝え、必要に応じてリコールなどの措置をとらなければならない。
(3) 事故・トラブルの再発防止
　　製品・サービスに関して事故やトラブルが生じた場合、その原因を究明し、その記録を適切に蓄積し、再発防止に役立たせること。
(4) 供給元への情報伝達
　　自社が製造していない製品・サービスについてのクレームが納入先や最終ユーザーから入った場合、必ず当該情報を供給元にフィードバックしなければならない。

4　社員の人格・個性の尊重

(1) 人権の尊重とあらゆる差別的取り扱いの禁止
　　会社、役員と社員は、一人ひとりの人格や個性を尊重し、人種、信条、性別、宗教、国籍、言語、身体的特徴、財産、出身地等の理由で、差別をしてはならない。
　　職場における嫌がらせ（セクシャルハラスメント、パワーハラスメント）も禁止する。
(2) プライバシーの尊重
　　役員・社員は、一人ひとりのプライバシーを尊重し、個人の情報を扱う場合には細心の注意を払い適正に管理すること。
(3) 職場環境の安全衛生の確保
　　会社は、安全で衛生的な職場環境の整備に努め、それに関する法令を順守する。

5　ステークホルダーへの情報公開

(1) 会社情報の公平・迅速な開示
　　会社は、営業秘密や契約上秘守義務を負っている情報を除き、会社に係る顧客、取引先、社員、株主、投資家、地域社会の必要とする情報を可能な限り発信していく。
(2) メディアとの関係

> メディアへの情報提供は、多くの場合会社の公式見解と解釈されるので、社内ルールもしくは承諾のもと、広報担当者が対応しなければならない。
>
> 6 地球環境の保全
>
> 　会社は、事業活動とともに環境保全活動を推進し、「環境に配慮したビジネス展開」や「エコビジネスの創出」などの事業活動を通じて、環境との調和を図っていかなければならない。

4　コンプライアンス担当部署の設置

　企業内にコンプライアンス体制の確立・浸透・定着を図るために、多くの上場企業は取締役会の諮問機関としてコンプライアンス委員会を設置しています。同委員会委員長は社長が選任し取締役会の承認を受けることになりますが、通常は専務や常務取締役が委員長に選任されるので、コンプライアンスは経営陣のトップが陣頭指揮をとる体制になります。委員会を設置しない場合でも、コンプライアンス担当役員として専務や常務取締役が担当することで、全社的な対応が可能となります。

　コンプライアンス委員会やコンプライアンス担当役員の下に、法務やコンプライアンス担当部署の担当者が事務局として取り組むことになりますが、企業内コンプライアンスに関する決定事項やコンプライアンス違反情報がすべての部署に迅速に伝達され、全社的に対応できるための体制としては、各部署の責任者である事業部長や執行役も事務局のメンバーとして参加するのが望ましい。

　コンプライアンス経営は、すべての役員・社員が一致団結して取り組むべきものですから、コンプライアンス委員会には、監査役や監査室責任者も出席して、意見を述べることができる体制とすべきです。経営判断の合理性を確保するために必要に応じて、弁護士その他の専門家の意見を徴することも必要となります。

コンプライアンス委員会の所管事項としては、下記があげられます。

> ① コンプライアンスに関する規定、規則、マニュアルなどの審議・承認と取締役会への上程
> ② コンプライアンスに関する社内教育・啓蒙
> ③ コンプライアンス違反を防止するための調査および監査の指示または依頼
> ④ コンプライアンス違反が発生した場合の関連部署への調査の指示、調査報告の受理、再発防止策の審議、決定、取締役会・監査役会への報告

5 社員教育

　社員こそ、企業にとって最も大切な財産です。将来経営陣まで成長する人材は、社員の中から育つのです。そして、企業情報を使用し、それを守り、場合によってはそれを悪用する者も、営業や事業の現場で働く社員にほかなりません。企業に貢献する社員を育て上げるためには、日頃から、全社員に対し、コンプライアンス経営の大切さを理解させ、企業情報を適切に管理することが社員とその家族の生活を守ることになることを自覚させることが重要です。

　コンプライアンス違反を防止するためには、違反があった場合の企業にとってのリスクの重大さを、コンプライアンス担当部署の社内スタッフや弁護士などによる社内講演会や説明会などの社員教育によって、周知徹底することになります。また、それらの講演会や説明会に出席できない社員のために、休み時間に自由に見られるビデオテープを作成します。社員教育は、社員に対して、必要な情報をわかりやすく伝達し、習得させることです。場合によっては、外部の研修会に参加させることや、留学や取引先の企業に出向させることも有効です。

　派遣社員などの非正規社員についても、企業としては、派遣社員などが業

務を開始する前に、企業情報の処理や管理にあたって、秘密に管理し、漏えい防止や業務外の複写禁止など注意すべき点を教育・訓練する機会をつくるべきです。2014年7月に発覚したベネッセコーポレーション顧客情報漏えい事件で、派遣社員は、不正競争防止法違反（営業秘密の複製）容疑で逮捕されました。この事件を参考として、派遣社員もコンプライアンス違反をした場合には、刑事事件として逮捕・処罰され、派遣会社から懲戒解雇されるとともに、損害賠償請求を受ける可能性もあるということを、派遣社員らに対する社内教育の機会に理解させることも必要です。

Ⅳ 企業情報をめぐるトラブルへの対応

1 情報収集

　企業情報をめぐるトラブルが発生した場合、まず、なすべき対応策は、コンプライアンス担当部署と担当役員が、事案に関する事実関係を正確に把握、確認することです。どの部署のいかなる事業活動によって、どのような法令違反が発生したのか、情報を把握している者は誰かなどの情報、違反した法令・諸規則の内容や、会社、取引先、消費者に対して、どのような被害・影響が予想されるかなどの情報も、早急に収集する必要があります。当該事業部の社員らに対しては、会社として対応策を決定するので、決して事実を隠蔽することや自分たちだけで解決しようとしてはならないと指導すべきです。

2 対策本部の設置

　情報収集により、全社的に対応しなければならないほどに重大な事案については、コンプライアンス委員会の決定により、会社の対応を検討して指示する対策本部を設置することも有効です。関係する事業部に生産中止や製品回収などを全社的に協力してもらい、取引先や消費者への通知、監督官庁への報告や届出、必要に応じて記者会見やプレス対策に協力してもらうためです。

3 記者会見・プレスリリース対応

　重大な事案を認識したにもかかわらず、それを放置し公表しなかったために、後で隠蔽したと非難され、社会的な信用を失う危険性があります。経営陣としては、公表しないことについて合理的かつ説得的な理由があるかどう

かを判断し、合理的かつ説得的な理由がない場合には公表すべきことになります。特に、欠陥商品や商品への異物混入など、消費者の生命・身体・健康への影響が及ぶ可能性のある場合には、公表しないことに合理的かつ説得的な理由を見出すことは困難なので、記者会見などの方法により即時に公表すべきです。また、個人情報の流出など不特定多数の人に対する被害の発生する恐れのある場合も、同様です。

　この点について、ダスキン株主代表訴訟（大阪高判平成18・6・9判時1979号115頁）において、肉まんに未承認添加物混入の事実を認識したにもかかわらず、経営判断として積極的に公表しないとの方針を決定したのは到底経営判断とはいえないとして、取締役らの善管注意義務違反が認められました。

> 「それは、経営者としての自らの責任を回避して問題を先送りにしたに過ぎない……（筆者注：なすべきは）自ら進んで事実を公表し、既に安全対策が取られ問題が解消していることを明らかにすると共に、隠ぺいが既に過去の問題であり克服されていることを印象づけることによって、積極的に消費者の信頼を取り戻すために行動し、新たな信頼関係を構築していく途を取るしかない……。……マスコミの姿勢や世論が、企業の不祥事や隠ぺい体質について敏感であり、少しでも不祥事を隠ぺいするとみられるようなことがあると、しばしばそのこと自体が大々的に取り上げられ、追及がエスカレートし、それにより企業の信頼が大きく傷つく結果になることが過去の事例に照らしても明らかである。ましてや、本件のように6300万円もの不明朗な資金の提供があり、それが積極的な隠ぺい工作であると疑われているのに、さらに消極的な隠ぺいとみられる方策を重ねることは、ことが食品の安全性にかかわるだけに、企業にとっては存亡の危機をもたらす結果につながる危険性があることが、十分に予測可能であったといわなければならない。

> したがって、そのような事態を回避するために、そして、現に行われてしまった重大な違法行為によって受ける企業としての信頼喪失の損害を最小限度に止める方策を積極的に検討することこそが、このとき経営者に求められていたことは明らかである。ところが、前記のように、一審被告らはそのための方策を取締役会で明示的に議論することもなく、『自ら積極的には公表しない』などというあいまいで、成り行き任せの方針を、手続き的にもあいまいなままに黙示的に事実上承認したのである。それは、到底『経営判断』というに値しないものというしかない。」

　なお、証券会社や銀行などの従業員のインサイダー取引や詐欺・横領などは、企業の信用にかかわる事件なので、再発防止や関係者の処分を明らかにするために、公表することが望ましいが、当局の調査や捜査機関の捜査に影響を与えないように配慮し、事件の社会的影響の程度や被害額、関与者の地位によっては、公表を差し控えることもあり得ます。これに対し、企業の信用にかかわらない金銭の横領、セクシュアルハラスメント、窃盗など従業員による犯罪は、積極的に公表する必要はありませんが、メディアが企業に取材を申し入れることもありうるので、適切に対応できるように広報体制を整えておくことは必要です。

4　調査委員会の設置

　社内不祥事については、社内に調査委員会を設置して、不祥事に関する事実関係や原因の調査を行い、再発防止策や業務や組織の改善を提言し、その報告書を作成して、社内だけでなく、監督官庁や世間一般に公表することも有効です。内部の調査委員会は、社内の取締役で構成されますので、中立性が確保されているとはいえない場合もあります。必要に応じて、弁護士、公認会計士、学識経験者など企業から独立した委員で構成される委員会も検討されるべきでしょう。日本経済新聞が上場時価総額上位150社（内回答55社）

に実施したアンケートによれば、第三者委員会による調査が望ましいと考える事案は、「役員による不正行為」が73％、「不適切な会計処理」が58％、「談合やカルテル」が53％で、委員として望ましいと考える専門家は、弁護士が93％、公認会計士が64％とのことです（2011年1月31日付け日本経済新聞朝刊）。

5　再発防止策・社内処分

　調査委員会やコンプライアンス委員会の任務の一つは、コンプライアンス違反行為の再発防止策を検討することであり、それに基づいて、経営陣は、再発防止のために、営業組織や人事の改革をすることになります。それに伴って、違反行為をした関係者に対する処分も検討されることになります。

6　法的対応

　違反した関連法規に従って、監督官庁への報告や届出を迅速に行う必要があります。また、会社が締結している契約書などに従って、取引先や顧客に対して、通知や報告が必要になる場合もあります。さらに、会社の不祥事により会社が第三者から裁判を起こされるとか、役員が株主から株主代表訴訟を提起されるとか、会社の知的財産が侵害され損害を被った場合など、裁判手続による法的手続を準備することも必要になる場合もあります。コンプライアンス担当部署と法務部は、専門の弁護士と相談のうえ、関連する法律に従って、訴訟手続を進めることになります。

第2部
Q&A
企業情報の種類と管理

第1章

経営に関する情報管理の実務

Q1 経営情報の性質と留意点

　近時、企業秘密や顧客情報の漏えい・流出等によって企業や取引先が重大な損害を被る事例をよく耳にします。そのため、A社では今後、これら企業にかかわる情報につき、管理体制を構築していきたいと考えていますが、いかんせん、「情報」といっても漠然としていてイメージがつかめません。

　そこで、まずは「経営情報」について教えていただけないでしょうか。

回答

1　企業の経営情報は、競争会社対策として、原則として社内で秘密管理されるべき情報です。
2　ただし、秘密管理されるべき情報であるとしても、投資家や証券取引市場、企業の社会的責任（CSR）等からの要請から開示せざるを得ない場面も多々あるので、留意が必要です。

解説

1　経営情報とは──性質と開示・公表──

　企業の経営情報には、企業内部組織の運営に関する情報としての人事・財務に関する情報と、企業活動の展開としての事業・営業活動に関する情報があります。これら企業の経営情報は、企業の競争力と密接に関連していることから、競争会社対策のリスク管理として、原則として、社内で秘密に管理することになります。

ここで、あなたが、織田信長のように、中小企業の社長であると仮定してみましょう。敵と思われる競争相手との取引社会での競争に打ち勝ち、自分の会社を維持・存続させ、可能であれば息子や娘に跡を継がせていくためには、会社や社長個人に関するすべての情報を、企業秘密として、秘密に保持しておきたいところです。

　たとえば、営業情報としての、新製品の売出し時期をいつとするかという情報も、敵に先を越され、邪魔をされないためにも、企業秘密としておきたい情報です。そして、会社の資金繰りが思わしくなく、銀行から多額の借金をしたという財務情報でさえ、敵からM&Aを仕掛けられる危険性のある企業秘密になります。はたまた、社長が会社の女性社員と親しくなってしまったという人事・労務情報も、社長個人と会社の対外的信用を傷つけることになる情報です。場合によっては、その女性社員からのセクハラ訴訟に巻き込まれたり、そのような女性社員に近づく敵に会社の経営情報が漏らされたりする危険さえあり得ます。

　ほかにも、取引先から巨額の損害賠償請求の裁判を提起されたという会社の裁判情報や、工場が地震や台風のために破壊されてしまったという会社の資産に関する情報も、同様です。そして、内部告発を受けるおそれがある、会社が大手企業とともに談合したとか、環境汚染物質をたれ流しているなどの、会社の違法行為に関する情報でさえ、企業秘密として極秘に管理したいと考えるに違いありません。そして、社長と社員によって、このような情報が極秘に管理される限り、企業秘密として外部に出ることはないといえるでしょう。

2　経営情報の開示・公表が求められる場面とは

(1)　経営情報の開示が要求されるとき

　ところが、もしあなたが、上場会社の社長であれば、事情が異なってきます。それは、あなたが、今の会社を社員やその家族の生活を維持するための

組織体として、次の世代に引き継ぎたいと希望し、そのために、会社にとって不利な経営情報を企業秘密として極秘に管理しようとしても、外部の力によって、そのようなわがままが許されない場合があるからです。言い換えれば、会社のステークホルダーによって、経営情報の開示や公表を要求されるのです。

(2) 投資家の利益を確保するための要求

これら経営情報の開示や公表につき、まず、投資家の利益を確保するための圧力があります。企業が会社法の適用を受ける株式会社である場合には、会社法によって、株主や債権者の権利を確保する目的で、会計書類の開示が義務づけられています。上場会社は、金融商品取引法により、有価証券報告書の開示を義務づけられ、その経理処理につき、時価会計や連結決算が要求され、財務諸表を4半期ごとに公表することや、株主総会における株主に対する役員の説明義務によって、会社の営業戦略を公表しなければならないこともあります。また、今後、アメリカのコーポレート・ガバナンス（企業統治）という株主復権の理論によって、社外取締役の選任が義務化されれば、これまでの企業の生え抜きによる企業秘密の管理体制に見直しが必要となってきます。

(3) 証券取引市場からの要求

経営情報の開示や公表については、さらに、証券取引市場からの圧力があります。証券取引の公正を確保するために、会社の企業秘密のうち証券投資に影響する情報は、インサイダー取引の対象とされ、内部者の処罰を避けるためにも、開示を要求されています。そして、もし、あなたの会社が、ニューヨークやロンドンなどの証券取引所にも上場している場合には、それらの取引所の規則に従った情報開示も要求されることになります。

(4) CSRからの要求

そして、企業の社会的責任（CSR）に基づき適切な情報開示により社会とステークホルダーに対する説明責任が必要となる場面や、またステークホルダーである消費者や流通販売業者というマーケットからの圧力があります。第1部で紹介した雪印食品牛肉偽装事件のように、製品の品質に関する情報を誠実かつ速やかに公表しないと、それらの情報を隠ぺいしていたことが、後日に判明した場合、コンビニエンスストアやスーパーマーケットなどの流通販売業者や消費者からの製品の不買にあい、結局は企業が解散の憂き目に追い込まれてしまうことになります。

(5) 小　括

そのため、会社を上場した場合には、経営情報の管理についても、もはや信長のような独裁は許されないことになります。特に、証券市場や機関投資家からの圧力により、財務情報についての経営情報は開示を余儀なくされます。もし、それら情報開示等を好まない場合には、上場を廃止するしかありません。

すでに述べたとおり、企業の経営情報は、競争会社対策として、原則として、秘密に管理される情報ですが、法律により企業のステークホルダーに対して開示や公表しなければならない場合には、社内で手順を決めておき、それに従って行う必要があります。

Q2　経営情報の秘密管理の可否

　企業の経営情報には、企業内部組織の運営に関する情報としての人事・財務に関する情報と、企業活動の対外的展開としての事業・営業活動に関する情報がありますが、これらの経営情報を管理するための社内体制としては、社内で秘密に管理するということで、よいのでしょうか。

　また、企業の経営情報が対外的に開示や公表を要求される場合には、どのような理由からなされるのでしょうか。

回　答

1　秘密として管理されるべき経営情報も、会社法や金融商品取引法や、証券市場からの要請や企業の社会責任（CSR）の観点から、企業のステークホルダーに対して開示や公表せざるを得ない場合があります。
2　また、経営情報にはインサイダー取引規制の対象となる重要事実に係る場合があり、それらの情報の管理をめぐっては特に慎重に行うべきです。
3　企業の社会的責任（CSR）の観点から、特に消費者の健康被害に関連する不祥事や事故が発生した場合には、隠ぺいするのではなく、迅速かつ的確に開示を行うといった意識をもつことが重要です。

1　会社法と金融商品取引法による開示

　企業が会社法の適用を受ける株式会社である場合には、会社法によって、

株主や債権者の権利を保護するために、会計書類の開示が義務づけられています。株式会社の総株主の議決権の100分の3以上の議決権を有する株主に対しては、会計帳簿の閲覧を認めなければなりませんし（会社法433条）、貸借対照表（株式の譲渡制限のない大会社であれば損益計算書も）を公告または電磁的方法で提供することを要求されています（会社法440条）。さらに、上場企業であれば、金融商品取引法24条により、投資者保護のために、事業年度ごとに年度経過後3カ月以内に、会社の経理の状況その他事業の内容に関する重要な事項を記載した有価証券報告書を、内閣総理大臣に提出しなければなりません。この場合でも、開示前は秘密管理される必要があるので、開示前に経営情報がインターネット上で閲覧されて、株式市場で悪用されないように、開示前の情報を管理する必要があります。

　さらに、上場企業は、財務計算に関する書類その他の情報（財務報告）の適正性を確保するため必要なものとして内閣府令で定める体制（内部統制）について、内閣府令で定めるところにより評価した報告書（内部統制報告書）を、有価証券報告書といっしょに内閣総理大臣に提出しなければなりません（金融商品取引法24条の4の4）。2006年6月に成立した金融商品取引法と、2007年8月10日に公布された財務計算に関する書類その他の情報の適正性を確保するための体制に関する内閣府令により、上場会社を対象に財務報告に係る内部統制の経営者による評価と公認会計士や監査法人による監査が義務づけられ（内部統制報告制度）、2008年4月1日以降に開始する事業年度から適用されています。この内部統制報告制度は、上場企業の財務報告に係る内部統制を強化し、もってディスクロージャーの信頼性を確保することを目的としており、2002年7月に米国で成立した企業改革法（SOX法）の日本版にほかなりませんが、財務諸表作成企業や監査人などの関係者に過度のコスト負担をかけることなく、財務報告に係る内部統制の評価および監査の基準並びに実施基準のさらなる簡素化・明確化のために、2011年3月30日企業会計審議会の意見書（財務報告に係る内部統制の評価及び監査の基準並びに財務報告に係る内部統制の評価及び監査に関する実施基準の改訂について（意見書））に

よって、運用手法の見直しがなされ、同年4月1日より適用されています。

2 インサイダー取引規制の対象となる情報

　インサイダー取引とは、会社関係者が株価に影響を与えるような自社の未公開情報（重要事実）を利用して、自社株を売買することであり、金融商品取引法166条1項によって禁止されています。有価証券の発行会社の役員などは、投資家の投資判断に影響を及ぼす情報について、その発生に自ら関与し、または容易に接近しうる立場にあります。これらの会社関係者によるインサイダー取引は、会社の未公開の内部情報を悪用し自社株の取引で儲けるもので、それを知りえない一般投資家と比べて著しく不公正であり、これを許すと証券市場の公正性と健全性が損なわれ、証券市場に対する投資家の信用を失うことになります。そのため、違反者は、5年以下の懲役または500万円以下の罰金またはこれらの併科で処罰され、会社の代表者や従業員が会社の業務としてインサイダー取引を行った場合、会社も5億円以下の罰金を併科されます。犯罪行為により得た財産について必要的没収・追徴と行政罰として違反者に対し経済的利得相当額の課徴金も科されます。

　上記重要事実に該当する事項とは、上場会社の業務等に関する以下の情報になります。

---

① 取締役会や株主総会による決定事項
　　株式・新株予約権の引受者の募集、資本金額、資本準備金または利益準備金額の減少、株式無償割当て、株式の分割、剰余金の配当、株式交換、株式移転、合併、会社の分割、事業の全部または一部の譲渡または譲受け、解散、新製品または新技術の企業化など
② 事実発生
　　災害に起因する損害または業務遂行の過程で生じた損害、主要株主の移動、上場廃止、財産権上の請求に係る訴訟の提起・判決など

> ③ 決算情報
> 　公表された売上高、経常利益、純利益や剰余金の配当の予想値と異なる金額

　以上の重要事実は、秘密として管理されるかぎり、企業秘密というべき経営情報となります。もし、インサイダーである会社関係者が、誰も、この情報に基づいて証券市場で自社株を売買しなければ、問題にはならないはずです。ですが、現実は、誰かが自分だけ儲けようとして、自社株を売買してしまうのです。ですから、会社関係者を犯罪者にしないためには、インサイダー取引が行われる前に、重要事実を公表（二つ以上の報道機関に対し、重要事実が公表され、12時間が経過すること、またはTDnet等や有価証券報告書に記載し公衆の縦覧に供されたこと）してしまうことが、最良の防止策となります。

　言い換えれば、インサイダー取引を防止するために、本来は企業秘密であるべき重要事実を公表するように、証券市場から要求されていることになります。

　なお、このインサイダー取引規制も、上場会社にだけ適用され、上場していない中小企業には、かかわりのないことです。

3　企業の社会的責任（CSR）による経営情報の公開

(1)　企業の社会的責任（CSR）とは

　企業の経営情報のうち、企業が環境や地域社会に対して奉仕活動をしている場合には、企業の社会的責任（CSR）の観点から、情報開示することが有益です。多くの上場企業は、企業のイメージ・アップのために、ホームページやパンフレットなどによって、自社の環境に対する基本理念や地域社会に対する奉仕活動の詳細を公表していますが、その根底には、企業の社会的責任（CSR）の観点があります。

CSR とは、「Corporate Social Responsibility」の略語で、企業の社会的責任と訳されています。CSR は、欧米諸国で発展し、最近になってわが国にも導入されていますが、その概念について統一された概念があるわけではありません。企業は利益を追い求めるばかりでなく、良質な製品やサービスを提供し、雇用の創出、地域経済の振興に寄与するとともに、環境への配慮を通じて、社会に貢献すべきであるというのがそのポイントになります。経済産業省の「企業の社会的責任（CSR）に関する懇談会　中間報告」（平成16年9月）は、CSR について、次のように説明しています。

　1．CSR とは、今日経済・社会の重要な構成要素となった企業が、自ら確立した経営理念に基づいて、企業を取り巻くステークホルダーとの間の積極的な交流を通じて事業の実施に努め、またその成果の拡大を図ることにより、企業の持続的発展をより確かなものとするとともに、社会の健全な発展に寄与することを規定する概念であるが、同時に、単なる理念にとどまらず、これを実現するための組織作りを含めた活動の実践、ステークホルダーとのコミュニケーション等の企業行動を意味するものである。

　2．企業のステークホルダーは、消費者、投資家、従業員、地域住民、NPO、政府など広範に及ぶが、企業は良質の製品・サービスを提供するといういわば本来の事業と不可分の種々の社会的行動としての CSR、例えば最低限の社会規範としての法令遵守はもとより、事業と密接な関係を有する製品・サービスの安全確保、地球環境・廃棄物リサイクル対策を含めた環境保護、労働環境改善、労働基準の遵守、人材育成、人権尊重、腐敗防止、公正な競争、地域貢献など、更に地域投資やメセナ活動、フィランソロピーまで誠実かつ積極的に取り組むことにより、企業とステークホルダーとの共生、即ちウィン－ウィンの関係を構築することが可能となる。その意味で、CSR は企業にとって環境、社会の持続的発展にも通じる広い意味での投資と認識すべきである。

3．CSRの目的は基本的に普遍的であると考えられるが、具体的な内容又はその中でのプライオリティは、企業が活動する国や地域の価値観、文化、経済・社会事情によって多様であるのみならず、経営理念や業態の異なる企業によっても当然異なり得るものである。従って、企業の自主的・戦略的取組みが重要な要素となる。

　4．企業は海外の事業活動に当たって当該市場の要請に対応すべきであるのみならず、最近のCSRが、国の内外にかかわらず資本関係を有する関連企業や取引関係にある他の企業のCSRへの対応についての配慮を求める傾向があることを踏まえると、企業はグローバルな視点に立ってCSRに取り組むことが必要となる。

　5．企業がCSRの取組の信頼性を高めるためには、ステークホルダーとの効果的なコミュニケーションが不可欠であり、そのための適切な情報開示、対話などにより社会に対する説明責任を果たすこととステークホルダーによる評価が重要な要素となる。このように、企業活動についての透明性を高めることが、CSRの根幹ともいえる経営の誠実さ（インテグリティ）についての企業評価を高めることにつながることとなる。

　CSRが欧米諸国で発展してきた背景事情は、以下のとおりです。

　まずは、巨大な経済力をもつ企業が世界各地で事業活動をするグローバリゼーションの進展があげられ、これに伴い、途上国における労働条件の悪化、所得格差の助長、環境破壊、そして大規模な海洋汚染、地球温暖化などの社会問題が発生するようになりました。グローバル規模で活動する企業は、これらの世界各地で発生する可能性のある問題を未然に防止し、発展途上国や環境との調和を図らなければ、長期にわたって事業を維持できなくなったのです。

　また、第2に情報化の進展により、企業の不祥事や事故が瞬時広範に伝達されるようになり、株主の投資行動や消費者の購買活動に影響を与えるよう

になったことが上げられます。そのために、投資家や消費者に対して、適切な情報開示と説明責任を果たすことが必要になりました。

そして、第3として、1990年代になり、企業評価の指標として、企業の利益などの財務的な観点だけでなく、環境や社会への貢献というCSRの視点から投資企業を評価・選別しようとする投資方法（SRI：社会的責任投資）が普及したことがあげられます。そのために企業の社会的責任（CSR）を実践しているとの企業の社会的貢献の事実の公表も必要になっており、これら3点から、CSRは発展し、現在に至っています。

(2) 消費者、流通販売業者対策としての情報開示

現在、企業のステークホルダーである消費者、そしてその意向をくんでメーカーに圧力をかけるコンビニエンスストア、スーパーマーケット、デパート、量販店などの流通販売業者の存在が企業からみると恐ろしい存在になっているといえます。

消費者に対して、製品の品質や安全性についての情報を隠したり、嘘の情報を公表したりすると、後になって嘘であることが判明した場合、消費者の怒りに触れてしまうことになります。そして、その意を受けた流通販売業者が、商品棚にその会社の製品を置かなくなってしまいます。その結果は、目に見えています。実際に、2002年1月に発覚した雪印食品牛肉偽装事件では、BSE対策としての政府の牛肉買い取りに対して、輸入牛を国産牛と偽って申請した結果、嘘をついた不誠実なこの企業は、消費者にそっぽを向かれてしまいました。結局、雪印食品は、解散に追い込まれてしまったのです。

この一件に限らず、そもそも、日本のトップ企業の経営陣は、消費者軽視の高度成長時代に活躍したせいなのでしょうか、消費者よりも自社の利益を優先する考えが染みついているように思います。2000年6月、1万3000人以上の発症者を出した雪印乳業の集団食中毒事件では、販売店から返品された牛乳を再利用していたという現場の意識も大いに問題でありますが、その会

社のトップが、保健所の検査から32時間もの間、食中毒の発生を公表しないで、放っておいたのです。そして、発覚した際に、放置を正当化した専務の意見は、「原因のわからないまま製品を回収するのは信用を傷つけるし、営業に携わる者としてはしたくない。回収すれば、ものすごいコストがかかる」というものでした。食中毒の発生を開示しないことのリスクを甘くみた社長は、この事件の10日後に辞任に追い込まれ、その後、トップによる不作為の刑事責任を問われ、食品衛生法違反事件で刑事訴追を受けています。2000年7月には、三菱自動車工業が、リコールすべき欠陥情報を隠蔽していたことが発覚し、2002年8月には、日本ハムが、雪印食品牛肉偽装事件の発生後にもかかわらず、同様の偽装をしていたことが発覚しています。

　これらの事件とは正反対に、社長の英断で、会社の難局を乗り越えたのは、ジョンソン・アンド・ジョンソン社です。恐喝犯から、「製品に毒物を混入しコンビニエンスストアの商品棚に置いた、カネを出すならその店を教えてやる、出さなければ大変なことになるぞ」と脅迫され、社長としては、売上げを維持するために、この情報を消費者や競争相手に知られないうちに、何とか犯人と交渉し、秘密裏に解決したいと考えたかもしれません。ですが、その交渉中に、毒物の混入した製品が消費者に販売されてしまう危険性がありました。その危険性を放置して犯人と交渉することは、結局、消費者の安全を軽視することになってしまう。このことを、後に消費者に知れた場合、必ずや不買運動を受けるに違いないと考えました。

　社長の決断は早いものでした。消費者の安全を最優先し、記者会見で恐喝事件のありのままを公表しました。そして、消費者に対し、危険を避けるため、事件が解決するまで、当該製品を購入しないように呼びかけ、同時に、全米の販売店から当該製品をすべて回収すると約束しました。全米の消費者は、この社長の英断を高く評価し、その勇気を称え、その後の消費者のサポートによって、同社の回収費用はあっという間に取り戻されました。

　あなたの会社が、証券市場に上場しているかどうかにかかわりなく、将来、あなたの会社が製造する製品が、消費者の信頼や安全性を傷つけそうに

なることもあるかも知れません。その場合でも、あなたは、会社の代表者として、ステークホルダーである消費者を敵に回してはなりません。消費者は、あなたの会社の顧客であって、企業秘密を秘密にすべき競争相手ではないのですから、自社製品の品質や安全性に関する情報は、企業秘密として秘密にするのではなく、逆に、ジョンソン社のように、CSR の視点から、消費者を味方につけ、その信頼を獲得するために、それらの情報を公表してしまうことこそが重要です。

　企業が生き残るために秘密にする経営情報ですが、消費者に対しては、CSR の視点から、製品の品質や安全性に関する企業秘密を開示することによって、かえって企業は生き延びることができます。今は、逆転の発想が必要な時代なのです。

　企業の経営情報のうち、会社法や金融商品取引法により開示を求められる貸借対照表や有価証券報告書などは、会社の財務部が公認会計士や会計事務所に相談して作成したものを法律に従って定期的に開示することになります。

　また、経営情報がインサイダー取引規制の対象となる重要事実に係る場合には、経営陣としても、公表すべきかどうかを事前に財務部に検討させ、公表する場合にはいかなるタイミングで行うかの手順を整えることが重要です。証券市場の取引が終了する午後3時以降で取引の再開する翌日の午前9時までに12時間が経過するタイミングで、重要事実を二つの報道機関に公表すれば、社員や役員によるインサイダー取引を防止できます。

　CSR に関連する経営情報、特に、消費者の健康被害に関連する不祥事や事故が発生した場合には、経営陣としても、事実関係を速やかに調査させ、消費者の保護のために迅速に情報を報道機関に公表するなど、適切な対応をとる必要があります。

 **Q3** 裁判手続における経営情報の開示

　先日、A社の社員Cが離婚をめぐって調停を申し立てられました。その際に、Cの妻であるDの弁護士Bを名乗る人物から、Cの給与額や退職金の積立金に関して照会がありました。

　これら社員の給料や人事評価等に関する情報は経営情報かと思いますが、A社としては開示しなければならないのでしょうか。また、弁護士ではなく、裁判所等から照会された場合も同様でしょうか。

回　答

1　企業やその社員が裁判手続に関与する場合には、裁判手続における真実発見のために協力するという観点から、弁護士法23条の2による照会手続に対し、経営情報を開示せざるを得ない場合もあります。
2　また、1の弁護士会による照会手続と同様に、民事訴訟法186条の調査嘱託制度もありますが、これに対しても、企業は経営情報を開示せざるを得ない場合もあります。

 **1　裁判手続と経営情報①──弁護士法23条の2の照会に対する回答──**

　あなたの会社の人事に関する情報は、社員の給料や人事評価の問題に関する純粋に社内統治上のものであって、競争相手を意識した、事業活動に有用な技術上または営業上の情報ではありません。ですから、不正競争防止法に

定義される営業秘密（同法2条4項）には、該当しません。とはいえ、社内の組織を維持するためには、これらの人事に関する情報も、秘密にされるべき企業秘密にあたります。ですから、ある社員の給料額や社内における退職金の積立額なども、他の社員に対しては秘密にされるべき情報になります。

ですが、その社員が、たとえば妻から離婚調停の申立てをされ、離婚に伴う財産分与の算定基礎として、妻の弁護士から、弁護士法23条の2の弁護士会による照会手続により、会社での退職金の積立金がいくらになっているかとの照会があった場合には、会社は、企業秘密であるからとして、拒否するのではなく、回答すべき事柄です。妻は、婚姻後の社員の財産形成に半分は寄与しているのですから、社員に準じてこの情報を知るべき立場にあるためです。

弁護士法23条の2の弁護士会による照会手続は、裁判手続における真実発見のために公平な証拠を確保するための公的な手続です。ですから、照会を受けた企業は回答すべき法的義務があります。そして、回答することによって、社員とその妻の紛争が公平に解決され、会社は、公平なる司法手続実現に貢献したことになるのです。

弁護士法23条の2（報告の請求）
① 弁護士は、受任している事件について、所属弁護士会に対して、公務所又は公私の団体に照会して必要な事項の報告を求めることを申し出ることができる。申出があった場合において、当該弁護士会は、その申出が適当でないと認めるときは、これを拒絶することができる。
② 弁護士会は、前項の規定による申出に基き、公務所又は公私の団体に照会して必要な事項の報告を求めることができる。

2　裁判手続と経営情報②――民事訴訟法186条の調査嘱託に対する回答――

　医療過誤訴訟において、原告である患者やその遺族が、被告である医師や医療機関の保管する当該患者のカルテ、看護記録、各種検査記録票やその他の診療記録などを、担当裁判官にみてもらうことも、裁判手続における真実発見に寄与することになります。最近では、これらのカルテなどは治療経過を示す、唯一かつ最良の証拠であり、医師や医療機関の専有物ではなく患者やその遺族にもその内容を知る権利があることが一般的に認識されるようになっています。そのために、前記弁護士法23条の2の請求に対して、医師や医療機関からカルテなどの全部が提出されるようになり、裁判手続によらずに和解で事件が解決される機会が多くなっています。とはいっても、裁判手続になった場合には、訴訟手続の過程における上記弁護士法23条の2の請求と同様の制度として、民事訴訟法186条の裁判所による調査嘱託の手続が準備されています。カルテなども当該患者以外の第三者に開示されてはならないという意味では、医師や医療機関の企業秘密といえますが、裁判所による調査嘱託に対しては、医師や医療機関は、診療記録カルテなどが企業秘密であるからという理由で回答を拒否できず、回答に代えてカルテなどを裁判所に提出する義務があります。

　なお、上記弁護士法23条の2の請求と民事訴訟法186条の調査嘱託の対象が企業秘密である場合には、裁判手続における真実発見のための回答義務として、公務所、企業、私人は回答を拒否できませんが、対象が営業秘密自体である場合に限り拒否できます。

民事訴訟法186条（調査の嘱託）
　裁判所は、必要な調査を官庁若しくは公署、外国の官庁若しくは公署又は学校、商工会議所、取引所その他の団体に嘱託することができる。

対応策 会社や従業員が訴訟当事者として裁判手続に巻き込まれた場合、真実発見のために、裁判手続に従って経営情報を訴訟関係者に開示しなければならないこともありますが、訴訟関係者以外の第三者には開示しないように裁判所などに要望することは可能です。

第2章

コンプライアンスに関する情報管理の実務

Q1 企業のコンプライアンスに関する情報の性格とその収集方法

　企業の経済活動も法律を順守して行われなければならないのは当然のことですが、企業という組織体が多くの社員、派遣社員やパートタイマーから構成されており、それぞれが事業・営業活動に従事している以上、場合によって法律に違反して行われる可能性は皆無ではありません。

　コンプライアンスに違反してなされた事業・営業活動は、企業の信用を失い、また行政罰や刑罰を科され、ときには民事上の損害賠償を請求されるリスクがあることとは理解できましたが、企業にとって、コンプライアンスに関する情報は、どのような性格を有するものと考えればいいのでしょうか。そして、どのように収集すればよいのでしょうか。

回答

1　コンプライアンス違反情報は、法律に違反した社員が違反したことに気がつかないことや、また意図的に違反した事実を隠匿したりすることが多いので、企業内に埋もれてしまい企業のコンプライアンス担当部門や経営陣が把握することが容易ではありません。

2　社内に埋もれてしまうコンプライアンス違反情報を的確に収集するための社内体制を構築する必要があります。

解説　1　コンプライアンス違反と情報

　コンプライアンス違反は、結局のところ、企業の事業や営業活動が法律に

違反して行われることにほかなりません。このようなコンプライアンス違反は、社員が営業活動の過程で、社内において評価されたいという功名心のために無理して違反行為をしてしまうとか、自己の金銭的な利益を不法に得るためとか、または不注意によって法律に違反していることに気づかずに違反してしまうということも多くみられます。経営陣による不祥事なども、企業内で隠匿されてしまうことが多いのです。

そのため、企業内のコンプライアンス違反情報は、企業内部に埋もれてしまいがちで、コンプライアンス担当部門や経営陣が把握することが容易でないという特質をもっています。法律に違反すれば、企業、経営陣や社員などに対する刑罰や課徴金賦課とそれに付随する行政処分、損害賠償請求、企業のイメージダウンなど、企業にとってリスクが大きいので、企業が、このようなリスクの発生を抑えるためには、営業現場での社員が法律に違反し、またはこれから違反しようとしているというコンプライアンス違反情報を的確に収集するための社内体制の構築が必要となります。

2　コンプライアンス違反情報を収集するための社内体制

(1)　経営陣のコンプライアンス体制への関与と社員への語りかけ

経営陣が、社内や支店、子会社等の社員に対して、営業や事業活動にあたっては、社員が順守すべき事項を規定したコンプライアンス行動基準に基づいて行うべきであると、直接語りかけることも、社員とのコミュニケーション構築のために重要です。また、その直接のコミュニケーションの過程で、コンプライアンス違反情報のきっかけが見つかることもあります。

(2)　社内研修の実施

社員こそ、企業にとって最も大切な財産です。将来経営陣まで成長する人材は、社員の中から育ちます。そして、企業情報を使用し、守り、場合によっては悪用する者も、営業や事業の現場で働く社員です。企業に貢献する

社員を育て上げるためには、日頃から、全社員に対し、コンプライアンス経営の大切さを理解させ、企業情報を適切に管理することが社員とその家族の生活を守ることになると自覚させることが重要です。そのために、コンプライアンス違反があった場合の企業にとってのリスクの重大さを、コンプライアンス担当部署の社内スタッフや弁護士などによる社内講演会や説明会などの社員教育によって、周知徹底します。そして、それらの講演会や説明会に出席できない社員のために、休み時間にも自由に閲覧が可能なDVDやEラーニングを作成します。これら社員教育の目的は、社員に対して、必要な情報をわかりやすく伝達し、習得させることにあります。

また、会社にとってコンプライアンス違反のリスクの高い部署に対しては、当該部署において過去に問題となった事案の特別研修等も有効です。場合によっては、外部の研修会に参加させることや、留学や取引先の企業に出向させることも検討されるべきでしょう。

(3) 社内法務相談の実施

コンプライアンス担当部門や法務部が、営業部や事業部の法律相談に対応している過程でも、コンプライアンス違反情報の収集が可能です。コンプライアンス違反につき危険性の高い部署には、事業部との定期的な会合を行い情報交換を行うことで、違反情報の収集が可能です。

(4) 社内監査の実施

監査室とコンプライアンス担当部門や法務部との共同の監査により、コンプライアンス違反情報の収集を心掛けましょう。事前に告知したうえでのヒアリングや、書類が適正に作成されているかを確認し、決裁文書を確認します。特にリスクの高い部署には、時には抜打ち検査をし、営業担当者の行動記録やパソコンのメールや手帳などの記載を確認することも必要な場合があります。

(5) 内部通報制度の利用

水面下で行われるコンプライアンス違反情報を入手するうえで重要な手段ですので、利用されるべきでしょう。

(6) 社内リニエンシーの利用

社内のコンプライアンス違反情報の収集の一助として、違反者が自主申告した場合には、社員に対する処分を軽減または免除することによって、社内に隠ぺいされているコンプライアンス違反情報を掘り出そうということも検討されるべきでしょう。社内におけるコンプライアンス違反情報の収集は、企業のコンプライアンス部門による相談体制や定期的な業務・財務監査などの社内調査の実施によっても収集されますが、違反者の間に秘匿されている情報の発見は困難を極めます。また、内部通報制度によっても発見される可能性もありますが、独占禁止法の課徴金減免制度（リニエンシー制度）のように、違反者に社内処分の減免と引換えに自首を促す社内自主申告制度を採用すれば、内部通報制度とともに効果的な情報収集が可能になると思われます。また、企業が、社内の事業部や子会社の近代化を図るために、それまでの因習に基づくコンプライアンス違反情報を収集するためには、一定の時期以前のコンプライアンス違反の情報を申告した者は社内処分をしない（当然のことですが、一定の時期以降の違反は社内処分の対象となります）ので、今回申告するようにと告知する制度も、コンプライアンス違反情報の収集には有効ですから、考慮されるべきでしょう。

(7) 取引先からの情報収集の工夫

社員が取引先に対して不当な接待や贈物を要求することや、価格、品質、納期などで不当な要求をするなどのコンプライアンス違反情報には、取引先からの情報収集が有効です。「当社で秘密扱いとして調査し、今後コンプライアンス違反のないように改善しますので、もし、当社の社員からの不当な

要求があった場合には、当社のコンプライアンス部門あてのこの用紙に記載して、備付けのボックスに入れてください」という内容のチラシ（秘密厳守を確約して、取引先協力者の連絡先も記載してもらう）を、会社の待合室に置いておくのも有効な工夫です。このようなチラシを会社の受付待合室に置いておくだけでも、不心得な社員に対する牽制になるものと思われます。

対応策 コンプライアンス違反情報の収集は、会社のコンプライアンス委員会とコンプライアンス担当部門が責任をもって行うことになりますが、事業部や他の管理部門も、コンプライアンス委員会の情報収集に協力し、コンプライアンス担当部門に情報が集りやすくなるような社内体制が必要です。特にコンプライアンス違反のリスクの高い事業部は、監査室とコンプライアンス担当部門との共同の監査に協力する必要があります。また、事業部からの法律相談やコンプライアンス違反の相談を受ける社内体制も、情報収集のために必要です。社員の正義感に期待して、コンプライアンス担当部門や顧問弁護士を窓口とする内部通報の体制を整備し、コンプライアンス違反情報を収集するのも効果的です。

とはいえ、コンプライアンス違反情報を集める前提として、社員、派遣社員やパートタイム従業員に、コンプライアンス違反とは何かを理解してもらうことが必要です。そのために、コンプライアンス担当部門としては、新入社員やパートタイム従業員に対して、仕事を開始する前に、会社のコンプライアンス行動基準の社内研修会を開催すべきです。また、たとえば、入札談合や価格協定など、事業部の営業活動によって多くみられるコンプライアンス違反行為のパターンもありますので、その場合には関係する事業部の社員などを対象とした独禁法違反問題にテーマを絞った社内研修も適宜必要です。そして、同業他社が巻き込まれたコンプライアンス違反事件が発生した場合には、その事案の研究を適宜行い、これを題材に類似の違反事件の発生を防止のための社内研修を行うことも効果的です。

〔第2部〕第2章　コンプライアンスに関する情報管理の実務

個人情報保護法によって保護される個人情報

個人情報の保護に関する法律（以下、本書中では「個人情報保護法」という）によって保護される個人情報には、どのようなものが該当し、どのような経緯で保護されるようになったのですか。そして、企業にとって、個人情報の管理に関するリスクは、どのようなものですか。

回答

1　個人情報保護法の「個人情報」とは、生存している個人に関する情報であり、氏名、住所、生年月日、電話番号、メールアドレスなど、特定の個人を識別できる情報が該当し、さまざまな用途に利用されています。

2　個人情報保護法の施行前は、個人情報についてのプライバシーや権利に配慮されることなく、誤った取扱いがなされ、個人のプライバシーや平穏な生活が侵害されてきた経緯があります。

3　プライバシーの保護を義務づけられた個人情報取扱業者が個人情報保護法に違反した場合には、主務大臣による勧告・命令が出され、命令に従わない場合には、6カ月以下の懲役または30万円以下の罰金に処せられます。

4　個人情報は、今後、グローバル企業を中心にさらなるビジネスへの活用が期待されています。

1　「個人情報」とは

個人情報保護法の「個人情報」とは、生存している個人に関する情報で

あって、氏名、住所、生年月日、電話番号、メールアドレスなど、特定の個人を識別できる情報です。これらの情報は、これまでも、行政機関や民間企業によって、コンピュータ処理によってデータベース化され、さまざまな用途に利用されてきました。住民基本台帳の住民票データも一例ですが、世論調査、住宅地図の作成、住民サービスのための公益事業等に有用であり、かつ商品販売のための顧客情報としても利用価値があるためです。

2　個人情報保護法施行前の状況

　しかし、個人情報保護法の施行前は、多くの場合、個人情報についてのプライバシーや権利に配慮されることなく、誤った取扱いがなされてきたといってよいでしょう。個人が個人情報を提供した際に同意した利用目的が守られず、知らないうちに第三者に移転されて、見知らぬ販売業者やダイレクトメール業者からしつこく商品購入を勧誘されるなど、個人のプライバシーや平穏な生活が侵害されてきました。

　たとえば、電話加入契約者がNTTに対し、電話帳に自己の電話番号、住所を掲載しないように明示したにもかかわらず、これを掲載してしまった事件（NTT電話帳事件）では、東京地方裁判所は、NTTの掲載行為はプライバシー侵害にあたるとして、慰謝料として10万円を認めています（東京地判平成10・1・21判時1646号102頁）。

　また、宇治市が、その管理する住民基本台帳のデータを利用して、乳幼児検診システムを開発することを企画し、その開発業務を民間業者に委託したところ、再々委託先のアルバイトの従業員が上記データを他に販売してインターネット上に掲載された事件（宇治市住民基本台帳漏えい事件）では、大阪高等裁判所は、住民票データの個人情報は、明らかに私生活上の事柄を含むものであり、一般通常人の感受性を基準にしても公開を欲しないであろうと考えられる事柄であり、さらには、いまだ一般人に知られていない事柄であるから、プライバシーに属する情報であり、権利として保護されるべきであると判示しました（大阪高判平成13・12・25判例地方自治265号11頁）。

3　個人情報保護法施行と違反した場合の企業のリスク

　プライバシーの保護が潮流となった今、前記のような侵害行為を防止するために、2005年4月1日より、個人情報保護法が施行されました。6カ月の期間にわたり5000件を超える個人情報をデータベースとして使用する民間の事業者（個人情報取扱事業者）に対して、個人情報の利用目的を特定させ、利用目的の範囲内での利用を義務づけ、本人の同意がなければ第三者への提供を禁止し、本人からの開示・訂正・利用停止の請求があれば、これに従う義務を課しました。そして、個人情報取扱業者がこの義務に違反した場合には、主務大臣による勧告・命令が出され、命令に従わない場合には、6カ月以下の懲役または30万円以下の罰金に処せられることになりました。

　なお、住民基本台帳の個人情報がダイレクトメール業者等によって悪用され、個人のプライバシーが侵害される事件が頻発したために、2005年9月21日、総務省の「住民基本台帳の閲覧制度等のあり方に関する検討会」は、プライバシー保護の観点から、だれでも閲覧を請求できる現行制度を廃止し、原則非公開とするよう求める報告書案をまとめました。閲覧を認める例外として、報道機関の世論調査や大学の学術研究、公益性の高い事業とし、ダイレクトメール業者などによる営利目的の利用は原則禁止するとしました。これを受けて、2006年、その旨住民基本台帳法が改正されました。

　個人情報の取扱いに関しては、上記した個人情報保護法は必要最小限のルールを定めたものであり、その後、各省庁によって、所管する事業等の分野の実情に応じたガイドラインが策定されています。経済産業分野については、経済産業省によって、「個人情報の保護に関する法律についての経済産業分野を対象とするガイドライン」（平成21年10月9日厚生労働省・経済産業省告示第2号）が策定され、個人情報保護法の各条文についての解説、具体的な事例や望ましい手法などが例示されていますので、参考にされるべきです。

　その後、ベネッセコーポレーションの顧客データベースで秘密に管理され

ていた大量の顧客情報が、顧客データベースの保守管理を委託された会社の社員で派遣社員として働いていたシステムエンジニアによって不正に持ち出されていた事件（ベネッセコーポレーション顧客情報漏えい事件）が2014年7月に発覚し、派遣社員は、不正競争防止法違反（営業秘密の複製）容疑で逮捕されました。その派遣社員は、開発中のシステムが設計どおりに動くかをチェックする業務を担当し、顧客データベースにアクセスする権限があり、アクセスのためのIDとパスワードも与えられていましたが、2013年7月から2014年6月まで、業務を装って顧客データベースにアクセスし、顧客データを業務用パソコンにダウンロードし、USBケーブルでつないだ私物のスマートフォン（スマホ）に転送した疑いです（2014年7月18日付け日本経済新聞電子版）。ベネッセコーポレーションは、この事件で約3504万件にのぼる顧客情報が漏えいし、漏えいの被害にあった顧客に対し、1件あたり500円の金券を交付すると発表しています（2014年9月11日付け同紙）。

　ベネッセコーポレーションは、弁護士らで構成する調査委員会の指摘を受けて、以下の再発防止策をまとめています（2014年9月14日付け同紙）。

① 電子機器や記録媒体の持込みについては、私物のPCを含むすべての電子機器や記録媒体の持込みを禁止し、金属探知機で検査するとともに、監視カメラも導入する。
② データの書出しについては、最新のスマートフォンを含むすべての外部メディアでできないようにする。
③ 顧客情報のデータ取扱い時のアラートについては、アラート機能を設置する。
④ アクセスログ（接続履歴）については、定期チェックを行い監視を強化する。
⑤ データベースの保守・運用については、外部に業務委託することをやめ、新たに設立する子会社のみで行う。
⑥ 情報セキュリティーの社内体制については、第三者機関がデータ管理などを定期的に監査し、情報管理を含む内部統制・監査の責任者である

執行役員クラスを外部から招く。

経済産業省では、この事件を受けて、現在（2014年11月末）、企業に情報管理の強化を求めるために、上記ガイドラインを改正する予定であり、2014年9月から10月にかけてパブリックコメントの募集を行いました。この改正により、企業が情報管理を頼んだ委託先で実際に顧客情報を取り扱う人物や、情報が流出したときの損害賠償責任を契約書に明記するよう要請し、個人情報を取り扱う部屋をカメラで監視することも求めることになります。独立行政法人情報処理推進機構（IPA）の指針も改正し、個人情報を保存しているパソコンにUSBメモリなどをつないでも、情報を抜き取れないような対策を企業に促すことになります（2014年8月13日付日本経済新聞電子版）。

4　今後の動向――ビジネスでの活用をめざして――

個人情報は、社内クラウドやビック・データとして管理され、マーケティングに活用される顧客情報としても利用価値が高いことから、近時、政府は、グローバル企業が個人データを利用しやすい環境を整えるために、法整備に着手しています。具体的には、匿名化した個人情報ならば本人の同意なくとも第三者に提供できるようにし、ビジネスでの活用を促すことになります。そのために、個人を特定できないような技術的措置を事業者に義務付け、運用が適正か監視する第三者機関も設け、個人のプライバシー保護への不安を和らげる措置を講じることになります。整備の時期は、個人情報保護のルールづくりで先行しているEUと米国の制度を参考にしながら、2015年をめどに個人情報保護法の改正が予定されているようです（2013年11月22日付け日本経済新聞朝刊）。

対応策

個人情報取扱事業者である会社が、個人情報保護法に違反しないようにするためには、社員やパートタイム従業員に対して、個人情報の取扱いについて教育しておく必要があります。そのために、前記ガイドラインを参考にしながら、社内

で個人情報保護規程（【書式3】参照）を作成し、個人情報を取り扱う担当者に対して、個人情報保護法の趣旨を徹底し、順守させるようにします。

　そして、定期的に、個人情報を利用する事業部や、管理する情報システム部に対して、個人情報が特定された利用目的の範囲内で利用されているか、本人の同意なしに第三者へ提供されていないか、そして、本人からの開示・訂正・利用停止の請求の有無とそれに対する当社の対応などについて、聴き取り調査することも必要です。その過程で、義務違反の事実を発見した場合には、直ちに是正しなければなりません。

　この体制を実践すれば、主務大臣から個人情報保護法の義務違反について勧告・命令を受けることはないはずですが、不幸にして命令を受けた場合には、直ちにそれに従えば、6カ月以下の懲役刑や30万円以下の罰金刑に処せられることを防止できます。

　なお、前記したベネッセコーポレーション顧客情報漏えい事件では、顧客データベースは一部の社員や保守管理業者しか接続できないように管理され、一般社員は入室できないことや防犯カメラで出入りを監視していること、アクセスするためにはIDとパスワードが必要であったことから、秘密管理性があったとされ、営業秘密に該当するとして、派遣社員は、不正競争防止法違反（営業秘密の複製）容疑で逮捕されました。このように、顧客データベースの漏えいは、個人情報保護法と不正競争防止法の営業秘密の双方に該当する可能性がありますので、秘密管理性がある場合には、不正競争防止法違反（営業秘密の複製）で刑事告訴をすることも検討されるべきです。警視庁は、ベネッセコーポレーションの被害相談を受けてから、10日間で容疑者を逮捕しています。子どもの個人情報が大量に流出した社会的な影響を考慮し、同種の事件としては異例のスピードで捜査を進めました（2014年7月18日付け日本経済新聞電子版）。

【書式３】 個人情報保護規程例

個人情報保護規程

（目的）
第１条　この規程は、当社が保有する個人情報の適正な取扱いについての基本的な事項を定め、個人の権利と利益の保護を図るとともに、事業の適正な運営に資することを目的とする。

（個人情報と個人データ）
第２条　この規程において、「個人情報」とは、生存する個人に関する情報であって、当該情報に含まれる氏名・生年月日その他の記述により特定の個人を識別できるもの（他の情報と容易に照合することができ、それにより特定の個人を識別すことができることになるものを含む）をいい、その媒体や情報処理の形態を問わない。「個人データ」とは、個人情報データベース等を構成する個人情報をいう。

（適用範囲）
第３条　この規程は、個人情報を取り扱う事業部門、ならびに当社の職務を遂行するうえで個人情報に接する取締役・執行役員・監査役・正社員・契約社員・嘱託社員・派遣社員を含む当社のすべての者（以下、「従業者」という）に適用する。当社は、必要に応じて、契約・就業規則・協定等により、本規定の従業者に対する適用を担保する。

（保護体制）
第４条
1　個人情報を取り扱う事業部門は、個人情報管理責任者を置き、この規程、および個人情報の保護に関する法令・所轄官庁のガイドライン等（以下、「法令等」という）に基づき、個人情報を適正に取り扱うための社内体制を確立しなければならない。
2　個人情報管理責任者は、当該事業部門における個人情報の取得、利用または提供の目的および手段等を決定する権限を有する。
3　この規程の遵守を図るために、コンプライアンス委員会事務局は、当該

事業部門における個人情報保護に関する手引書を定め、また当該事業部門固有の細則が必要な場合には個人情報管理責任者が細則を定める。
4　個人情報管理責任者は、その取り扱う個人情報ならびに個人データの漏えい・滅失・毀損防止その他の安全管理のために必要な措置を講じ、安全管理措置を遵守させるように、従業者に対して適切な監督・教育・啓蒙をしなければならない。

（取得の範囲と手段）
第5条　個人情報を取得するときは、あらかじめ利用目的を公表している場合を除き、速やかにその利用目的を本人に通知し、または公表しなければならない。利用目的を明示し本人の同意を得たうえで、その利用目的を達成するために必要な範囲内で適法かつ公正な手段で取得しなければならない。

（機微な個人情報の取得禁止）
第6条　思想、信教および信条に関する個人情報ならびに社会的差別の原因となる個人情報は取得してはならない。

（利用および提供）
第7条
1　個人情報については、取得したときの利用目的の範囲を越えた利用並びに第三者への提供を行ってはならない。
2　前項にかかわらず、次のいずれかに該当する場合には、個人情報の利用目的の範囲を越えた利用および第三者への提供ができる。
（1）本人の同意があるとき。
（2）当該個人情報が本人により公開されているとき。
（3）法令等に基づくとき。
（4）個人の生命、身体または財産の安全を守るため必要がある場合であって、本人の同意を得ることが困難なとき。
3　第1項にかかわらず、次の場合には、個人情報を第三者に提供できる。
（1）第三者への提供を利用目的としているとき。
（2）提供する個人情報の項目、および提供の手段または方法を、あらかじめ本人に通知し、または本人が容易に知りうる状態に置き、本人から求

(個人情報の正確性の確保)
第8条　取得した個人情報は、利用目的に応じて、必要な範囲で、正確かつ最新の状態を保つように、努めなければならない。

(個人情報並びに個人データの安全管理措置)
第9条　当社が保有する個人情報ならびに個人データは、漏えい・不正アクセス・滅失および毀損の防止、その他の適正な管理のために、必要な物理的安全管理措置並びに技術的安全管理措置を講じなければならない。物理的安全管理措置並びに技術的安全管理措置として講じられる事項については、個人情報管理責任者が細則を定める。

(個人情報の廃棄または消去)
第10条　保有する必要のなくなった個人情報は、速やかに廃棄または消去しなければならない。

(個人情報の取扱い委託に関する措置)
第11条
1　個人情報並びに個人データの取扱いを外部へ委託するときは、漏えい・不正アクセス・滅失および毀損の防止、その他の適正な管理のための安全管理措置を定めた契約を委託先と締結し、安全管理措置の実施状況を定期的に確認し、委託先に違反がある場合には損害賠償請求することを合意して、個人情報の保護水準を担保しなければならない。
2　個人データが当社の顧客情報で当社が営業秘密として管理している場合には、その取扱いについての委託は、当社の子会社に対して行い、外部には委託しないこととする。

(個人情報の開示)
第12条　当社の保有する個人情報について、本人から開示の申し出があったときは、本人であることを確認のうえで、これに応じなければならない。ただし、次の各号のいずれかに該当する場合には、この限りではない。
(1) 法令の定めにより、本人に開示することができないとき。

(2) 開示することにより、当社または第三者の正当な利益を損なうおそれがあるとき。

（個人情報の利用または提供の中止）
第13条　本人から自己の個人情報を利用し、または提供することを拒まれたときは、これに応じなければならない。

（苦情および相談）
第14条　個人情報を取り扱う事業部門は、個人情報に関する問合せおよび苦情の受付窓口を設けて本人に通知し、または公表するとともに、個人情報に関する苦情の処理手順を定め、個人情報に関して苦情あるいは相談があったときは、本人であることを確認したうえで、適切に処理しなければならない。

（懲罰）
第15条　従業者がこの規程に違反した場合は、契約・就業規則・協定等に基づく懲戒処分の対象となるほか、故意または重大な過失により会社に損害を与えた場合は、損害賠償を求められることがある。

附　則
　　この規程は、平成〇〇年〇〇月〇〇日から施行する。

Q3 公益通報者保護法による内部告発の対象となる情報

　公益通報者保護法によって保護される公益情報の内部告発者は、どのような経緯で保護されるようになったのですか。そして、企業にとって、公益情報の管理に関するリスクは、どのようなものでしょうか。

回答

1　これまで経営陣が犯罪行為に関与した大手企業の不祥事件ついて内部告発者は、その発覚に大きく寄与してきました。
2　一方で内部告発者は、経営陣から、長年にわたって報復的な人事権を行使されており、正当な内部告発行為につき、法的な保護が求められるようになりました。
3　そこで、2006年4月1日より公益通報者保護法が施行され、内部告発者は、通報先として、第1に勤務先、第2に監督行政機関とし、報道機関など第三者に対する通報は特定の場合に限定して認められるとともに、この法律に準拠して告発した内部告発者に対する解雇は無効であり、降格、減給等の不利益取扱いは禁止されています。
4　内部告発があったにもかかわらず、企業内のコンプライアンス部門が迅速に調査をし、違反行為を中止または阻止する対応をしないと、違反行為が報道機関に通報され、そのために企業の社会的信用が失われ、さらにはそれぞれの法律に基づく罰金や課徴金の賦課、行政処分や損害賠償請求などを受けるリスクがあります。

 **1 公益通報者保護法による保護とは──内部告発者は期待の星──**

　企業トップによる犯罪や企業組織ぐるみの犯罪は、多くの場合、企業内に埋もれてしまう可能性があります。埋もれてしまえば、極刑の罰則規定も効果を発揮できないことになってしまいます。その不都合を解決してくれる期待の星は、内部告発者＝ホイッスルブロワー（whistle blower。警笛を吹く人）です。

　第 1 部でも触れましたが、1997年から2002年にかけて相次いで発生した大手企業の不祥事は、いずれも内部告発をきっかけに露見しました。

　たとえば、1997年には、野村證券を含む 4 大証券と第一勧業銀行が絡んだ総会屋親族企業との違法な株取引事件、大蔵省担当官に対する接待汚職事件、清水建設や鹿島建設などが近畿地区の公共事業で談合を繰り返していた事件、2000年には、三菱自動車がリコール（無料改修・修理）すべき顧客からのクレームを隠ぺいした事件、2001年には、東京女子医科大学病院が心臓手術のミスで小学生女児を死亡させたうえ、隠ぺいのために医療記録を改ざんした事件があげられます。また、2002年の雪印食品や日本ハムによる農林水産省のBSE（牛海綿状脳症）対策を悪用し、輸入牛肉を国産と偽って買い取らせた牛肉偽装事件、東京電力による原子力発電所に生じたひび割れなどのトラブル隠し事件などがあげられます。

　米国では、2001年から2002年にかけて露見したエンロン、ワールドコムの不正会計処理事件も、また同様です。

　これら内部告発者は、正義感の強い世直し人であり、企業の不正行為について、法律に従うことの重要性を警告する人です。規制緩和が進み、企業の見張り役を監督官庁に全面的に委ねられなくなりましたが、消費者が企業をチェックするにも限界があるので、企業の不正を告発する内部関係者の重要性が増しています。内部告発者も、多くの場合、企業が良い方向に転じると

の期待を込めて告発しているのであり、これに経営陣が耳を傾けることは、結局のところ消費者を味方にし、社会からの支持や賛同を得ることになります。それによって、企業が永続的に存続できるという意味で、企業のコンプライアンスやCSRに合致することになります。米国のエンロンの会計監査を担当し、アーサー・アンダーセン会計事務所（後に、解体、消滅）での勤務経験もある公認会計士のシェロン・ワトキンス氏は、2001年にエンロンの不正会計を内部告発し、その後の米国における企業統治改革の引き金を引いた功績により、米タイムス誌によって、2002年の「今年の人」に選ばれました。

2　判例にみるわが国の実状

(1)　概　要

ところが、次の判例からも明らかなように、わが国の企業においては、内部告発者は、下記のように会社の経営陣から長年にわたって報復的な人事権を行使され、不当な扱いを受けてきました。その一例として、下記のトナミ運輸事件（富山地判平成17・2・23判時1889号16頁、企業法務判例速報NBL805号35頁、新判例紹介NBL807号10頁）があります。

> 「『1着しか持っていない』という背広から差し出された名刺には、所属する会社名も肩書きもなかった。……『朝8時過ぎに出社してから夕方まで、することはなにもないんです。かつては3畳1間のスペースにぽつんと1人。誰ともしゃべらない日も少なくありませんでした』。こんな生活が28年も続いているという」（「内部告発・重すぎた代償・28年間昇格なし処遇めぐり対決」）。
> 　　　　　　　　　　　　　　　（2002年10月13日付け日本経済新聞朝刊）

この事件は、貨物運送業者らのヤミカルテルと違法運賃請求を内部告発した従業員に対する28年にも及ぶ会社からの報復的な人事異動、他の従業員からの隔離、退職強要行為、昇給停止等は、人事権裁量の範囲を逸脱した違法

なものであるとして、内部告発者に対する慰謝料・損害賠償等として、会社側に1300万円強の支払いを認容しました。

　この判決は、内部告発の正当性の判断において、外部の報道機関に対して内部告発できる要件を詳細に検討したものであり、結果的に、当時、2006年4月1日から施行予定であった公益通報者保護法の適用に関する裁判所の指針を明示したものとして、大いに評価されました。以下、その要件につき、具体的に判決文をみていきたいと思います。

(2)　トナミ運輸事件判決の分析

(A)　内部告発の正当性

(a)　内部告発の公益性

　判決では、内部告発の公益性について、被告会社が、現実に、「〔1〕他の同業者と共同して本件ヤミカルテルを結んでいたこと及び〔2〕容積品の最低換算重量を正規の重量を超える重量に設定し、輸送距離の計算を最短距離で行わず遠回りの路線で行うなどして認可運賃を超える運賃を収受していたことが認められる」ので、原告が、「これらを違法又は不当と考えたことについても合理的な理由がある」とし、それゆえ「告発内容に公益性があることは明らかである」としています。

(b)　内部告発の方法の妥当性

　内部告発の方法の妥当性について、本件ヤミカルテルを是正するための内部努力としては、副社長への直訴や営業所長への訴えなど、やや不十分だったと指摘しながらも、「本件ヤミカルテル及び違法運賃収受は、被告が会社ぐるみで、さらには被告を含む運送業界全体で行われていたものである……管理職でもなく発言力も乏しかった原告が、仮に本件ヤミカルテルを是正するために被告内部で努力したとしても、被告がこれを聞き入れて本件ヤミカルテルの廃止等のために何らかの措置を講じた可能性は極めて低かったと認められる」として、「このような被告内部の当時の状況を考慮すると、原告が十分な内部努力をしないまま外部の報道機関に内部告発したことは無理か

らぬことというべきである。したがって，内部告発の方法が不当であるとまではいえない」としました。

(c) 小 括

以上の結論として，「告発に係る事実が真実であるか，真実であると信じるに足りる合理的な理由があること，告発内容に公益性が認められ，その動機も公益を実現する目的であること，告発方法が不当とまではいえないことを総合考慮すると，原告の内部告発は正当な行為であって法的保護に値するというべきである」とされました。

(B) 会社の不法行為責任

(a) 不利益取扱い

次に、会社の不利益な取扱いについては、「被告が，原告が内部告発をしたことを理由に，これに対する報復として，原告を旧教育研修所に異動させたうえ，業務上の必要がないのに原告を2階の個室に置いて他の職員との接触を妨げ，それまで営業の一線で働いていた原告を極めて補助的で特に名目もない雑務に従事させ，更に，昭和50年10月から平成4年6月までという長期間にわたって原告を昇格させないという原告に不利益な取扱いをしたこと及び原告に対する退職強要行為をしたことは明らかである」と認定しました。

(b) 人事権の行使に関する不法行為責任

そして、会社の人事権の行使に関する不法行為責任として、「原告の内部告発は正当であって法的保護に値するものであるから，人事権の行使においてこのような法的保護に値する内部告発を理由に不利益に取り扱うことは，配置，異動，担当職務の決定及び人事考課，昇格等の本来の趣旨目的から外れるものであって，公序良俗にも反するものである。また，従業員は，正当な内部告発をしたことによっては，配置，異動，担当職務の決定及び人事考課，昇格等について他の従業員と差別的処遇を受けることがないという期待的利益を有するものといえる」とし，さらに，債務不履行責任として、「原告の内部告発は正当な行為であるから，被告がこれを理由に原告に不利益な

配置，担当職務の決定及び人事考課等を行う差別的な処遇をすることは，その裁量を逸脱するものであって，正当な内部告発によっては人事権の行使において不利益に取り扱わないという信義則上の義務に違反したものというべきである」として、被告が原告に対し、損害賠償責任を負うと結論しました。

3 公益通報者保護法の制定・課題

(1) 公益通報者保護法の概要

2006年4月1日から公益通報者保護法が施行されました。保護される公益情報としては、刑法、食品衛生法、金融商品取引法、農林物資の規格化及び品質表示の適正化に関する法律、大気汚染防止法、廃棄物の処理及び清掃に関する法律、個人情報保護法、個人の生命、身体の保護、消費者の利益擁護、環境の保全並びに公正な競争の確保に関する法律に違反する犯罪行為が該当します（同法2条3項1号、別表）。通報先としては、第1に勤務先（同法3条1項）、第2に監督行政機関とされ（同法3条2項）、報道機関など第三者に対する通報は、公益通報をしないことを不当に要求されるとか、証拠隠滅、または書面による公益通報から20日経っても調査を行う旨の通知がない場合に限られています（同法3条3項）。そして、この法律に準拠して告発した告発者に対する解雇、降格、減給等の不利益取扱いは禁止されています（同法5条）。

(2) 公益通報者保護法の課題

現在、この法律は、経済界の意向に配慮した企業の自浄作用に期待する努力目標に近い内容だと批判されています。しかし、わが国の経済界の意向にもかかわらず、世界の潮流は、消費者と納税者の利益のために、内部告発者を保護することにあります。米国は、連邦政府職員の不正行為に対する内部告発については、1989年に「内部告発者保護法」を制定し、そして、2002年

の「企業改革法(サーベンス・オクスリー法)」により企業の内部告発者を保護しています。英国は、1998年の「公益開示法」によって、違法行為、不正経理、人の健康や安全への危険、医療過誤、環境汚染を告発内容とする内部告発者を保護しており、2000年には、ニュージランドと南アフリカでも、英国と同じような内容の「開示保護法」を制定しています。また、韓国でも、2001年の公務員の腐敗行為に対する「汚職防止法」を制定しています。企業も行政機関も、もはや消費者と納税者を騙すことでは、組織の維持をできない時代になったことを銘記すべきです。その意味で、弁護士などを窓口とするホットラインを導入し、コンプライアンスを積極的に実践することにより、この法律をあるべき方向に運用し、不都合な点については法改正をしてくべきです。

4 公益通報者保護法違反による企業のリスク

企業が公益通報者保護法に違反した場合の最大のリスクは、対外的信用を失うことです。公益通報者が通報したコンプライアンス違反事実を迅速に調査して、社内で適切な対応策を講ずべきであるのに、会社が、書面または電磁的方式による公益通報の日から20日を経過しても通報対象事実について調査を行う旨の通知をしないとか、正当な理由なく調査を行わない場合には、第三者である報道機関に対する通報が認められます(同法3条3号ニ)。社内での十分な事実調査や対応策を講じる前だと、報道機関からの突然の取材によって、会社のコンプライアンス違反事実が公表されてしまうことになり、会社としては、対外的信用を失うことになります。特に、公益通報の対象となるのは、消費者の利益の擁護、環境の保全、公正な競争の確保や国民の生命、身体、財産の保護にかかわる法律に違反する犯罪行為である以上(同法2条3号)、違反行為の態様からして社会の信用を失うことは確定的です。

会社がコンプライアンス違反行為をしたとしても、なぜその違反行為が行われたのか、その原因を追及し、中止または再発防止するための方策を講じた後で、必要に応じて、会社のほうから対外的な広報活動として公表をする

ほうが、リスクを軽減できることになります。

その意味で、公益通報を、社内のコンプライアンス体制を整備、強化し、コンプライアンス違反情報を収集するためのよい機会として利用する発想方法が必要になります。

対応策 内部通報を有効に活用して社内のコンプライアンス違反情報を収集するためには、コンプライアンス行動基準の規定により、社内にコンプライアンス相談窓口を設置することからスタートします。窓口としては、コンプライアンス担当部や弁護士とし、相談しやすい体制にします。そして、相談内容は秘密厳守すること、相談によっても人事上その他の不利益を受けることはないと、会社の立場を明示することが必要です。

内部告発があった場合には、コンプライアンス担当部としては、迅速に事実関係を調査することが必要です。氏名を明示している場合には、コンプライアンス担当部と担当部が極秘に調査します。会社として調査を開始した旨を、相談者に通知をする必要があります。匿名の場合は、他の社員に対する誹謗中傷の可能性もありますので、担当部の責任者など周りの人から情報収集をするなどの工夫が必要になります。なお、会社が、相談者に対して、公益通報をしないように不当に要求するとか、証拠隠滅などをすると、報道機関に直接内部告発をされ信用を失いますので、そのようなことのないようにしなければなりません。調査の結果、コンプライアンス違反事実が発見された場合には、コンプライアンス委員会の報告により、最終的には、経営陣が会社の対応策を決定・実践することになります。

Q4 インサイダー取引規制の対象となる情報

インサイダー取引とはどのような取引ですか。なぜ、規制されているのでしょうか。また、企業にとって、インサイダー取引規制に関するリスクは、どのようなものですか。

回答

1　インサイダー取引とは、上場企業の関係者が株価に影響を与えるような自社の未公開情報（重要事実）を利用して自社株を売買することで、金融商品取引法166条1項によって禁止されています。

　ここでいう重要事実には、上場会社の業務等に関する情報のうち、①取締役会や株主総会による決定事項、②事実発生、③決算情報が該当し、内部情報であるこれらの情報を悪用して、上場企業の会社関係者が自社株で儲けるというのは不公正であり、証券市場という直接金融のシステムを維持できなるおそれがあるので、インサイダー取引は禁止されています。

2　インサイダー取引を防止するためには、重要事実を公表すること（二つ以上の報道機関に対して公表し12時間が経過すること、東証のTDnet（適時開示情報伝達システム）等により公衆の縦覧に供されたこと、または、有価証券届出書に記載し公衆の縦覧に供されたこと）が求められます。

3　インサイダー取引規制に関する企業のリスクは、違反者が5年以下の懲役または500万円以下の罰金で処罰され、会社も5億円の罰金を併科されることがあげられます。また、これらに加えて、課徴金も科されますし、さらには、企業は株式市場における信用を失うことは確実であることもあげられます。

解説　1　インサイダー取引とは

(1) 概　要

　インサイダー取引とは、上場企業の会社関係者が株価に影響を与えるような自社の未公開情報（重要事実）を利用して、自社株を売買することであり、金融商品取引法166条1項によって禁止されています。有価証券の発行会社の役員などは、投資家の投資判断に影響を及ぼす情報について、その発生に自ら関与できる立場にありますし、または容易に接近しうる立場にもあります。これらの会社関係者によるインサイダー取引は、会社の未公開の内部情報を悪用し自社株の取引で儲けるもので、それを知り得ない一般投資家と比べて著しく不公平であり、これを許すと証券市場の公正性と健全性が損なわれ、証券市場に対する投資家の信用を失うことになります。そこで、違反者は、5年以下の懲役または500万円以下の罰金またはこれらの併科で処罰され、会社の代表者や従業員が会社の業務としてインサイダー取引を行った場合、会社も5億円以下の罰金を併科されます。

(2) インサイダー取引規制の対象となる情報（未公開情報）とは

　ここでいう未公開情報とは、上場会社の業務等に関する重要事実で、大きく以下の三つに分けられます。ただし、投資者の投資判断に及ぼす影響が軽微なものとして内閣府令で定める軽微基準に該当するものは除かれます（有価証券の取引等の規制に関する内閣府令49条〜52条）。なお、詳細については、金融庁が2011年10月5日公表した「重要事実と軽微基準等の一覧」を参照ください。

　① 決定事実
　　株式・新株予約権の引受者の募集（軽微基準：払込金額総額が1億

円未満。以下、カッコ内は軽微基準）、資本金額、資本準備金または利益準備金額の減少、自己株式の取得株式無償割当て（1株に対する割当て割合0.1未満）、株式の分割（1株に対し増加する割合0.1未満）、剰余金の配当（前年比20％未満）、株式交換（完全親会社となる場合、親会社の純資産額の30％未満、かつ売上高の10％未満または、子会社との株式交換）、株式移転、合併（完全子会社を吸収合併し存続会社となる場合、資産増加額が30％未満、かつ売上高の増加額が最近事業年度の10％未満または、完全子会社との合併）、会社の分割（最近事業年度の純資産額の30％未満、かつ売上高の増加額・減少額が最近事業年度の10％未満）、事業の全部または一部の譲渡または譲受け（同）、解散、新製品または新技術の企業化（3年間の売上高の増加額が最近事業年度の10％未満、かつ特別支出額が固定資産額の10％未満）、業務上の提携その他政令で定める事項。

② 事実の発生

　災害に起因する損害または業務遂行の過程で生じた損害（損害額が最近事業年度の純資産額の3％未満）、主要株主の移動、上場廃止（社債券または優先株に係る上場廃止）、財産権上の請求に係る訴訟の提起・判決など（訴訟提起の場合は最近事業年度純資産額の15％未満、かつ敗訴した場合3年間の売上高の減少が直近の10％未満、判決等の場合は判決によらずに解決、かつ会社の支払いが直近の純資産額の3％未満、かつ3年間の売上高の減少が直近の10％未満）。

③ 決算情報

　売上高（公表された直近予想値の増減額が10％未満）、経常利益（公表された直近予想値の増減額が30％未満、かつ純資産額か資本金の少ないほうの5％未満）、純利益（公表された直近予想値の増減額が30％未満、かつ純資産額か資本金の少ないほうの2.5％未満）、剰余金の配当（公表された直近予想値の増減額が20％未満）。

④ その他（バスケット条項）

①〜③のほか、上場会社等の運営、業務または財産に関する重要な事実であって、投資者の投資判断に著しい影響を及ぼすもの。
⑤　子会社に係る重要事実
①〜④と同様。

2　インサイダー取引の予防策

　前記1⑵の重要事実は、秘密として管理されるかぎり、企業秘密というべき経営情報です。もし、インサイダーである会社関係者が、誰も、この情報に基づいて証券市場で自社株を売買しなければ、問題にはならないはずです。ですが、現実は、誰かが自分だけ儲けようとして、自社株を売買してしまうことが生じます。ですから、会社関係者を犯罪者にしないためには、インサイダー取引が行われる前に、重要事実を公表（二つ以上の報道機関に対し、重要事実が公表されて、12時間が経過すること、またはTDnet（適時開示情報伝達システム）等や有価証券報告書に記載し公衆の縦覧に供されたこと）してしまうことが、最良の防止策ということになります。

　ここでいう会社関係者とは、上場会社の役員や社員、帳簿の閲覧権を有する株主、上場会社に対して権限を行使する公務員、会計監査を行う公認会計士、顧問弁護士、同一法人の他部門の役員などが該当します。

3　公募増資インサイダー取引事案への対応

　2013年6月の金融商品取引法の改正により、公募増資インサイダー取引事案を踏まえたインサイダー取引規制の見直しとして、未公表の重要事実を知っている会社関係者・公開買付者等関係者が、他人に対し、公表前に取引させる目的をもって、情報伝達・取引推奨を行うことを禁止し、違反者には刑事罰として5年以下の懲役、500万円以下の罰金、法人重課5億円を科し、課徴金も証券会社等の仲介業者（またはその役職員）に対し仲介手数料額の3倍に引き上げることになりました（2014年4月1日施行）。

　インサイダー取引が新聞報道などによって公表された場合には、それに関

与した会社やその役職員らが非公開の内部情報によって不正な利益を上げているとみなされ、会社の社会的信用は毀損されます。そして、証券市場関係者やステークホルダーもそのような目で見るようになりますから、証券市場で社債や株式を発行する場合に支障が出ることさえあります。

また、違反者に対しては、刑事罰として、5年以下の懲役または500万円の罰金が科され、法人も5億円以下の罰金を併科され、インサイダー取引によって得た利益額相当の課徴金も課されます（金融商品取引法175条。なお、上記公募増資インサイダー取引の場合は、証券会社等の仲介業者は仲介手数料の3倍）。ですから、法律に違反までしてインサイダー取引をしても、不法な利益を手にできる可能性はないと認識すべきです。

対応策 会社の財務部は、重要事実が取締役会などで決定される場合には、それが軽微基準に該当するか否かについて日常的に検討し、事前にその結果を経営陣に報告することが必要です。軽微基準に該当する場合には、インサイダー取引規制から除外されますが、軽微基準に該当しない場合には、インサイダー取引を防止するために、重要事実を公表するという社内体制が必要です。重要事実が災害による損害の発生や決算に関する事実の場合も同様です。

重要事実の公表によっても、会社の役職員がインサイダー取引に巻き込まれるリスクは否定できません。取引先である上場企業の内部情報を入手してインサイダー取引規制に巻き込まれる場合もあるからです。会社の役職員がインサイダー取引規制に巻き込まれないようにするためには、コンプライアンス行動基準にインサイダー取引規制の順守を規定し、社員教育によって周知徹底することが必要です。そのポイントは、以下のようになります。

① 会社の株価に影響を与える内部情報である重要事実を知っている場合には、公表後でなければ会社の株式の取引をしてはいけない。

② 取引先や提携会社の株価に影響を与える重要な内部情報を業務上知りえた場合、その情報が公表されるまでは、その取引先や提携会社の株

式を取引してはならない。

③　以上の内部情報を利用しての株式取引は、親族名義や知人を介しても、行ってはならない。

④　社内での内部情報の伝達先が役員・社員であっても、業務上知る必要のない役員・社員には開示してはいけない。伝達先が社外の者である場合には、事業提携の交渉担当者など正当に当該情報を知る権利を有する者以外の者には開示してはならない。

独占禁止法に違反する違反行為情報

独占禁止法に違反する違反行為とはどのようなものですか。なぜ、規制されているのでしょうか。企業にとって、独占禁止法に違反する違反行為に関するリスクは、どのようなものですか。

回答

1　独占禁止法は、公正かつ自由な競争を維持し、消費者の利益を確保するとともに、国民経済の民主的発展を促進するための取締法規ですから、価格協定・入札談合などの不当な取引制限、再販価格維持・供給拒絶などの私的独占、そして優越的地位濫用などの公正な取引方法を違反行為として禁止しています。これに違反する違反行為を公正取引委員会がエンフォースメント（行政権力の行使）によって排除するのです。エンフォースメントは、排除措置命令、課徴金納付命令、検察庁に対する刑罰の告発です。

2　違反行為をした企業にとって、このエンフォースメントがリスクとなりますが、その中でも一番のリスクは課徴金納付命令です。

価格協定・入札談合・市場シェア協定などの不当な取引制限の場合、再販価格維持などの支配型の私的独占の場合、供給拒絶・コスト割れ価格設定・排他的リベートの供与などの排除型の私的独占の場合、それぞれに、売上額から課徴金の割合が定められています。これらの違反行為のうち、不当な取引制限の場合には、業種別や禁止行為の繰返しの有無、主導の有無、禁止行為が早期に終了した場合、短期の場合等に応じて、軽減・加重算定が定められており、また、後記する減免制度が認められています。

なお、不公正な取引方法のうち優越的地位濫用は、1回の違反行為で課徴金を科されますが、共同供給拒絶、差別対価、略奪廉売などは、10年以内に前回の違反行為で排除措置命令を受けていれば、

累積違反課徴金が科されます。
3　課徴金納付命令のうち、価格協定・入札談合・市場シェア協定などの不当な取引制限の場合には、減免制度（リニエンシー）も認められます。これは、公正取引委員会が違反行為の調査を開始する前にファックスで違反行為を自主申告させる制度で、減免申請1番目の企業は課徴金の全額免除、2番目は50％減額、3〜5番目は30％減額、ただし4〜5番目は公正取引委員会が把握していない事実を申告した場合に限り認められます。

 1　独占禁止法とは

(1)　独占禁止法による禁止行為

独占禁止法の第1条（目的）に規定されているように、この法律は、「私的独占、不当な取引制限及び不公正な取引方法を禁止し、事業支配力の過度の集中を防止して、結合、協定等の方法による生産、販売、価格、技術等の不当な制限その他一切の事業活動の不当な拘束を排除する」ための取締法規であり、その目的は、「公正且つ自由な競争を促進し、……一般消費者の利益を確保するとともに、国民経済の民主的で健全な発達を促進すること」です。

禁止の対象となる違反行為のうち不当な取引制限とは、価格協定、入札談合、市場シェア協定、地域分割協定などのハードコアカルテルで、競争者同士の合意によって競争を停止する行為です。私的独占とは、支配型の再販価格維持、コスト割れの金額での対価設定（不当廉売）、排他的なリベート供与、差別的な取扱い、供給拒絶など、他の競争者を排除する違反行為です。不公正な取引方法は、優越的地位の濫用など、単独で取引の相手方から搾取する行為です。

(2) 独占禁止法違反による企業のリスク

　独占禁止法に違反した場合、独占禁止法の執行機関である公正取引委員会（以下、本設問中「公取委」という）によって、排除措置命令（同法7条、20条）、課徴金納付命令（同法7条の2、20条の2）を科され、不当な取引制限または私的独占について違反行為が悪質な場合には、5年以下の懲役または500万円以下の刑事告発（同法96条）を受ける可能性があります。また、被害者からも、民事上の差止請求（同法24条）、無過失損害賠償請求（同法25条）、不法行為に基づく損害賠償請求（民法709条）を受ける可能性もあります。さらに、企業が、政府や地方公共団体を取引先として仕事をしている場合に、入札談合等を行ったことが判明すれば、指名停止、契約金額の10～30％の違約金の制裁を科される可能性もあります。もし、経営陣が独占禁止法違反行為に直接関与したり、知りながらあえて見逃していた場合には、企業としても5億円以下の罰金を併科（同法95条）される可能性もあり、株主代表訴訟を提起される可能性も否定できません。

(3) 近時の改正

　平成初年の日米構造問題協議において、日本市場の閉鎖性が問題とされ、その原因は日本の独占禁止法が低調であるためと批判されたことを受け、国際的ハーモナイゼーションの観点から、違反行為に対する重罰化のために、以下のとおり2005年、2009年そして2010年と独占禁止法は改正されました。

① 2005年の改正
　ⓐ 課徴金算定率の引上げ（売上額に対する比率）
　　　製造業等　大企業10％、　中小企業4％
　　　小売業　　大企業3％、　中小企業1.2％
　　　卸売業　　大企業2％、　中小企業1％
　ⓑ 課徴金と罰金との調整規定を新設（罰金額の半額を課徴金額から差し引く）

ⓒ　課徴金減免制度の新設
　　ⓓ　犯則調査の導入
　②　2009年の改正
　　ⓐ　課徴金の適用範囲が不当な取引制限のみならず、排除型私的独占、優越的な地位の濫用などにも拡大
　　ⓑ　主導的事業者に対し課徴金を5割増し
　　ⓒ　課徴金減免制度を最大5社まで拡大、グループ申請も可能
　　ⓓ　不当な取引制限の罪に対する懲役刑を3年から5年に引上げ
　③　2010（平成22）年の改正
　　ⓐ　審判制度の廃止
　　ⓑ　抗告訴訟（取消訴訟）の第一審裁判所が地方裁判所に変更

2　課徴金納付命令

　公取委の行政権力の行使としては、排除措置命令（独占禁止法7条）、課徴金納付命令（同法7条の2）、刑事告発（同法96条）があるが、企業にとってリスクの高いものは、課徴金納付命令です。

(1)　不当な取引制限に対する課徴金

　価格協定、入札談合、市場シェア協定、地域分割協定などの違反行為（不当な取引制限）については、課徴金の算定率は、売上額に対して、
　・製造業等　大企業　10％、　中小企業　4％
　・小売業　　大企業　3％、　中小企業　1.2％
　・卸売業　　大企業　2％、　中小企業　1％
であり（独占禁止法7条の2第1項・5項）、不当利得額の1.25倍になるように設定されています。
　違反行為を公取委の調査開始日の1カ月前までに取りやめており、しかも違反行為の実行期間が2年未満の短期である場合には、算定率はおおむね2割軽減されます（独占禁止法7条の2第6項）。

公取委の調査開始日からさかのぼって10年以内に別の課徴金納付命令を受けていた違反者が、繰り返し違反行為を行えば、今回の違反行為について5割加算され（独占禁止法7条の2第7項）、違反行為を主導した場合も5割加算されます（同法7条の2第8項）。繰り返しの加重要件と主導による加重要件をいずれも満たせば、両方の加算要件を合わせて2倍に加重された算定率が適用されます（同法7条の2第9項）。

　また、課徴金減免制度（リニエンシー制度）が認められており、調査開始日前の減免申請については、違反者のうち最初に減免申請を行ったものは、課徴金が全額免除（独占禁止法7条の2第10項）、2番目の者は50%減額、3番目の者は30%減額となります（同法7条の2第11項）。ただし、4番目と5番目の者は、公取委が把握していない事実に関する報告・資料提出しなければなりません（同法7条の2第11項の3）。5番までの条件を満たす場合には、調査開始日後でも、公取委が把握していない事実に関する報告・資料提出すれば30%の減額を受けることができる場合もあります（同法7条2第12項）。

　課徴金減免制度は、価格協定などの不当な取引制限についてのみ認められ、私的独占や不公正な取引方法では認められていません。

(2)　私的独占に対する課徴金

　再販価格維持やコスト割れの金額での対価設定、排他的リベートの供与、差別的な供給拒絶等の違反行為（私的独占）については、課徴金の算定率は、売上額に対して、

・支配型再販価格維持の場合は、10%

・排除型のコスト割れ価格設定や差別的な供給拒絶などの場合は、6%

です（独占禁止法7条の2第2項・4項）。軽減・加重算定は不適用で、減免制度も認められません。

(3) 不公正な取引方法に対する課徴金

優越的地位濫用や共同供給拒絶、差別対価、略奪廉売等の違反行為（不公正な取引方法）については、課徴金の算定率は、売上額に対して、
- 優越的地位の濫用については、1回の違反で、1％
- 共同の取引拒絶、差別対価、不当廉売、再販売価格の拘束等については、10年以内に前回の違反で排除措置命令を受けている累積的違反について、3％

です（独占禁止法20条の2ないし6）。軽減・加重算定は不適用で、減免制度も認められていません。

3 課徴金減免制度の利用方法

公取委に対する課徴金減免申請は、公取委指定の様式1号ないし3号の報告書により行います（課徴金減免制度に関する規則1条）。公取委の調査開始日より前であれば、様式1号により、①違反行為の対象となった商品または役務、②違反行為の態様、並びに③違反行為の開始時期と終了時期を簡単に記載して、公取委の受付専用のFAXに送信する方法での申請となります。受理されると、公取委のから報告事業者に対して、受信順に認定した仮順位と様式2号の報告書および資料の提出期限が通知されます。提出期限までに報告書・資料が提出されれば、仮順位が本順位に確定します。

また、公取委による調査開始日以後であれば、詳細な様式2号に準じた情報を記載する様式3号による報告書をFAX通信しなければなりません。そして、その後、違反行為に係る資料等を20日以内に提出しなければなりません。

公取委による調査開始日前後にかかわらず、報告書を提出した事業者は、正当な理由なく、その旨を第三者に明らかにはできません。違反行為の終了時期については、減免申請したことを第三者に明らかにできいなので、取締役会で違反行為からの離脱決定を行い、違反行為に関与した事業部門に周知

徹底したことを記録にとどめておく必要があります。

対応策　企業が独占禁止法に違反しないためには、経営トップが独占禁止法の順法をコミットメントし、社員を教育することが必要です。そのために、コンプライアンス行動基準を作成し、社内研修や法律相談を実施することです。そのポイントは以下のようになります。

① 価格問題が討議される同業者の会合や業界団体の会議に出席してはならない。

② 価格、販売条件、利益率、マーケット・シェア、市場分割、入札条件に関する協定または紳士協定に加わってはならない。

③ 取引先の再販売価格を拘束するような取引をしてはならない。

④ 優越的な地位を濫用して、不当な条件を付した契約をしてはならない。

企業の事業部内部に埋もれている違反情報を早期に発見することが、課徴金減免制度を積極的に活用するためにも重要です。そのために、業務内容によって独禁法に違反しそうな事業部の社内の監査を定期的に行うことも必要です。内部通報制度の整備も有効です。

そして、独占禁止法違反行為が発見できた場合には、経営トップのイニシアティブによる迅速な対応が必要になります。外部の専門家にも相談して調査を行い、課徴金減免制度の手続や取締役会決議によりハードコアカルテルからの離脱を検討することになります。

Q6 輸出関連法規に違反する情報

輸出関連法規に違反する違反行為とはどのようなものですか。なぜ、規制されているのでしょうか。企業にとって、輸出関連法規に違反する違反行為に関するリスクはどのようなものですか。

回答

1　輸出関連法規に違反する違反行為には、軍事転用可能な高度の機械や技術をテロリストや核兵器の開発をしている国に輸出することが該当します。わが国も技術先進国の一員として、条約や国際輸出管理レジームに参加しており、国際的脅威を未然に防止するために、安全保障貿易管理を実施しています。

2　企業が輸出にあたり、安全保障貿易管理制度（リスト規制、キャッチオール規制等）に違反した場合には、刑事罰として10年以下の懲役、1000万円以下または輸出対象の物または技術の価格の5倍以下のいずれか多い金額の罰金を科されるとともに、行政制裁として、3年以内の物の輸出・技術の提供の禁止処分を受ける可能性があります。

3　輸出者等が遵守すべき具体的内容は、「輸出者等遵守基準を定める省令」に従い、経済産業大臣が「輸出者等遵守基準」を定めていますので、輸出等を行う企業は、この遵守基準に従った社内体制を構築する必要があります。

　1　安全保障貿易管理とは

わが国の輸出も、国際情勢の安定化のための国際的な枠組みに従って行わ

れなければなりません。わが国の高度な機械や技術が、大量破壊兵器を開発している国やテロリストなどに輸出された場合には、軍事転用されて国際的な脅威になり、国際情勢の不安定化を招くおそれがあります。その脅威を未然に防止するために、国際社会では、先進国を中心として国際的枠組みをつくり、安全保障貿易管理に取り組んでいます。核兵器、化学兵器そのものを規制する条約（NPT（核兵器不拡散条約）、BWC（生物兵器禁止条約）、CWC（化学兵器禁止条約））や、通常兵器や大量破壊兵器の開発に用いられる汎用品を規制する国際輸出管理レジーム（NSG（原子力供給国グループ）、AG（オーストラリア・グループ）、MTCR（ミサイル技術管理レジーム）、WA（ワッセナー・アレンジメント））などがあります。

　冷戦時代に共産圏諸国に対する戦略物資を統制するためのココム（対共産圏輸出統制委員会）が、冷戦の終結とともに解消されましたが、紛争地域の安定を損なうおそれのある通常兵器や関連汎用品・技術の過度の移転と蓄積を防止するために、1996年7月、前記のWAが発足しています（経済産業省貿易経済協力局「輸出者等遵守基準について（安全保障貿易自主管理体制の整備）」（平成24年11月））。

2　輸出関連法規による規制の概要

(1)　概　要

　わが国では、外国為替及び外国貿易法（以下、本書中「外為法」という）、輸出貿易管理令（以下、本書中「輸出令」という）、外国為替令（以下、本書中「外為令」という）によって規制しています。規制方法としては、リスト規制（輸出令別表第1の1～15項）、大量破壊兵器キャッチオール規制（同16項）、補完的輸出規制（同16項）の三つがあり、リスト規制は、武器や通常兵器、兵器の開発等に用いられるおそれの高いものが規制対象であり、キャッチオール規制は、リスト規制以外で大量破壊兵器の開発等に用いられるおそれのあるものが規制対象であり、補完的輸出規制は、リスト規制以外で通常兵

器の開発、製造または使用に用いられるおそれのあるものが規制対象となります。規制対象地域は、リスト規制については全地域向け、キャッチオール規制については米国、カナダ、EU諸国など輸出管理を厳格に実施しているホワイト国（輸出令別表第3に掲げる地域）を除く全地域向け、補完的輸出規制は北朝鮮、アフガニスタン、リビアなどの国連武器禁輸国向けが対象となります。

(2) 規制方法

(A) リスト規制

リスト規制は、輸出令別表第1の1～15項に掲載された物を輸出するとか技術を提供する場合であり、リスト規制対象品目に該当するか否かを輸出者・提供者が判断して、経済産業省に審査を申請し、許可を受ければ輸出・技術提供ができます。海外の自社工場や日系企業であっても、許可が必要とされます。

(B) キャッチオール規制・補完的輸出規制

キャッチオール規制や補完的輸出規制は、リスト規制に記載されていない物や技術であっても、輸出者が大量破壊兵器の開発や通常兵器の開発、製造、使用などに用いられるおそれがあることを知っている場合か、そのおそれがあるので許可申請をすべきと経済産業大臣より通知を受けた場合であり、輸出者・提供者が、用途や需要者からみて大量破壊兵器や通常兵器の開発等に用いられるおそれの有無を判断して、経済産業省に審査を申請し、許可を受ければ輸出・技術提供ができます。

(C) 罰則規定

規制対象となる核兵器等またはその開発等のために用いられるおそれが特に大きいと認められる物・技術を、許可をとらずに輸出・提供すれば、刑事罰として、10年以下の懲役、1000万円以下または輸出対象の物または技術の価格の5倍以下のいずれか多い罰金のいずれかまたは併科され（外為法69条の6）、対象の物・技術の行政制裁として、3年以内の物の輸出・技術の提

供禁止を受ける可能性があり、その結果、企業イメージが悪化し、社会的制裁や株主代表訴訟などへと発展するリスクもあります。

3 輸出関連法規違反への予防策

　輸出者が安全保障貿易管理制度に違反しないように未然に防止するために、経済産業省は、輸出者等遵守基準を定める省令に基づき、業として輸出・技術提供を行う者（輸出者等）に対し、輸出者等遵守基準に従って輸出・技術提供を行うことが求めています。安全保障上機微な特定重要貨物（リスト規制品）等を扱う輸出者等は、以下の①および②の基準を遵守することが求められ、非リスト規制品のみを扱う輸出者等にあっては、①の基準のみを遵守する必要があります。

　①　輸出等行うにあたって遵守する基準
　　ⓐ　輸出等を行う貨物がリスト規制品に該当するか否かを確認する責任者を定めること。
　　ⓑ　輸出等の業務に従事する者に対し、最新の法令の周知、その他関係法令の規定を遵守させるための必要な指導を行うこと。
　②　リスト規制品の輸出等行うにあたって遵守する基準
　　ⓐ　組織の代表者を輸出管理の責任者とすること。
　　ⓑ　組織内の輸出管理体制（業務分担・責任関係）を定めること。
　　ⓒ　該非確認に係る手続を定めること。
　　ⓓ　リスト規制品の輸出等にあたり用途確認、需要者確認を行う手続を定め、手続に従って確認を行うこと。
　　ⓔ　出荷時に、該非を確認した貨物等と一致しているか確認を行うこと。
　　ⓕ　輸出管理の監査手続を定め、実施するよう努めること。
　　ⓖ　輸出管理の責任者および従事者に研修を行うよう努めること。
　　ⓗ　輸出等関連文書を適切な期間保存するよう努めること。
　　ⓘ　法令違反したときおよび法令違反したおそれがあるときは、速やかに経済産業大臣に報告し、その再発防止に必要な措置を講ずること。

以上の輸出基準を前提に、経済産業省は、輸出者に対して、自主管理のための内部規程である輸出管理内部規程（【書式4】参照。なお、CISTEC（一般財団法人安全保障貿易情報センター）では、平成15年3月から輸出関連法規の順守に関する内部規程の標準的なモデルを提供しています。社内の管理形態や自社品有無の違いにより、7つのモデルが紹介されていますので、作成にあたって参考にしてください）の作成を奨励し、届出があり規程の内容が適切であれば受理票が発行されます。届出のメリットとしては、包括許可の取得が可能になり、担当者のメールアドレスに安全保障貿易管理ホームページの更新情報が逐次配信されます。

　以上みたように、企業が安全保障貿易制度に違反しないで業として輸出等をするためには、輸出者等遵守基準に従って社内体制を構築する必要があります。企業がどのような貨物や技術を輸出するのかによって、輸出者等遵守基準で要求する内容が異なります。企業としては、自社の輸出の現状に応じた体制を社内に構築する必要があります。

　まず、キャッチオール規制貨物・技術のみを輸出等する企業は、①企業内に該非確認責任者を選定し、輸出貨物・技術がリスト規制品に該当するか否かを確認させ、②輸出業務担当者に対しては、経済産業省の提供する各種説明会に参加させ、安全保障貿易管理ホームページのチェックや各種サービスを利用させることが必要です。

　次に、リスト規制貨物・技術の輸出をする企業は、さらに体制を強化し、①統括責任者（最高責任者）を選任し、企業内の輸出管理体制（業務分担・責任関係）の明確化を図り、②該非確認（該非判定）、用途および需要者の確認手続を明確にして実施し、③輸出管理体制の自己確認・自己改善（監査・研修・文書保存）を実施し、④経済産業省への報告および再発防止を実施することが必要です。

　そして、さらに体制を強化し、自主管理により厳格な輸出管理する企業は、①輸出管理内部規程の策定・経済産業大臣への届出をし、②包括許可制度の取得をし、③子会社・関連会社への指導をすることが必要となります。

対応策 すでに述べたように、企業が輸出者等遵守基準に従って社内体制を構築するためには、経済産業省の安全保障貿易管理ホームページを利用すべきです。安全保障貿易管理ホームページは、安全保障貿易制度の概要、輸出許可申請の手順や基本情報、リスト規制に係る該非判定の流れ、最新の制度改正情報、全国で開催されている説明会の情報などを紹介していますので、これらの情報を利用し、社内の安全保障貿易自主管理体制の整備に役立たせるべきです。さらに、申請手続、該非判定の相談、キャッチオール規制事前相談、通常兵器補完的輸出規制、包括許可制度についても、同省安全保障貿易審査課で電話相談も受付しています。

　社内に輸出者等遵守基準に従った社内体制を構築した場合には、社内の社員に対して、安全保障貿易管理について理解させ、その協力を得ることが必要になります。そのためには、コンプライアンス行動基準において、対外取引を行う場合には、貿易関連法規を順守し、適用法令と社内ルールに従うことを明記することになります。そして、対外取引に関係する事業部の社員に対して、安全保障貿易制度についての講演をすることも必要です。輸出関連法規が規制するのは、貨物の輸出だけに限らず、メールによる技術・情報の提供、個人の知識である技術情報の海外での提供、国内での非居住者への提供などが、日本のみならず米国その他の国々での輸出管理の対象となっていることを理解させ、輸出関連法規に違反しないように注意を喚起することが、コンプライアンスのために必要です。

【書式4】　輸出管理内部規程例

　　　　　　　　　　安全保障貿易管理規程

　第1章　総　　則

　（目的）

第1条　国際的な平和および安全の維持を目的とする安全保障貿易管理を適切に実施するために、本規程を定める。

（適用範囲）
第2条　本規程は、○○株式会社（以下、「当社」という）が行う貨物の輸出および非居住者への技術の提供または外国において技術の提供をすることを目的とする取引（以下、「技術の提供」という）に関する業務に適用する。必要な場合には、別に細則等を定めるものとする。

（定義）
第3条
1　「外為法等」とは、国際的な平和および安全の維持の観点から貨物の輸出および技術の提供を規制する外国為替及び外国貿易法とこれに基づく政令、省令、通達等をいう。
2　「輸出等」とは、貨物の輸出（輸出を前提とする国内取引を含む）および技術の提供をいう。
3　「貨物等」とは、貨物および技術をいう。
4　「規制貨物等」とは、国際的な平和および安全の維持の観点から外為法等により規制されている貨物および技術をいう。このうち、輸出貿易管理令（以下、「輸出令」という）別表第1の1項から15項に該当する貨物および外国為替令（以下、「外為令」という）別表の1項から15項に該当する技術を「リスト規制貨物等」といい、輸出令別表第1の16項に該当する貨物および外為令別表の16項に該当する技術を「キャッチオール規制貨物等」という。
5　「核兵器等」とは、核兵器、軍用の化学製剤もしくは細菌製剤もしくはこれらの散布のための装置またはこれらを運搬することができるロケットもしくは無人航空機をいう。
6　「核兵器等の開発等」とは、核兵器等の開発、製造、使用または貯蔵をいう。
7　「通常兵器」とは、核兵器等以外の輸出令別表第1の1項に該当する貨物をいう。
8　「通常兵器の開発等」とは、通常兵器の開発、製造または使用をいう。

第2章　基本方針

（基本方針）
第4条　当社における安全保障貿易管理の基本方針を以下の通りとする。
　(1)　規制貨物等の輸出等については、外為法等に反する行為は行わない。
　(2)　外為法等の遵守および適切な輸出管理を実施するために、安全保障貿易管理の責任者を定め、安全保障貿易管理体制の整備、充実を行う。

第3章　組　　織

（安全保障貿易管理最高責任者および安全保障貿易管理委員会）
第5条
1　基本方針に基づき、安全保障貿易管理関連業務を適正かつ円滑に実施するために、代表取締役を安全保障貿易管理の最高責任者とする。最高責任者直轄の社内管理組織として安全保障貿易管理委員会（以下、「委員会」という）を設置する。
2　委員会委員長（以下、「委員長」という）は、最高責任者が取締役または執行役の中からこれを指名し、規制貨物等の輸出等取引の最終判断権者として取引審査の承認を行う。
3　委員長は、最高責任者の直接の指揮、監督を受け、営業部門から独立した立場で安全保障貿易管理を遂行するものとする。
4　委員長の権限と責任は、次のとおりとする。
　(1)　営業部門または管理部門から委員を任命。
　(2)　委員会の運営を図るために事務局を設置し、委員の中から事務局長を任命。
　(3)　該非判定責任者を任命。
　(4)　規制貨物等の取引に関する重要事項の企画、立案およびその管理、推進。
　(5)　営業部門および管理部門の管理責任者に対する本規程を遵守するために必要な指導および助言、勧告。
5　委員会の権限と責任は、次のとおりとする。
　(1)　本規程の制定、改廃。
　(2)　運用手続（細則）の制定、改廃。
　(3)　規制貨物等の取引に関する審査、承認、許可。

(4) 輸出管理業務の統括および徹底事項の指示、連絡、要請。
(5) 監査の企画、立案。
(6) 社内教育の企画、立案。
(7) 子会社および関連会社等の指導。
(8) 関係部門等の長に対する報告書の要求、調査の実施、または改善措置等の命令。

（営業部門等の管理体制および営業部門等の長の権限と責任）
第6条
1 営業部門、研究所および管理部門（以下、「営業部門等」という）の長は外為法等および本規程に従って当該営業部門等が取扱う規制貨物等の取引を行い、かつ本規程を遵守する責任を有する。
2 営業部門等の長は、本規程の遵守および輸出管理業務を適切に実施するために、委員長が定める営業部門等に輸出管理責任者（以下、「管理責任者」という）を置くこととする。

（管理責任者の権限と責任）
第7条　管理責任者は、委員長の指揮の下に当該営業部門等の輸出管理の関する以下の業務を行う。
(1) 規制貨物等に関する審査、確認。
(2) 委員会の指示、連絡、要請の周知徹底。
(3) 教育。
(4) 所轄する子会社および関連会社の指導。
(5) 法令違反や本規程に対する違反行為または違反のおそれがあると認めた場合に委員会への報告。
(6) 関係書類の保管。

第4章　手　　続

（該非判定）
第8条
1 営業部門等は、当該営業部門等が取り扱うすべての輸出または提供する技術（以下、「輸出貨物等」という）が、リスト規制貨物等に該当するか否

かを営業部門等内における多段階判定により判断し、管理責任者の確認を得た後に該非判定責任者の承認を得なければならない。
2　該非判定は、以下の通り行う。
(1)　当社で設計開発した貨物等の輸出等を行う場合、該非判定責任者は、必要な技術資料を整備し、最新の外為法等に基づいてリスト規制貨物等に該当するか否かを判定する。
(2)　社外から調達した貨物等の輸出等を行う場合、該非判定責任者は、調達先からの該非判定書等の入手により、前号同様、適切に該非判定を行う。ただし、調達先から該非判定書等を入手しなくても判定できる場合には、当社の責任で判定してもよい、
(3)　本項各号のいずれの場合においても、委員会は、判定内容について審査し最終決定を行う。

（用途・最終需要者の確認）
第9条
1　営業部門等は、輸出等の取引をする場合には、その輸出貨物等の用途について、以下に該当するか否かを確認する。
(1)　リスト規制貨物等については、
　(A)　核兵器等の開発に用いられる、用いられるおそれがある、または用いられる疑いがある。
　(B)　その他の軍事用途に用いられる、または用いられる疑いがある。
(2)　キャッチオール規制貨物等については、
　(A)　核兵器等の開発等に用いられるおそれがある。
　(B)　通常兵器の開発等に用いられるおそれがある。
2　営業部門等は、輸出等の取引をする場合には、その行おうとする輸入者、最終需要者について、以下に該当するか否かを確認する。
(1)　経済産業省作成の「外国ユーザーリスト」に記載されている。
(2)　核兵器の開発等を行うまたは行ったことが入手した資料等に記載されているまたはその情報がある。
(3)　ホワイト国以外を仕向け地とする取引にあたっては、最終需要者が軍、軍関係機関、あるいはこれに類する機関である。

（輸出等の取引審査）

第10条

1　営業部門等は、1～15項取引審査票、1～15項輸出管理票、16項キャッチオール審査票および16項最終需要者不明取引申請書（以下、「取引審査書類」という）を起票して、多段階判定のうえ、管理責任者に取引の審査を申請する。輸出等の引合いの内容が以下に該当する場合、当該取引を行うか否かの最終判断は、委員長が行う。

(1)　第8条の該非判定の結果、当該貨物等が輸出令別表第1の1項から15項、または外為令別表の1項から15項に該当する場合。
(2)　前条第1項の用途要件に該当する場合。
(3)　前条第2項の需要者要件に該当する場合。
(4)　経済産業大臣から許可申請をすべき旨の通知を受けた場合。
(5)　本項の1号から3号に該当するか否か不明の場合または疑義がある場合。

2　取引審査書類には、仕向地、貨物等の名称、該非判定結果、最終需要者、用途、取引経路等を記載し、審査に必要な書類を添付するものとする。

3　営業部門等は、1～15項該当貨物等を取引するときは、契約前までに1～15項取引審査票による用途・最終需要者の確認および契約金額が確定した時点で1～15項輸出管理票による多段階判定を行い委員会に提出するものとする。なお、契約書は、政府の許可が得られるまで契約が発効しない旨の記述を盛り込んだものとする。

4　営業部門等は、キャッチオール規制貨物等を取引する場合は、16項キャッチオール審査票および16項最終需要者不明取引申請書による多段階判定を行い委員会に提出するものとする。

5　取引審査書類を起票するにあたっては、取引の内容を事実に即して正確に記入しなければならない。

6　営業部門等は、本条第1項に定める取引最終判断権者の承認を得ることなく、当該取引を進めてはならない。

7　営業部門等は、外為法等に基づく経済産業大臣の輸出許可が必要ない場合においても、輸出する貨物または提供する技術が大量破壊兵器等の開発に用いられることとなることを知るに至った場合は、委員会に遅滞なく報告するとともに、委員長は速やかにその旨を経済産業大臣に報告するものとする。

(外為法に基づく許可申請)
第11条
1 前条における承認を得た後、外為法に基づく経済産業大臣の許可を受けなければならない輸出等には、営業部門等は所定の申請書および添付書類を作成し、経済産業大臣に対して許可申請を行う。
2 営業部門等は、許可申請の際に提出する書類は、事実に基づき正確に記載しなければならない。
3 営業部門等は、外為法等に基づく許可が必要な輸出等については、経済産業大臣の許可を取得しない限り当該輸出等を行ってはならない。

(国内取引)
第12条 営業部門等は、国内取引であっても、輸出されることが明らかな場合には、第9条および第10条と同様の手続を行い、不正輸出、不正転売および不正転用が行われていないことを確認しなければならない。

第5章 出荷管理

(貨物の出荷管理)
第13条
1 出荷部門は、輸出手続の前に委員会が承認した該当・非該当判定書、取引審査書類のとおり第8条および第10条の手続が行われていること並びに出荷される貨物等が出荷書類の記載内容と同一のものであることを確認する。出荷部門は、外為法等の許可が必要な貨物の輸出の場合には、経済産業大臣の許可が取得されていることを確認しなければならない。
2 出荷部門は、出荷時に上記1項の確認ができない場合には、直ちに出荷を取りやめ営業部門等へ適切な措置を要求するとともに、委員会に報告する。
3 出荷部門は、通関時に事故が発生した場合は、直ちに輸出手続をとりやめて、委員会に報告する。委員会は、営業部門等と協議して適切な措置を講じる。

(技術提供管理)
第14条

1　営業部門等は、技術の提供に際して、第8条および第10条の手続が行われたこと、並びに外為法等に基づく許可を受けなければならない技術の提供の場合には、経済産業大臣の許可が取得されていることを確認しなければならない。

2　営業部門等は、前項の確認ができない場合は、当該技術の提供を行ってはならない。

第6章　監　査

（監査）
第15条
1　委員会と監査室は、営業部門等および関係部門における本規程の遵守状況について、年1回の内部監査を協同して行う。
2　監査結果は、監査室が監査報告書を取りまとめ、安全保障貿易管理最高責任者である代表取締役および被監査部門の長に報告するものとする。

第7章　教　育

（教育）
第16条
1　委員会および管理責任者は、外為法等および本規程の遵守と確実な実施を図ることを目的として、役員および従業員に対して研修等の教育を実施する。
2　委員会は、前項の教育を効果的に実施するために、教育細則を作成するとともに、テキストなどの研修資料を整備する。

第8章　文書管理

（文書または記録媒体の保存）
第17条　規制貨物等の輸出等に係る文書または記録媒体は、貨物が輸出された日もしくは技術が提供された日から起算して少なくとも7年間は保管する。

第9章　子会社および関連会社の指導

（子会社および関連会社の指導）
第18条
1　委員会および管理責任者は、規制貨物等の輸出等を行う国内における子会社および関連会社に対して、外為法等を遵守するために実情に即した指導および助言、勧告を行う。
2　委員会は、海外の関連会社に対しては、前条を準用するほか、当該関係会社がその所在する国の輸出関連法規を遵守するため、必要な対応の助言を行う。

第10章　報　　告

（報告）
第19条
1　役員または従業員は、規制貨物等の管理について外為法等や本規程に違反の事実を知った場合または違反のおそれがある場合には、速やかに委員長に報告しなければならない。
2　委員長は前項の報告を受けた場合には、委員会で報告の内容を調査した結果、外為法等に違反した時または違反したおそれが判明した場合には、安全保障貿易管理の最高責任者に報告する。最高責任者は、社内の関係部門に対応措置を指示するとともに、遅滞なく行政府に報告しなければならない。また、最高責任者は、その再発防止のために必要な措置を講じる。

第11章　罰　則

第20条　外為法等および本規程に違反した者および関係者に対しては、就業規則および取締役会の決議等により解雇を含む懲戒を行い、かつ、社内に公表することができる。

附　則
　本規程は、平成〇〇年〇〇月〇〇日から実施する。

Q7 公務員に対する賄賂や便宜供与の情報の問題

 わが国において公務員に対する賄賂や便宜供与は犯罪行為であり、コンプライアンスの観点からも当然に防止しなければなりません。
 また、外国政府の公務員への賄賂や便宜供与も同様に犯罪行為です。
 海外と取引をする企業にとって留意すべき点は、どのようなことでしょうか。

回 答

1 わが国において公務員に対して賄賂や便宜を供与することは、公務員の職務の公正性を阻害することになるので、贈賄罪として刑法で処罰されます。企業としても、社員にかかる犯罪行為を行わせないために、コンプライアンス体制を確立していくことが必要です。

2 企業が、新興国や発展途上国にビジネスを展開している多国籍企業の場合には、米・英政府が世界規模で贈収賄規制を強めているので、巻き込まれないように注意が必要です。2011年7月1日に施行された英国の贈収賄禁止法は、英国で何らかの取引をする企業について、同社の世界中の従業員や代理店などが公務員や民間人と賄賂をやり取りすることを禁止し、違反者には、個人に対しては懲役10年か上限なしの罰金、法人に対しては上限なしの罰金が科せられます。日本企業のアジア現地法人の従業員に限らず、契約している代理店やコンサルタントが公務員や取引先に賄賂を渡せば、日本の本社が処罰対象になる可能性もあります。

 また、米国の海外腐敗行為防止法に基づく米司法省と証券取引委員会による摘発・処罰も注意が必要です。

 また、贈り物の商習慣のある中国においても、習近平国家主席ら現指導部が汚職の取り締まりを強めており、これまでは党員の綱紀

105

> 粛正を促す面が強かったのですが、企業に対しても不正を許さない姿勢を取り始めていることも、注意が必要です。

1 賄賂・便宜供与をめぐる近時の動向──厚生年金基金への贈賄問題──

　日本国内でも、厚生年金基金を運営する団体の役職員が資金を預託する見返りに、投資顧問会社等から現金や賄賂を受け取り、収賄罪で逮捕されるという事件が相次いでいます。この厚生年金基金を運営する団体の役職員は公務員とみなされますが（厚生年金保険法121条）、にもかかわらず、その認識の甘さが背景になっています。2012年11月には、福岡県エルピーガス厚生年金基金（福岡市）の元理事が2億円の金融商品を購入する見返りとして、運用コンサルタント会社から現金100万円以上受け取ったとして、警視庁などに逮捕されました。2013年6月にも、投資顧問会社から契約締結の見返りに現金を受け取ったとして、北海道石油厚生年金基金（札幌市）の元理事長が逮捕されています。また、同年12月には、ドイツ証券の過剰接待で、三井物産連合厚生年金基金（東京都千代田区）の幹部らが逮捕されました。ドイツ証券では、厚生年金基金に対する過剰接待が常態化し、複数の幹部らに対する接待総額は数千万円に上るとされ、幹部自らが接待を要求したケースもあったとみられています。逮捕されたドイツ証券の担当者は、厚生年金基金幹部らの1回あたりの接待費が高額になった場合、日付を変えた領収書を複数作成し、金額を少なくして経理処理、高額接待の発覚を免れていたとみられています（2013年12月5日付け日本経済新聞夕刊）。

2 公務員に対する賄賂や便宜供与による罰則規定

(1) 日本法における罰則

　公務員への収賄は5年以下（請託を受けたときは7年以下）の懲役、企業側の贈賄は3年以下の懲役または250万円以下の罰金を科されます（刑法197条、198条）。

　これは日本国内のみならず、外国の公務員に対し、営業上の不正な利益を得るために贈賄しても、日本国内で刑事訴追されることになります。最近も、中国の現地法人に便宜を図ってもらうために、中国の地方政府幹部に賄賂を渡したとして、2013年9月11日に、フタバ産業元専務が不正競争防止違反（外国公務員への贈賄）で逮捕されました（2013年9月12日付け日本経済新聞夕刊）。1997年に経済開発協力機構（OECD）において外国公務員贈賄防止条約が採択され、わが国もこの条約に署名したことから、1998年に不正競争防止法を改正し、外国公務員に対する贈賄処罰規定を新設、さらに2004年の同法改正により国民の国外犯処罰を導入、日本国内の企業に加え、海外現地法人の行為も処罰対象となりました（不正競争防止法18条）。個人の罰則は5年以下の懲役または500万円以下の罰金、法人は3億円以下の罰金となります（同法21条、22条）。

　また、入国・滞在ビザの発給を迅速にしてもらうために少額の支払いをするなどの場合でも処罰の対象となりますが、通常の行政サービスの円滑化のみを目的とした少額の支払い（small facilitation payments）は、「営業上の不正の利益」とはいえないので処罰されません。これまで不正競争防止法の外国公務員贈賄罪として日本で起訴されたのは、フィリピンの公務員に対するゴルフクラブセット約80万円相当の利益を供与した事件（2007年）とベトナム公務員に対する2度にわたり60万米ドルと20万米ドルの利益を供与した事件（2008年）の2件があります（外国公務員贈賄防止指針（経済産業省〔平成22年9月21日改訂版〕））。

(2) 外国法における罰則

(A) 英国贈収賄禁止法による規制

　新興国や発展途上国に展開する多国籍企業にとって、国内法に加え、英国の贈収賄禁止法や米国の海外腐敗防止法による摘発がリスクとなっています。2011年7月1日に施行された英贈収賄禁止法は、英国で何らかの取引をする企業について、世界中の従業員や代理店などが公務員や民間人と賄賂をやり取りするのを禁じています。罰則は重く、個人は10年以下の懲役か上限なしの罰金が科されます。同法によれば、英国でも取引している日本企業のアジア現地法人の従業員、契約している代理店やコンサルタントが公務員や取引先に賄賂を渡せば、日本の本社が処罰の対象になる可能性があるということになります。ですが、贈賄を防止するためのコンプライアンス体制をつくり現地関係者の教育等を実施している企業には、仮に違法行為が発覚しても処罰を免除する規定を同法は設けています。

(B) 米海外腐敗行為防止法による規制

　米海外腐敗行為防止法（FCPA）による摘発・処罰は、日本の不正競争防止法による処罰とは比較にならないほどの衝撃があります。近時の例では、ドイツのシーメンス社は、バングラデシュ、イラクなどで5年以上にわたり公共事業の受注を目的として公務員に13億ドルの賄賂を払ったとして米当局の捜査を受け、2008年末、同法違反としては過去最大の約8億ドルの罰金・制裁金を払うことで和解した例があります。ほかにも、日本企業である日揮も、2011年、ナイジェリア政府関係者への賄賂行為がFCPA違反に該当するとされ、米当局と2億1880万ドルの罰金額支払いの和解をしました（2011年8月29日付け日本経済新聞朝刊「(法務インサイド) 米英が広く網贈収賄規制の厳格化に対応」）。

(C) 中国における取り締まり強化

　中国でも、2012年秋に発足した中国の習近平指導部が汚職の取り締まりを強化しています。たとえば、中国公安省は、英国の製薬大手グラクソスミス

クライン（GSK）社現地法人の捜査を本格化しています。GSKは、学術会議や研修を手配する旅行会社に費用を水増し請求させ、実際の支払額との差額を賄賂資金として保留、薬価引上げや販路拡大のために政府部門や病院等の関係者に賄賂を提供していました。公安当局は、GSKの中国人幹部4人を拘束しました。

　中国では贈り物の商習慣があるので、わいろの線引きが難しいのです。「1万元以上を贈ると刑事罰に問われる」（中国人弁護士）との見方もありますが、これも「あくまでも目安で、あいまい」（「中国の習指導部、汚職撲滅外資に照準」2013年7月18日付け日本経済新聞朝刊）だそうです。

　日系企業幹部は、「中国人幹部による不正を、我々から見つけ出すのは簡単ではない」とため息をついています。外資系企業を顧客にもつ中国人弁護士は、「贈収賄事件から逃れるには普段から法令順守を社員に徹底させるしかない」と話しています（中国の習指導部、汚職撲滅、外貨に照準・前掲）。

対応策

　日本国内であれ海外であれ、公務員に賄賂を贈って不正な便宜を図ってもらおうとすることは、犯罪行為であることに変わりはありません。企業が、社員のみならず、子会社、エージェントなどを使って、営業上不正な利益を得るために、賄賂を提供するのも同じです。企業の社員らが、国内や海外で贈賄事件に巻き込まれるは、競業他社も賄賂を贈って営業成績を上げているとか、競業他社を出し抜いて事業の許認可を取得するためとか、社内における自己の業績を上げるためなどです。社員らが国内や海外で贈賄事件に巻き込まれないようにするためには、社内のコンプライアンス行動基準により、官公庁の職員やこれに準じる者に対しては、営業上の不正な利益や優遇措置を得ること目的として、金銭や物品を供与してはならないと明記し、社員らの理解を得ることが重要です。そのためには、理解しやすいように、経済産業省の「外国公務員贈賄防止指針」（平成19年1月29日）の「営業上の不正な利益」の解説を参考にしながら、具体例を列挙するのも効果的です。たとえば、次

のような具体例が考えられます。

① Ａ国での国立病院建設プロジェクトを入札するため、事前に公表されない最低入札価格を聞き出すことを目的として、Ａ国厚生省職員に利益の供与を行う場合——営業上の不正な利益に該当する＝不正競争防止法上の贈賄罪になる。

② Ｂ国で建設した、本来は環境基準を満たしていない化学プラントの設置設備の許可を受けるために、Ｂ国検査機関の職員に利益供与を行う場合——同上

③ Ｃ国において、建設資材輸入する関税を、不当に減免してもらうために、Ｃ国税関職員に利益の供与を行う場合——同上

　これに対し、本来であればＣ国の法律に則り税金が還付されることが明白であるにもかかわらず、一向に手続を進めてもらえないことから、手続を適正に進めてもらうために少額の支払いをする場合（small facilitation payments）は、贈賄罪にはならない。

④ Ｄ国において、競合企業より優位に立つため、商品の輸出の許可を優先的に処理してもらうことを目的としてＤ国の公務員に利益供与を行う場合——営業上の不正な利益に該当する＝不正競争防止法の贈賄罪になる。

　これに対し、法律の手続に則った手続がされていない場合に、認可手続を適正に進めてもらうために少額の支払いをする場合（small facilitation payments）は、贈賄罪にはならない。

⑤ Ｅ国において、自らの生活に必要な食材調達のために、その便宜を図ってもらう目的で現地村長に対する利益の供与を行う場合——自らの生活に必要な食材調達の便宜を図ってもらうことは営業上の不正な利益に該当しない。

⑥ Ｆ国の空港において、入国・滞在ビザの発給を迅速に処理してもらうために、Ｆ国の入管職員に利益の供与を行う場合——通常の行政

> サービスの円滑化のために少額の支払いをする場合（small facilitation payments）は、贈賄罪にはならない。

　そして、必要に応じて、社員のみならず、海外の子会社、エージェントらに対しても、海外で贈賄事件に巻き込まれないための社員教育の機会をつくることも必要です。すでに述べたように、贈賄を防止するためのコンプライアンス体制をつくり現地関係者の教育を実施している企業は、英国贈収賄禁止法の処罰を免除される可能性もあるからです。

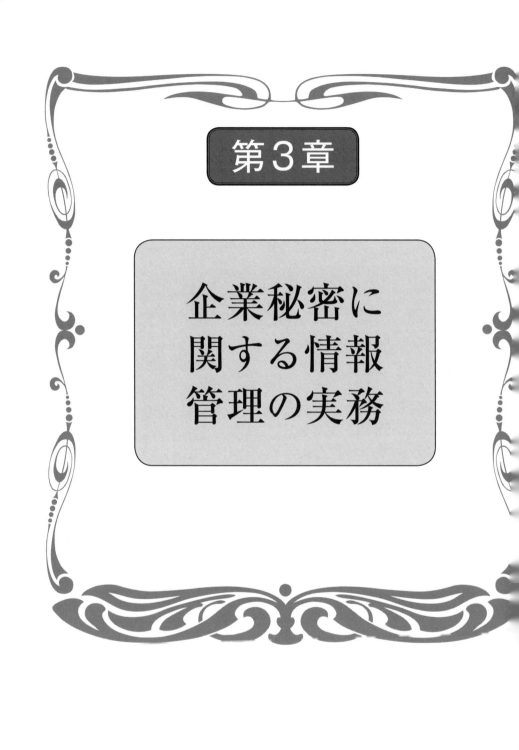

第3章

企業秘密に関する情報管理の実務

Q1 企業秘密と漏えい対策

　A社が製造・販売を行っている製品には、ある特殊な技術・ノウハウが用いられています。今回、この技術・ノウハウについて、従業員や外注先に指導を行ってきたBが、A社を退職することとなりました。A社としては、Bが、A社の技術やノウハウを利用して、A社のライバルになるような別の会社を立ち上げるのではないかと疑っています。

　A社としては技術・ノウハウの流出を阻止したいのですが、そもそも技術・ノウハウを保護するにあたって、どのような点に気を付ければよいのでしょうか。

回　答

1　企業は、企業としての独自性、競争力を維持するため、技術やノウハウ、顧客情報といった有用な情報が外部に漏れないよう、保護する必要があります。
2　秘密として保護しておきたい有益かつ独自の情報を保護するためには厳格な管理をしておく必要がある一方で、あまりに厳格に管理すると秘密となる情報が使いにくくなります。このバランスをどのようにとるかが、企業秘密の保護のポイントとなります。
3　不祥事等、企業への信頼を失わせるような情報も、企業としては秘密にしておきたいところですが、このような情報の隠ぺいに対しては、むしろ社会的な非難が強まる傾向にあります。

1 企業における情報保護の必要性

　企業は経営や業務遂行にあたり、技術開発や営業活動等を通じて、さまざまな情報を取得します。こうして取得された情報は、企業にとって貴重な財産であり、軽々しく外部に開示したり、ましてや他の企業に利用させられるものではありません。なかでも、本設問で問題となっている、企業が開発した特殊な技術やノウハウ、顧客情報、さらには販売価格などは、企業活動を行い、他の企業と差別化を図り、競争力を保持するために必要不可欠な情報です。こうした企業にとって重要な情報が、たやすく他の企業の手にわたり、技術やノウハウを模倣されたり、顧客情報や販売価格を利用されて顧客を奪われたりするようなことがあっては、その企業はまたたく間に競合企業に追い越され、衰退してしまうでしょう。このような重要な情報は、基本的にどのような企業にも存在します。そして、こうした重要な情報が企業活動の源泉である以上、これらの情報を保護する必要性は、どの企業にも認められるところです。

2　保護されるべき情報の特徴

(1) 「企業秘密」としての情報

　このように保護される必要がある情報とは、まず、企業活動にとって有益な情報であることが大前提です。

　次に、その情報は、企業の独自性や競争力の源泉となる情報ですから、当該企業が独自に有しており、他のほとんどの企業がもっていない情報であることが必要でしょう（他の企業も一般的にもっている情報であれば、あえて保護する必要性は認められません）。

　本書では、上記のように企業にとって、保護すべき対象となる、有益かつ

企業独自の情報を、広く「企業秘密」と呼びたいと思います。企業秘密と一口にいってもその内容は千差万別であり、わかりにくいかもしれませんが、後述するように、法律上保護されている情報に限らず、企業が保護したいと考えている情報全般を広く含むと考えていただければと思います。

(2) 不正競争防止法上の「営業秘密」

上記の企業秘密の保護を考えるうえで、参考になると考えられるのが、不正競争防止法に規定されている「営業秘密」です。不正競争防止法上の「営業秘密」とは、「秘密として管理されている生産方法、販売方法その他の事業活動に有用な技術上又は営業上の情報であって、公然と知られていないものをいう」とされています（同法2条6項）。そして、「営業秘密」の侵害行為については、損害賠償請求や差止請求が規定されるなど、法律上も保護されています。したがって、企業秘密が、同法上の「営業秘密」に該当するように「秘密として管理」することは、企業における情報管理の一つの目安となると思います（第3部第1章Q5参照）。

(3) 企業における秘密情報管理上のジレンマ

もっとも、現実には、企業において、企業が秘密として保護したいと考えている情報のすべてが、不正競争防止法上の「営業秘密」に該当するとは限りません。これには、いくつか理由があります。

まず、不正競争防止法上の「営業秘密」における「秘密として管理されている」という要素は、当該秘密情報に対するアクセスが制限され、またアクセスする者に秘密であることが認識しうる状態にあることが必要とされています（名古屋地判平成20・3・13判時2030号107頁等）。つまり、「営業秘密」と判断されるためには、相応の厳重な管理が必要とされるのです。

しかし、このように厳重に秘密として管理するには、多大なコストがかかります（たとえば、秘密として管理するために、生体認証システムを導入する、鍵を取り付ける、外部からのアクセスを防止するためにネットワークにファイ

115

アーウォールを導入するといったことを想像いただければと思います）。使える費用には限りがありますので、すべての企業秘密に広く厳重な管理を行うことは、現実的に難しい場合が多いのではないかと思います。

　また、企業が、企業秘密による優位性を維持しつつ企業活動を行っていくためには、その企業秘密を活用していかなければなりません。せっかく開発した技術も使わなければ企業には何ももたらしませんし、顧客情報を活用しなければ、取引先との取引もできません。企業秘密を保持するという観点からすれば、何があっても外部に漏えいしないように厳重に管理することが望ましいのでしょうが、企業秘密をもっているだけでは意味がないのです。しかし、厳重に管理することは、秘密を活用するために手間と時間がかかるということでもあります（たとえば、秘密の情報に対してアクセス権限を有していない一般社員が、その情報を得るために、アクセス権限を有する部長に閲覧を申し出て、その了解を得て閲覧しなければならないなどといった状況を思い浮かべていただければと思います）。秘密として保護したい情報でも、毎日活用したい場合や、緊急を要する場合についてまで、そのつど、このような手続を行わなければ閲覧することができないというのは、あまりに煩雑ですし、対応の速さが求められる現代の競争社会においては、取引の機会を失うことにもなりかねません。

　このように、情報を秘密として厳重に管理しようとすればするほど、企業にとってのその情報の使い勝手の良さは失われていき、ひいては情報としての有用性すら失われていきます。ここに、企業にとっての秘密情報を管理するうえでのジレンマがあります。

(4)　本書における企業秘密

　したがって、企業が外部に漏らされたくない、秘密にしておきたい情報には、もちろん不正競争防止法上の「営業秘密」に該当するような厳重な管理が可能なものもありますが、そうした厳重な管理ができない、あるいは企業活動の観点から、秘密にはしておきたいがそこまで厳重な管理をしない方が

よい情報もあります。本書では、法律上の保護が規定されている「営業秘密」以外にも、上記のような、企業にとって秘密としたいけれども、そこまで厳重に管理されていない情報についても広く着目し、このような情報も含めて、「企業秘密」とし、その秘密の度合いと活用する必要性との間でどのようにバランスをとるべきかという点につき検討したいと思います。

3　企業にとって弱点となる情報

なお、企業が秘密にしておきたい情報は、何も企業にとって有用な情報ばかりではありません。たとえば、企業内部で不祥事が発生した、企業内部で違法な状態がまかりとおっている、といった情報が外部に漏えいすれば、企業に対する社会的な非難が強まり、企業への信頼が失われてしまいます。こうした情報は、企業としてはできれば公にしたくない、いわば弱点と呼べるような情報であり、その意味で企業にとっては「秘密情報」に該当するといえるかもしれません。

しかし、企業の不祥事や違法行為に関する情報は、いわゆるコンプライアンス意識の高まりにより、企業が不祥事を起こしたことよりも、むしろ不祥事を起こしておきながら隠ぺいしていること自体が問題視されるようになっています。たとえば、平成25年の秋頃、あるホテルのレストランで食品偽装が行われていたことが発覚した際に、これを受けて、他のホテルやレストランでも、調査のうえ、偽装の事実を公表していきました。これも、偽装の事実を黙っているよりは、早期に調査を実施し、問題があれば自ら公表して謝罪するという対応をとった方が、企業の信用を毀損することが少ないと判断されたからだと思います。

特に、2004年に公益通報者保護法が制定され、労働者が、当該企業等が、国民の生命、身体、財産その他の利益の保護にかかわる法律に該当する犯罪行為や違法行為について、企業外にその事実を通報した場合、当該企業等が通報した事実を理由にその労働者に対し、解雇その他の不利益な取扱いを行ったとしても、当該行為は無効と規定された（同法3条、5条等）ことか

らも、不祥事等を隠し続けること自体が問題であるという風潮は強まっているといえます。

したがって、企業の不祥事等について、秘密とするだけの必要性、有用性はもはや失われていると考えられます。本書では、このような企業にとって弱点となる情報は保護すべき企業秘密の対象とは考えず、企業にとって「有益な情報」を企業秘密であることを前提としたいと思います。

対応策 企業が開発した特殊な技術やノウハウ、顧客情報、販売価格等の、他の企業と差別化を図り、競争力を保持するために有用な情報としての企業秘密は、企業外部に出ていかないよう、保護する必要があります。

不正競争防止法は、「営業秘密」に対し、一定の法律上の保護を規定していますが、企業秘密がこの「営業秘密」に該当するためには、厳格な管理が必要です。しかし、企業秘密をあまり厳格に管理しすぎると、かえって企業活動を阻害する恐れがあるため、実際には、不正競争防止法上の「営業秘密」に該当するほど厳格に管理はされていないけれど、企業外部への漏えいを防止しなければならない企業秘密は多く存在します。秘密として保護する必要性と企業活動のために活用する必要性の二つのバランスをどのようにとるかが、企業秘密の保護においては重要なポイントとなります。

企業秘密が漏えいする事例

企業秘密を保護しなければならないことは理解しましたが、企業秘密が漏えいする事例としてA社は、どのような状況に気をつけなければならないのでしょうか。最近問題となった事例には、どのようなものがあるでしょうか。

回 答

1 企業秘密が漏えいするリスクはどの企業にもあります。
2 持ち出される情報には、顧客の情報や個人情報が最も多いといえます。
3 態様には、退職者による企業秘密の持出しが多いですが、ほかにも、誤送信等、従業員のミスによるもの（最近はソーシャルメディアによる漏えいもみられます）のほか、金銭目的等の動機をもって持ち出されることもあります。

 1 企業秘密漏えいの実態

企業秘密が企業にとって有用であり、かつ外部に漏えいさせてはならない情報である以上、企業はこれを保護するために対策をとらなければなりませんが、実際の問題として、企業秘密の漏えいリスクは、どの程度深刻なものなのでしょうか。

この点、経済産業省が2012年12月11日に公表した「『営業秘密の管理実態に関するアンケート』調査結果（確報版）」（以下、「アンケート調査結果」とい

います）によれば、過去5年間において、13.5％の企業において、企業秘密の漏えい事例があった、あるいはあったと推測されると回答しています（また、大規模企業の方が中小企業と比較して、営業秘密の漏えいを経験している割合が高いようです）。このように、1割以上の企業が経験しているのですから、何の対策をしないで放置しておいてもよいといえるほど営業秘密の漏えいは珍しい事例とはいえないと思います。

2　企業秘密漏えいの対象となる情報

　次に、漏えいの対象となる情報の内容は、アンケート調査結果によれば、「顧客情報・個人情報」が82.5％と圧倒的な割合を示しています。特に、個人の顧客を多く抱えている企業において、大量の個人情報が流出するといった事例はしばしばメディアでも報道されており（2007年に保険会社の代理店から顧客情報が約15万件漏えいした事件や、2011年に大手電機メーカーにおいてグループ全体で1億件を超える個人情報が漏えいした事件、2014年に通信教育大手のベネッセコーポレーションから2000万件以上の個人情報が漏えいしたベネッセコーポレーション顧客情報漏えい事件などが発生しています）、その場合に生じる企業としての損失や信用の失墜は計り知れません。

　また、それ以外にも、「経営戦略に関する情報」（38.5％）、「製造に関するノウハウ」（34.4％）といった情報が漏えいすることが多いとされています。これらが、いずれも企業にとって重要な企業秘密であることはいうまでもありません。

　次に、こうした情報が、どのような形で企業に存在しているのか、という点にも留意しておく必要があります。多くは紙に印刷されたり、電子データとして存在していると思いますが、中には、従業員の記憶の中にしかない、ということもあります。また紙であっても、金庫に保管されている場合、ファイルに綴じて戸棚に置いてある場合もあれば、秘密情報であるにもかかわらず、机の上に放置されている場合もありますし、電子データの場合にも特定の携帯電話やUSBメモリ、パソコン等に保存されている場合、企業の

サーバに保存されている場合、さらには企業外部のサーバに保存されている場合など、さまざまな形態が想定されます。企業秘密の漏えい防止を考えるのであれば、企業秘密をどのような形で保管するのか、ということは非常に重要となります。

3 企業秘密漏えいの態様

　企業秘密が漏えいする態様にはさまざまなものがありますが、アンケート調査結果によると、最も多いのは、「退職者による漏えい」(50.3％) で、次に「現職従業員等のミスによる漏えい」(26.9％)、「金銭目的等の動機をもった現職従業員等による漏えい」(10.9％) となっています。

(1) 退職者による情報漏えい

　第3部第1章Q10でも後述しますが、裁判例においても、退職者が企業秘密を持ち出し、退職後に競業企業に就職したり、あるいは競業企業を設立したりして、持ち出した企業秘密を利用するといったケースはよくみられます。報道された事件として、2012年に、生命保険会社において、退職した従業員のID・パスワードの使用停止処理が遅れたため、顧客420名分の個人情報が漏えいしたケースがありました。漏えいした個人情報は、退職した従業員が、新たな仕事の営業に活用したそうです。この退職者が従事する新たな仕事が企業の業務内容と競合する場合には、企業秘密の漏えいによって企業の顧客を奪われる等、深刻な事態を引き起こすことは容易に想像できます。

　退職者は、退職するまでは従業員として、企業秘密に触れる機会もありますから（職位の高い従業員であればなおさらその頻度は高まります。また、役員が情報を持ち出すケースもあります）、企業秘密を退職時にどのようにして持ち出させないようにするか、あるいは、退職後に使わせないようにするかが、企業秘密を保護するうえで重要な課題となります（詳しくは第3部第1章Q10で解説します）。

(2) 現職従業員等のミスによる漏えい

(A) 電子メールの誤送信

　現職従業員等のミスによる情報の漏えいが起きる場面として、最近特に問題となっているのが、電子メールの誤送信です（NPO日本ネットワークセキュリティ協会セキュリティ被害調査ワーキンググループ「2011年情報セキュリティインシデントに関する調査報告書～発生確率編～」参照。以下、「調査報告書」といいます）。電子メールは、社内でのやりとりにも使用されるなど、活用の仕方はますます広がっていますが、あまりに日常的に使用している分、少しの気の緩みで違う宛先に送ってしまったり、本来返信すべきメールと違うメールに返信してしまうこともしばしばみられます。また、実際に間違えたことはなくても、多くの方がヒヤリとした経験をお持ちではないかと思います。

　もっとも、電子メールの誤送信は、発生する可能性が高い一方で、通常は宛先が特定でき、すぐに対応することが可能であるため、情報が漏えいすることによるリスクは比較的低いそうです。

(B) 携帯電話・USBメモリ・パソコンの紛失・盗難

　また、携帯電話やUSBメモリ、パソコンなどを外部に持ち出し、それらを紛失するということも、よくみられるケースと思います（調査報告書によれば、年間100人あたり2.6人の従業員が携帯電話の紛失・盗難に遭っています）。こうした携帯電話等に企業秘密となる情報が保存されている場合には、それらを拾った者や盗んだ者が悪用することも考えられ、企業秘密が漏えいするリスクが生じます（なお、これら携帯電話等を得た者が、偶然拾った者であれば、企業秘密が漏えいするリスクは低いといえますが、意図して盗まれた場合には、企業が保護している情報を狙って行っている可能性もあります）。そのため、最近では携帯電話等を紛失した場合に、遠隔操作で保存されているデータを消去するシステムも開発されています。

　紛失・盗難による企業秘密の漏えいを防止するためには、携帯電話等に企

業秘密を保存しないことが最も有効といえますが、本章Ｑ１で解説したように、取引先と打合せを行うために必要な場合など、企業秘密をつねに企業内部に保持しておくことは難しいと思います。そうなると、漏えいの防止は、個々の従業員がいかに注意して管理するか（企業として管理させるか）ということにかかってきます。

(C) SNS等による企業秘密の漏えい

また、近年話題となっているのが、FacebookやTwitterをはじめとするSNS（Social Networking Service）や、電子掲示板、ブログといったいわゆるソーシャルメディアによる企業秘密の漏えいです。主に従業員が、こうしたソーシャルメディアに企業秘密を掲載することで、企業秘密としての価値が失われることや、企業に対する非難が殺到することがあります。たとえば、2011年にはホテルの従業員が、著名人が同ホテルを訪れている様子をTwitterに投稿し、実況中継したため、ホテルに対する非難が殺到し、総支配人が謝罪する事態に発展した事例が発生していますし、2013年にも、成田国際空港の土産物屋に来店した俳優が使用したクレジットカードの番号とサインが記された伝票を従業員が写真撮影し、Twitterに投稿したことから騒動となり、会社が謝罪するとともに従業員を解雇したといった事例が発生しています。

これらソーシャルメディアへの投稿は、誰もが簡単に発信できる手軽さがある一方で、企業にとって重要な情報、秘密にしておきたい情報が開示されれば、瞬時にして不特定多数の者の目に曝されるリスクがあります（さらにいえば、一度投稿されてしまった情報を元の秘密の状態に戻すことは容易ではありません）。上記の事例では訪問した著名人の個人情報、プライバシーにつき問題となりましたが、それら以外にも、企業に対する嫌がらせ等の目的で企業秘密が暴露されれば、その企業秘密は価値を失うばかりか、企業の信用まで失ってしまいます。

そのため、企業としては、ソーシャルメディアによる企業秘密の漏えいを何としても阻止したいところです。しかし、従業員がソーシャルメディアを

利用する場合、基本的には私的に、業務とは無関係に行うことが多く、そのすべてを規制することは現実的には困難です。結局は、ソーシャルメディア利用のルールを設定し、ルールを守るように従業員を教育する以外に、有効な手立てはないというのが実際のところです。

(3) 金銭目的等の動機をもった現職従業員等による漏えい

　金銭目的等、何らかの動機をもって企業秘密を漏えいする場合は、当該企業秘密を漏えいすること自体が目的となりますので、企業にとっては特に損害を被るリスクが高いといえます（2014年に発生したベネッセコーポレーション個人情報漏えい事件も、委託先の派遣会社の従業員が名簿業者に売却する目的で個人情報を持ち出したものでした）。もっとも、たとえば個人情報を名簿業者や探偵などに渡して報酬をもらうなど、漏えい行為が単に金銭を得る目的だけに行われていれば、企業にとっての損失は、情報流出による損失・信用毀損にとどまりますが、これらが競業企業に対して企業秘密を漏えいする場合は、業界における企業の競争力が削がれることになり、事態はより深刻になります。また、前記(1)とも重なりますが、退職者が、自らの退職後の競業行為に活用するため、企業秘密を持ち出すこともあります。

　動機をもって意図的に企業秘密を漏えいしようとする者に対して、企業は、物理的・技術的に企業秘密に近づけないようにしなければなりません。しかし、前述のとおり、すべての企業秘密についてアクセスが全くできない状態では、企業秘密を活用することができなくなります。ですから、このような意図的な企業秘密の漏えい行為に対しても、結局は、各人を教育・指導することで、企業秘密を保護することに対する規範意識を高めていくしかないのではないかと思います。

 漏えいすることが多い企業秘密としては、「顧客情報・個人情報」、「経営戦略に関する情報」、「製造に関するノウハウ」などがあげられ、実際に企業秘密の漏えいを体験したこ

とがある企業も、決して少なくありません。

　企業秘密が漏えいする態様としては、退職者が企業秘密を持ち出すことが多いですが、特に退職者が競業企業に就職したり、競業企業を設立する場合には、企業秘密の漏えいによる当該企業の損害が大きくなります。

　また、在職中の従業員による漏えいの場合、よくみられるのは、電子メールの誤送信、企業秘密が保存された携帯電話やUSBメモリ等の紛失・盗難、最近はSNS等への投稿などがあります。中には、金銭目的等の動機をもって企業秘密を意図的に漏えいすることもあります。こうした企業秘密の漏えいを防ぐためには、厳重な管理はもちろん必要ですが、究極的には従業員を教育・指導して規範意識を高めていくほかありません。

Q3 知的財産制度と企業秘密による保護の違いと特徴

A社では、特許等を取得することがあります。これら知的財産制度と企業秘密の保護は、どのような関係にあるのでしょうか。それぞれの保護の特徴を教えてください。

回答

1　特許等の知的財産制度によって保護すべき対象も、企業にとって独自性や競争力の源泉となる情報であり、その意味ではこれも企業秘密といえます。
2　特許は、法律によって情報に対する独占的な使用権が認められる一方で、その情報を独占できる期間が定められ、対象も限定されています。
3　知的財産制度を利用しない、事実上の企業秘密の管理は、法律上の保護が受けられない代わり、きちんと管理すれば企業秘密を永続的に秘密として独占することが可能です。
4　不正競争防止法における「営業秘密」の保護は、企業秘密のすべての情報、すべての漏えい行為を対象とするわけではありませんが、「営業秘密」の管理の考え方は、基本的に企業秘密の管理にも妥当します。
5　企業秘密を事実上管理するには、物理的な側面と人的な側面から管理の方法を検討する必要がありますが、企業秘密を扱うのが人である以上、人を管理することによって企業秘密漏えいを防ぐことが、究極的な管理といえます。

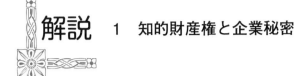

1 知的財産権と企業秘密

　本章Q1で説明したように、本書における企業秘密は、企業にとって有用な情報を指します。これに対し、知的財産制度、特に特許において保護される情報は、まさに企業が独自に開発した技術であり、企業にとって有用でありかつ、企業の独自性、競争力の源泉となるものです。その意味において、特許において保護したい情報も、本書でいう企業秘密に含まれます。

2 特許等による保護と限界

　知的財産制度に関する詳細な解説は第4章に譲るため、簡単に解説すると、特許には、当該情報を法律的に独占する権利を付与されているという点が、大きな特徴といえます。すなわち、ある発明につき特許を申請し、登録することで、当該発明に関して独占的に使用する権利が認められ（特許法68条）、権利侵害を行う者に対しては、差止請求や損害賠償請求を行うことができます（同法100条）。このように、特許等の知的財産制度は、法律に定められた手続に則り公的に登録等をすることによって、企業にとって有用な情報を法律上で保護する制度といえます。

　しかし、他方で特許権は、出願日から20年間しか存続しないうえ（特許法67条）、出願の日から1年6カ月が経過すれば、その内容が公開されてしまうため（同法64条）、永続的にその情報を独占することはできません。また、特許権によって保護されるのは、「発明」、すなわち、「自然法則を利用した技術的思想の創作のうち高度のもの」をいうとされており（同法2条1項）、たとえば顧客に関する情報は、どれほど企業にとって有用な情報であっても、特許権による保護の対象とはなりません。したがって、企業にとって重要な情報のすべてを知的財産制度によって保護することは不可能です。

3 企業秘密としての（事実上の）保護

　そのため、企業は、知的財産制度という法律上の保護を受けるほかにも、企業にとって有用な情報を保護する方策を検討する必要が生じます。その答えが、法的な保護を受けるのではなく、企業が事実上、自ら、企業秘密を秘密として管理することです。

　このような事実上の企業秘密の管理は、法律上の保護が受けられない以上、保護の程度としては低いとも考えられます。しかし他方で、公開する必要もないため、仮に企業秘密を企業内部で秘密として保持し続けることができれば、その企業は有益な情報を永続的に独占し、企業としての競争力を維持し続けることができます。実際に、世界的な企業であるコカ・コーラ社が、コカ・コーラのレシピを厳重に保管し、現在までその製法を明らかにしていないことが知られています。このコカ・コーラ社は、コカ・コーラの製法を知的財産制度によって法的に保護するのではなく、企業内部で秘密として管理することで、その独自性や競争力を維持し、ついには世界中で知らない人はいないという巨大な企業へと成長していったのです。もちろん、このように事実上の管理を行う場合には、法律上の保護が受けられませんので、仮に万が一企業秘密が盗まれることや、紛失することが生じて企業外部に漏えいした場合には、知的財産制度のような保護は受けられません。しかし、こうしたデメリットを踏まえても、秘密として保持し続けることにデメリットを越えるメリットがあると判断できる場合には、あえて知的財産制度による保護を受けないという選択肢もありうることになります。

　以上のように、特許等の知的財産制度による保護と企業秘密としての保護の大きな違いは、当該情報の内容が公開されるかどうか、という点にあります。すなわち、公開したうえで、法律上の保護を受けられるようにするのが知的財産制度による保護であり、非公開とする代わりに、法律上の保護は受けられないのが企業秘密としての事実上の保護といえます。企業では、それぞれのメリット・デメリットを検討しながら、保護すべき対象に応じて柔軟

に保護の手法を選択しているのです。なお、前記のとおり、そもそも知的財産制度の保護対象とならない企業秘密については、選択の余地はありませんので、事実上の管理をもって企業秘密を保持していくしかありません。

4 不正競争防止法の営業秘密侵害行為に対する保護

本章Q1でも触れましたが、不正競争防止法上の営業秘密は、法律上の侵害行為に対する一定の保護が与えられています。同法上の営業秘密は特許のように登録が必要なものではなく、あくまでも事実上の管理が行われている情報です。その意味では、不正競争防止法の「営業秘密」に該当すれば、知的財産制度による保護の対象外の企業秘密も一定の法律上の保護を受けることができます。

具体的には、不正競争防止法では、「営業秘密」の不正な取得や開示行為、不正に取得された営業秘密であることを知りながら使用・開示した場合に、民事上の差止請求や損害賠償請求が認められます（同法2条ないし4条。なお同法5条では損害額を推定する規定が設けられ、損害の立証の負担を軽減しています）。また、不正の利益を得る目的で営業秘密を取得した者などに対して刑事上の罰則が設けられています（同法21条）。いわば、事実上の管理にとどまっている企業秘密のうち、一定の要件を満たす情報に対する一定の侵害行為について、法律上保護を与えようとするものといえます。

しかし、こうした不正競争防止法による保護が認められる分、その要件は厳格です。本章Q1でも解説しましたが、不正競争防止法上の「営業秘密」には、「秘密管理性」「有用性」「非公然性」の三つの要素が必要となり（同法2条6項）、特に争点になりやすい「秘密管理性」の要素は、①当該秘密情報に対するアクセスが制限され、②またアクセスする者に秘密であることが認識しうる状態にあることが必要とされています。これらの要素を満たさない限り、いかに企業が秘密にしたいと思っている情報でも、「営業秘密」とは判断されず、不正競争防止法による保護は受けられません。さらに、不正競争防止法では、営業秘密を侵害する行為の内容についても限定して規定

されています。すなわち、民事上の場合には、「窃取、詐欺、強迫その他の不正の手段により営業秘密を取得する行為」やこのようにして取得した営業秘密を使用し、もしくは開示する行為（同法2条1項4号）、「不正の利益を得る目的で、又はその保有者に損害を加える目的」で営業秘密を使用・開示する行為（同法2条1項7号）等とされていますし、刑事罰の対象となる行為も、「不正の利益を得る目的で、又はその保有者に損害を加える目的で、詐欺等行為又は管理侵害行為により、営業秘密を取得した者」等、行為は限定されていますので（同法21条1項各号）、漏えい行為のすべての処罰の対象となる態様をカバーできているわけではありません。さらには、こうした要件をどこまで立証できるか、という問題もあります（たとえば、「不正の利益を得る目的」をどのようにしたら立証できるのか、現実的には困難な場合が多いのではないかと思います）。

　以上のように、企業秘密のうち、不正競争防止法上の「営業秘密」として保護される情報や保護の対象となる行為は限られたものにとどまりますので、それ以外の企業秘密については、事実上の管理で対応するしかありません。

　もっとも、「営業秘密」の定義で示される、「秘密管理性」の要素は、企業が企業秘密を保護していくうえで、どのような状態が秘密を保持できるのか、という一つの目安になるといえます（経済産業省「営業秘密管理指針」では、その具体例も示されています）。実際の企業秘密の管理においては、この「秘密管理性」の内容を基準に、当該企業秘密の重要性の程度、日々使用する必要性の高さなどを勘案しながら、管理の程度を考えるとよいと思います（第3部第1章Q5参照）。

5　事実上の管理の方向性とリスク

　それでは知的財産制度によっても、不正競争防止法の「営業秘密」としても保護されない企業秘密については、どのように事実上の管理を行えばよいのでしょうか。これには次の二点に留意すべきだと思います。

一つ目は、企業秘密へのアクセスを制限するために、物理的にアクセスできない（しにくい）状態を構築することです。紙媒体の企業秘密であれば、資料を金庫にしまう、鍵をかけた戸棚に入れる、さらには１部屋まるごと秘密管理の部屋をつくる、電子データであれば、パソコンにパスワードをかける、外部からの侵入を防ぐためにファイアーウォールを設定するといったことが考えられます。

　二つ目は、従業員に対する管理です。基本的には、就業規則で秘密保護・競業避止義務を規定し、従業員がこれを順守するよう、教育や研修によって指導していきます。また、入社時や退職時などに誓約書をとるといったこともよく行われています。

　しかし、こうした管理は、あくまでも事実上の管理ですので、つねに完璧というわけにはいきません。いくらパスワードをかけても、そのパスワードの管理がずさんであれば意味がありませんし、すべての従業員が教育した内容をきちんと遵守してくれるとは限りません。その意味では、事実上の管理によって企業秘密を保護する場合には、つねに一定の企業秘密漏えいのリスクが存在します。この問題は、前述した企業秘密の保護の必要性や、使い勝手のよさとどのようにバランスをとるかの問題ですので、どの程度の管理が適切なのか一概にいうことはできません。もっとも、企業秘密を扱うのが「人」である以上、結局は、「人」、つまり従業員を教育し、従業員自身に、「企業秘密は保護しなければならない」という意識をしっかりと植え付けて漏えいを防止することが、究極的な管理といえると思います。

対応策

　特許等の知的財産制度による保護は、登録等の要件を満たすことで、当該情報を独占する権利が付与されることになりますが、保護される期間が有限であり、内容が公開されてしまううえ、対象が限定されているなど、すべての企業秘密を永続的に保護することはできません。

　これに対し、登録等は行わずに事実上の保護を行う場合には、法律上の保

護が得られない可能性はあるものの、徹底した管理によって、永続的に当該情報を外部に知られないようにすることも可能です。このような事実上の保護を行うためには、企業秘密へのアクセスを制限するといった技術的・物理的な管理と、企業秘密を取り扱う従業員に対する人的な管理の双方が必要となります。

 **Q4 企業秘密の流出を防止するための予防と対策**

A社が、企業秘密の流出を防止していくためには、具体的にどのようなことを行っていけばよいでしょうか。

回　答

1　企業秘密を事実上管理するには、物理的な管理と人的な管理の二つの側面から検討します。また、企業秘密の漏えいを予防する方法だけでなく、実際に漏えいしてしまった場合のことも考えておく必要があります。
2　予防方法のうち、物理的な管理としては企業秘密へのアクセスの制限や秘密であることの認識可能性を高めること、人的な管理としてはルールの設定や従業員に対する教育や意識付けが重要です。
3　漏えいしてしまった場合には、漏えいした者や競業企業に対する損害賠償や差止請求、あるいは従業員に対する懲戒処分などを検討します。
4　漏えいの予防・抑止、早期発見のためには、モニタリング等により、従業員の動向を把握することも必要です。

 解説　1　企業秘密の事実上の管理

本章Q3で解説しましたが、法律上の保護を受けないものも含めて企業秘密全般を事実上管理するためには、物理的な管理と従業員に対する人的な管理の二つが必要となります。また、企業秘密を保護することを目的とする以上、基本的には企業秘密が外部に出ていかないようにするための、漏えい

を予防する方法を第一に検討する必要があります。しかし他方で、どれほど管理の手法を整備しても、企業秘密を扱うのは「人」である従業員である以上、企業が行った管理や運用ルールのすべてを、つねに守ってもらうことは、現実的に不可能です。そこで、企業秘密が漏えいしてしまった場合の対応も、あらかじめ想定しておかなければなりません（詳細は第3部第2章Q5を参照してください）。

2 企業秘密漏えいの予防

(1) 物理的な管理

　不正競争防止法の「営業秘密」の概念を参考に検討すると、企業秘密が外部に漏えいしないようにするためには、企業秘密にアクセスできる人数をできる限り限定することが重要です（誰もがアクセスできるとなると、秘密としての価値も低くなってしまいます）。そのため、具体的な管理の方法は、簡単に企業秘密に触れられないようなしくみをつくることが第一となります。たとえば、パソコンに保存したデータの場合、パスワードをかけて一部の従業員のみにパスワードを教えるようにする、企業秘密が綴じられているファイルを鍵のかかったキャビネットに収納し、その鍵を限られた者が保管するなどが、実際の対応となります。また、技術やノウハウの場合には、一部をブラックボックス化することや、各工程を担当する従業員に他の工程をみせないようにし、全体像を把握させないといった措置が考えられます。

　また、企業秘密を秘密として保護するためには、周囲の従業員が「企業秘密」であることを認識していることも必要です（従業員が企業秘密とわからずに安易に外部に持ち出してしまうこともあり得ます）。その方法は、上記のように物理的に厳重な管理をしていることも、企業秘密であることを推認させる一つの事情となるでしょうし、より直接的に、「マル秘」「極秘」といった表示をしておけば、従業員も認識しやすくなります。さらに、秘密の表示も、一つに統一する必要はありません。企業秘密をどこまで厳重に管理すべきか

は、企業秘密を活用する必要性も考慮しなければなりませんが、この管理と活用のバランスは、秘密の内容によってそれぞれ異なります。企業秘密の中にも、不正競争防止法上の「営業秘密」に該当する管理が必要な重要な情報から、頻繁に使用する必要があり、過度に厳重な管理をすべきでない情報まで、さまざまな段階があります。そこで、秘密にも、厳重な秘密、中程度の秘密、軽度の秘密といった形で管理の程度でランク付けを行い、秘密の表示もランクに合わせて変えておけば、より明確になりやすいと思います。

(2) **人的な管理**

「人」、つまり企業の従業員に対する管理では、まず企業秘密の利用ルールにつき、制度整備が必要です。具体的には、管理責任者の選定やその権限・責任範囲の策定、企業秘密へのアクセス方法等に関するルールや規則の制定等です。

次に、従業員に対し、これらルールや規則の周知が必要です。具体的には、教育や研修を行って企業秘密へのアクセスの仕方、遵守しなければならない事項等を指導していきます。

さらに、企業は、従業員に対し、企業秘密の保護が企業にとって極めて重要な問題であり、企業秘密を漏えいしてはならないという意識を徹底する必要があります。故意・過失を含め企業秘密が漏えいされるケースの多くが従業員によるものである以上、従業員に企業秘密の漏えいをさせないように規律していくことが、究極的な企業秘密漏えいの予防といえるからです。その手法には、秘密保持義務および競業避止義務を課す内容の誓約書や合意書を締結することもよく行われます（第3部第1章Q2、Q3参照）。こうした誓約書等の効力は、従業員が退職した後に、特に職業選択の自由との関連で問題となりますが、在職中においても、従業員に対し企業秘密保護の意識づけを行ううえで重要なツールです。そのため、入社時や退職時だけでなく、昇進したときや、特定のプロジェクトに参加したときなど、機会をみつけて誓約書を提出させることが望ましいといえます。また、従業員が企業秘密を漏

えいしないようにするには、企業に対する忠誠心を高めることも効果があると思います。そこで、重要な企業秘密にアクセスできる従業員に対しては報酬を優遇するなどして、企業秘密を漏えいしようとか、競業企業に転職しようといった気持を起こさせないようにすることも、間接的ではありますが企業秘密の管理といえます。

(3) 取引先への予防措置

　企業秘密の漏えいは、実際に業務に従事している従業員が行う可能性が高いといえますが、それ以外にも、取引先企業などにおいて発生する場合があります。たとえば、下請け企業に対し、企業秘密を開示して業務を処理してもらったり、フランチャイズ契約においてフランチャイザーがフランチャイジーにノウハウを提供するような場合です。この場合、企業秘密を提供する企業の側では、前提としてどの企業秘密を開示するのか検討する必要がありますし、開示した企業秘密については、取引先に秘密として保護してもらうよう、契約を締結する際に、取引先が秘密保持義務を負う旨の条項を入れてもらい、その管理を徹底してもらわなければなりません。もっともこの場合は、企業秘密にアクセスするのが別の企業の従業員であり、自らの指揮監督によって管理することは困難であるため、企業にとっての漏えいのリスクは高まると考えられます。

3　企業秘密が漏えいした場合の対応

(1) 発生した損害への対応

　企業秘密が漏えいしてしまった場合、単に紛失しただけでなく、漏えいした企業秘密が競業企業の手に渡ることや、あるいは企業秘密を持ち出した退職者が競業企業を設立するようなことがあれば、企業の企業秘密は独自性を失い、競争力が奪われ、結果として企業に対して大きな損害を与えることになります。また、一度企業秘密が外部に出てしまえば、情報が拡散する可能

性が高くなりますので、外部に出た情報すべてを回収すること自体、難しいといえますし、仮に情報が記録されていた書面やCD、USBメモリ等の記録媒体などを回収することができたとしても、元の「秘密」の状態にまで復元することが不可能な場合もあります。企業秘密が漏えいしてしまった場合、企業にとっては取返しがつかない状況に陥ってしまうのです。

　そこで、企業秘密が漏えいして企業が損害を被った場合に、企業が取りうる対抗手段は、損害を与えた相手（従業員や競業企業）に対する、損害賠償請求が一般的な対応であるといえます。また、漏えいした企業秘密を活用して競業企業が活動を続けている限り、企業は損害を受け続けることになりますので、損害の拡大を阻止するために、企業秘密の使用や、競業行為の差止めを求めることも考えられます。しかし、企業秘密を漏えいした従業員や競業企業といえども、職業選択の自由や営業の自由が保障されていますので（憲法22条）、こうした請求がどこまで認められるのか、難しい面もあります。

(2) 従業員への対応

　企業秘密を漏えいしたり、企業秘密を外部に持ち出して競業行為を行うことは、企業に対する誠実義務違反ですから、企業としては、こうした行為をした従業員に対し、懲戒処分等の制裁を科すことになります。その前提として、こうした企業秘密漏えい行為が就業規則の懲戒事由として規定されていることが必要です。さらに、企業によっては、懲戒解雇した場合には退職金を支給しないと規定したり、退職後競業行為を行う従業員に対しては、退職金の全部または一部を支給しないと規定したりするところもあります。こうした規定は、企業秘密の漏えいや競業行為を行われた場合の制裁としての意味合いがあることはいうまでもありませんが、あらかじめこうした規定を設けておくことで、従業員に対して、企業秘密を漏えいしないように意識づけ、漏えいを抑止する効果もあるといえます。

　なお、すでに退職してしまった従業員には就業規則が適用されないため、

懲戒処分を科すことはできません。

4 漏えい行為・競業行為の把握のための措置

　上記のように、企業秘密の漏えいに対して、企業が懲戒処分等の制裁を想定している以上、従業員が企業秘密を漏えいしたり競業行為を行う場合には、企業にわからないように秘密裏に行おうとするのが通常です。しかし、企業秘密が漏えいしてしまっては取り返しがつかない以上、企業の立場としては、こうした漏えいの動向はいち早く察知し、漏えいする前に対処しなければなりません。そこで、企業は、定期的に従業員に貸与したパソコンのモニタリングを行うなどして、漏えい行為の痕跡がないか、チェックすることが、漏えい行為の予防・抑止になるといえます。また、いわゆる内部通報窓口を設け、従業員がこうした問題行動をしている場合に、同僚等に知らせてもらえるようなしくみを整えておくことも漏えい行為に対する予防や漏えい行為の早期発見および損害拡大の防止に役立てることができると思います。

対応策　企業秘密を管理するためには、当該企業秘密にアクセスする対象者を制限するとともに、当該企業秘密が秘密情報であることを各従業員に対して認識してもらわなければなりません。また、情報を管理するためのルールの制定はもちろんのこと、そのルールを順守するように従業員（あるいは取引先等の第三者に対しても）を教育・指導して、企業秘密を漏えいしてはならないという意識を植え付けることも重要です。

　仮に企業秘密が実際に漏えいしてしまった場合には、企業は漏えいした者への懲戒処分や損害賠償請求等を行うことになりますが、漏えいした企業秘密を元の秘密の状態に戻すことはほぼ不可能ですので、企業秘密が漏えいした場合の企業にとってのリスクは大きいといえます。漏えいを予防するためにも、企業が定期的に企業秘密漏えいの有無をチェックできる体制を設けておくことが望ましいでしょう。

Q5 海外への技術移転の際の企業秘密の管理と流出防止策

A社は、C国の現地企業B社と提携して工場を建設し、製品を製造することにしました。製品製造には、A社の企業秘密である技術の使用が不可欠ですが、C国でその技術がB社を通じて不用意に流出してしまわないか、心配です。

流出リスクを防止するためには、どのような点に気をつけなければならないでしょうか。

回答

1. 海外においては、知的財産制度も日本と同じというわけではなく、法意識の違いや契約観念など、さまざまな違いがあるため、企業秘密を海外に持ち込むことは、相応にリスクがあります。
2. 海外へ進出する際には、持ち込む企業秘密を慎重に選別したうえで、国内企業における企業秘密管理と同様、物理的な側面と人的な側面から管理を行います。
3. 国内企業から海外企業への人材流出による企業秘密漏えいも大きな問題です。これについても、企業秘密の管理によって対応します。

1 海外への技術移転と情報管理

(1) はじめに

経済のグローバル化が進み、また、国内人件費の高騰といった要因によっ

て、海外へ生産拠点を移す、あるいは海外を新たな市場として業務を展開する企業は増えていますし、今後その動きはますます加速していくものと思われます。その中で、本設問のように企業秘密である技術を海外に移転した場合、どのように企業秘密を保護していくかが問題となります。

(2) 国内と海外の違い

(A) 法制度の違いによる問題

本章Q3で解説したように、企業秘密を守る手段には、特許を取得する等、知的財産制度による保護を受けることが考えられます。特に海外においては、日本とは文化も慣習も異なりますので、事実上の管理よりは、法律により明確に規定されている知的財産制度による保護のほうが、保護の方法としてより確実と考えられます。もっとも、特許は、各国独立の制度を有しており、基本的にはそれぞれ各国で特許申請をしなければなりません（国際的な条約により、申請の負担は若干軽減されています）。また、たとえば実用新案権の制度がインドやシンガポールには存在しない等、国による制度の違いもありますので、法律上の保護といっても、日本国内と同様の保護が受けられるとは限りません。したがって、日本より知的財産制度による保護の程度が低い国に進出する場合には、やはりリスクはあります。

また、特に海外では、模倣品（海賊版）への対策が重要です。模倣品の問題は、国内企業が開発・製造した高い品質の製品を海外の企業が模倣し、品質は悪いが安価な商品を作って売るというのが典型的な事例の一つです（日本製品の技術力への信頼から、「日本製」と偽って売ると、よく売れるという事情もあるようです）。この結果、日本企業は、模倣品によって海外での売上げが伸びなかったり、また品質の悪い模倣品が当該企業の製品と間違われ、信用を毀損されるといった被害を受けることになります。こうした模倣品への対策には海外各国の当局の監視・摘発、また税関での差止め等、現地政府との協力が不可欠ですが、出回っている模倣品が大量であることや、国によっては政情不安等により十分に摘発等が行えなかったりするなどさまざまな事情

により、模倣品を撲滅するのは現実的には極めて困難です。

(B) 法意識に関する問題

また、法意識に関する問題もあります。たとえば模倣品についていえば、日本国内では、他人が開発した物を勝手に真似てはいけないという意識は、ある程度共有されているのではないかと思います。しかし、残念ながら海外には、真似することをあまり悪いこととは意識していない人々も少なくないのが現実です。法律上は知的財産制度などが存在していても、市民の意識としてはそこまでに至っていないこともあります。それに、日本よりも治安が悪い国も多いですから、企業秘密を海外に持ち込んだ場合、現地の従業員や、場合によっては無関係の第三者によって工場等から企業秘密が持ち出され、彼らの事業に活用されてしまうリスクは、残念ながら日本国内よりも高いと思われます。

(C) 契約書締結における問題

契約関係においても、海外との慣習の違いがよくいわれます。日本では、契約書には基本的なことしか規定せず、規定にないことについてはそのつど協議して定めるという意識で契約を締結することが多いのではないかと思いますが、海外では、細部まで契約条項を詰める代わりに、この契約に規定していないことについては責任を負わない、というのが基本的な姿勢です。ですので、日本の企業が、問題が起きた場合には、話合いで解決すればよいと考え、企業秘密を保護する規定を設けていない場合や、設けていても抽象的な文言やあいまいな文言の規定で満足していると、相手方が企業秘密を第三者に開示することを許すなど、痛手を受けることになります。

2 海外技術移転における企業秘密の保護

(1) 企業秘密自体の選別

以上のように法制度も法意識も異なる海外に進出する場合においては、企業秘密を移転することには相応の漏えいリスクが伴いますので、慎重な検討

が必要になります。したがって、企業秘密を保護するという観点からは、海外進出においては、企業にとって重要な秘密情報を、いかに持ち出さなくてすむようにするかを考える必要があります。もちろん、実際に企業秘密を何も持って行かないとなれば、進出しても大した成果を上げられないでしょうし、企業の成長を考えるのであれば、ある程度のリスクは覚悟せざるを得ません。つまり、ここでも国内における企業秘密の管理と同様、企業秘密の重要性と企業秘密を活用する必要性のバランスをどのようにしてとるかという問題につき検討する必要があります。

　具体的には、たとえば、製品のうち、重要な企業秘密が含まれる技術を活用する部分は、国内で生産し、その内容をブラックボックス化して海外にもって行ってもわからない状態にする一方で、海外では、比較的単純な技術による工程を処理してもらうということが考えられます。これにより、海外の従業員等が重要な企業秘密にアクセスすることを制限できます。また、移転する技術について、最初は秘密とする程度の低い技術を移転し、その間に現地の調査や現場の教育を進め、秘密を管理する体制が調った段階で、徐々に重要性の高い技術を導入していくといった、従業員の管理の状況に応じて段階的に企業秘密の移転を行うといった手法も考えられます。

(2)　企業秘密の使用方法

　また、企業秘密を海外に移転しなければならない場合には、国内の場合と同様に、知的財産制度等で保護されていない企業秘密の事実上の管理が重要になります。たとえば、物理的な管理の方法として、製造工程を細分化し、各従業員が細分化された工程の一部のみを担当させ、かつ他の工程をみることができない状態にすることで、仮に担当する工程の企業秘密が持ち出されたとしても、全体としての企業秘密が活用できないようにするといったしくみづくりが考えられます。また、いわゆるリバース・エンジニアリング（できあがった製品を分解して中身を分析すること）がしにくい構造の製品を製造することで、簡単に模倣できない製品を製造することも考えられます。

そして、従業員に対しても、国内での企業秘密管理と同様、労働者に対する教育や研修を通じて、企業の財産としての企業秘密に対する理解や認識を深めてもらうことが重要だと思います。また、従業員に対する雇用契約書や、現地企業との契約書においても、秘密保持義務・競業避止義務の内容を明記し、またこれに違反した場合の解雇や契約解除、損害賠償等についても、きちんと規定しておくべきと思います。

(3) 企業秘密漏えい時の対応

企業秘密が漏えいした場合には、当該国の制度にもよりますが、基本的には損害賠償請求や差止請求を行うことになると思います。ただ、この場合には、海外の企業が相手であり、海外で裁判を行うこととなれば、コストもかかりますので、どこまで費用対効果が得られるかという問題もあります。

3 国内企業からの人材流出

企業秘密が漏えいする事例として特に問題が大きいのが、人材の流出による企業秘密の流出です。2012年には、大手鉄鋼メーカーが、海外の競業企業に対し、元従業員を通じて企業秘密の技術を不正に取得したとして、約1000億円の損害賠償請求訴訟を提起しています。また、2012年に日本の電機業界大手が相次いでリストラを実施した際、海外の大手電機メーカー等が退職者に対してヘッドハンティングを行っています。

こうした人材流出を止めるには、待遇を良くし、企業に対する忠誠心を高めることが基本だと思いますが、経営状況が悪化していてそこまでの余裕がない場合や、海外の巨大企業が提示する好待遇に魅力を感じ、優秀な人材が海外企業に移籍してしまうことも多いのではないかと思います（経済産業省のアンケート調査結果でも、役員・正規社員が外国の競業企業に再就職する割合を1割程度以上とする企業が、全体の9.9％という結果が出ており、決して少ない数字ではありません）。

この点でも、企業秘密を保護するためには、やはり物理的な管理・人的な

管理を徹底し、退職する従業員が持ち出すことができる企業秘密をできるだけ少なくしていくほかありません。

対応策　海外進出において企業秘密の漏えいを防止するためには、まず海外に移転する企業秘密の内容を選別することが重要です。また、移転した企業秘密は、現地の知的財産制度に合わせた法律上の保護の可否を検討するほか、事実上の管理を行う場合には、国内における企業秘密の保護と同様、物理的な管理と人的な管理によって企業秘密を保護していくことになります。もっとも、治安が悪い場合など、中には日本よりも企業秘密が持ち出されるリスクが高いケースもあると思いますので、それぞれの国の文化・風習に合わせた対応策を検討することが重要です。

第4章

知的財産に関する情報管理の実務

知的財産情報

 **Q1** 知的財産、知的財産権とは何か

> 知的財産、知的財産権とはどのようなものでしょうか。また、知的財産権を取得することのメリット、デメリットは何でしょうか。

回 答

1 知的財産とは、発明、著作物、営業秘密などの知的財産法によって保護を受ける情報のことであり、知的財産権とは、発明に対して付与される特許権、著作物に対して付与される著作権などのように、知的財産に対し、特許法や著作権法などの知的財産法により付与される権利のことです。
2 知的財産権を取得することのメリットやデメリットは、個々の知的財産により異なります。

 解説 1 知的財産と知的財産権とは

(1) 知的財産・知的財産権の概要

たとえば、Aさんが書店で、あるマンガ本を購入したとします。Aさんは代金を支払うことにより、そのマンガ本の所有権を取得し、マンガ本の所有者となります。したがって、読み終えた後に廃棄することも、他人に譲り渡すことも自由に行うことができます。しかし、そのマンガ本をコピーし、有償で販売することはできません。なぜなら、本を購入することによって、マンガ本という「物（有体物）」に係る所有権を取得することができます

が、マンガ本に含まれた「情報」に係る知的財産権（この場合は著作権）までは取得しておらず、そして、知的財産法（この場合には著作権法）により、権利者の許諾なくコピーをとることは、知的財産権（この場合には著作権）の侵害となるからです。

この例が示すように、知的財産法によって、有体物に係る財産権（所有権）とは異なる、無体物としての財産権（知的財産権）が保護されています。すなわち、知的財産とは、知的財産法によって保護を受ける情報を指し、知的財産権とは、知的財産法によって知的財産に付与される権利を指します。「保護される」とは、他人により知的財産権が侵害された場合、知的財産権の保有者が、侵害行為の停止や、侵害行為によって被った損害の賠償などを求めることができることを意味します。

知的財産法には、特許法、実用新案法、種苗法、意匠法、著作権法、商標法、不正競争防止法等があります。たとえば、特許法が規定する知的財産は「発明」、知的財産権は「特許権」であり、著作権法が規定する知的財産は「著作物」、知的財産権は「著作権」および「著作者人格権」です。

(2) 知的財産法の分類

(A) 創作法と標識法

知的財産法の保護の対象は、「人間の知的・精神的活動による創作物」と、「営業上の標識」の二つに分類することができます。そして、前者に関する知的財産法を「創作法」、後者に関する知的財産法を「標識法」とよびます。創作法の保護の対象は人間の知的・精神的活動による創作物であり、それは原則として新しい情報であるといえます。創作法は人間の創作意欲を刺激し、より多くの情報を世に送り出し、産業や文化の発達に寄与することを目的としています（中山信弘『特許法〔第2版〕』12頁）。これに対し、標識に化体されている営業上の信用を保護するのが標識法です。標識の保護は、主として商標法と不正競争防止法によって図られています。

(B) 権利付与法と行為規整法

知的財産法の別の分類として、「権利付与法」と「行為規整法」とによる分類があります。

「権利付与法」とは、特許法、実用新案法、意匠法、商標法、著作権法のように、一定の要件を満たした情報（たとえば「特許発明」や「著作物」）に対して、法律が権利（たとえば「特許権」や「著作権」）を付与し、それにより知的財産権の保有者の保護を図ろうとする知的財産法です。

これに対し、「行為規整法」は、不正競争防止法のように、一定の不正な行為を規整する法律であり、結果的に一定の範囲で知的財産を保護することが可能となります。たとえば、営業秘密は、それに対する不正な取得行為などが不正競争防止法によって規制されており、そのことを通じて、営業秘密という知的財産の保護が図られています。

2　知的財産権を取得することのメリットとデメリット

特許権についていえば、特許権は、特許権者に、発明についての独占排他権を付与するものであり、第三者が、特許権者の許諾なく特許技術を利用すれば、当該第三者は特許権者から差止請求や損害賠償請求を受けることになります。

このような権利を付与されることの代償として、特許の出願書類は、出願から原則1年半後に公開され、誰でも発明の内容が記載された書類（「公開公報」）をみることができます。

このため、たとえば、工場の中で秘密裏に実施される製造方法に関する特許などは、第三者が特許権者の許諾なく発明を実施していても、特許権者がその事実を把握することが容易でなく、侵害されても事実上権利行使ができない事態が生じえます。

そこで、侵害されても事実上権利行使が困難な発明（たとえば製造方法の発明）は、特許出願することをせずに、いわゆる「ノウハウ」として、自社のみで秘密裏に実施する戦略がとられることがあります。「ノウハウ」は、不正競争防止法の「営業秘密」に該当すれば、同法による保護が可能となり

ます。

知的財産権には、権利を取得するために一定の手続を必要とするもの（特許権、意匠権、商標権等の「産業財産権」）と、手続を要さずに権利を取得できるもの（著作権）があります。

権利を取得するために出願手続をとることを必要とするものについて、知的財産を適切に保護、活用するためには、適切なタイミングで出願を行うことが重要です。

すなわち、産業財産権法においては、最初に出願を行った者に権利を与える制度である「先願主義」が採用されています。たとえば、同じ発明をした者が二人いた場合、どちらが先に発明をしたかにかかわらず、先に特許庁に出願した者（出願日が早いほう）が特許を受ける権利を取得します。これに対して、先に発明した者が特許を受ける権利を取得することを「先発明主義」といい、かつて米国では先発明主義を採用していました。先願主義の下では、原則として、競合他社に先を越されないよう、出願をするのであれば早期に行うことが重要となります。

これに対し、著作権法による保護の対象である著作物や不正競争防止法上の保護の対象となる「営業秘密」は保護を受けるために、出願や登録等の手続をとる必要はありません。

ただし、ノウハウや顧客名簿などの情報が不正競争防止法上の「営業秘密」として保護を受けるためには、当該情報が、①有用性を有しており、②秘密管理がされており、かつ、③非公知でなければなりません（不正競争防止法2条6項）。そのため、不正競争防止法によりノウハウの保護を受けることを欲する場合は、情報の管理を日々しっかり行うことが不可欠となります。また、後日、当該知的財産の正当な保有者が誰かが争われても困らないように、自己が正当な権利者であることを立証するための資料（ノウハウが開発された経緯がわかる資料等）を保管しておくべきでしょう。

日頃から、従業員に対する知的財産教育を行い、知的財産の重要性やリスクを従業員に理解してもらうことが重要です。また、知的財産の保護・活用に関する社内規程を策定し（本章Ｑ３参照）、その内容を従業員に周知徹底させることも、知的財産保護強化のために効果的でしょう。

Q2 会社の知的財産を保護する法律のメリット・デメリット

発明、ブランド、デザイン、ノウハウを保護する法律として、どのような法律がありますか。それぞれの法律による保護にはどのようなメリット、デメリットがあるのでしょうか。

回答

1 発明を保護する法律として、特許法、実用新案法があり、同法により、保護対象である特許発明ないし考案につき排他的独占権が認められますが、反面、出願手続をとる必要があるとともに、後日、出願内容が公開されることになります。また、一定期間経過後に権利が消滅します。

2 ブランドを保護する法律として商標法があります。同法により、保護対象である商標につき権利者に専用権、禁止権が認められ、また、使用を継続する限り、いつまでも権利を保有することが可能です。商標権を取得するためには、出願手続をとる必要があります。

3 物品のデザインを保護する法律として、意匠法があります。意匠権を取得するためには、当該意匠が新規かつ容易に創作できないことを要するとともに、出願手続をとる必要がありますが、当該意匠の類似する範囲まで権利範囲が及びます。また、物品のデザインは、一定の範囲で不正競争防止法により保護を受けることが可能です。

4 ノウハウを保護する法律として不正競争防止法があります。保護を受けるには、当該ノウハウが、①有用性を有しており、②秘密管理がされており、かつ、③非公知でなければなりませんが、出願手続をとる必要はありません。不正競争防止法によりノウハウの保護を受けることを期待する場合は、情報の秘密管理をしっかり行うことが必要です。

5 日本の知的財産法により取得した知的財産権の効力は外国には及びません。外国で権利侵害を防止したい場合には、当該外国で権利を取得する必要があります。

解説　1　発明の保護

(1)　特許・実用新案とは

　発明を保護するための法律として、特許法と実用新案法があります。特許法は、工業製品や化合物、細胞などの「物」、測定方法や通信方法などの「(単純)方法」、工業製品や食料品の製造法などの「物を生産する方法」という三つのカテゴリのアイデアを保護の対象としています(特許法2条3項)。いずれも、新規、かつ、公知の技術から容易に思いつくことができない技術的なアイデアであることが必要となります(同法2条、29条)。発明は、特許庁に対して出願を行い、特許庁の審査官により特許発明としての要件を備えているかどうか審査を受け、審査を通過して初めて特許として登録され、特許権が付与されることになります。

　実用新案法は、物品の形状、構造、または組合せに関する発明(考案)を保護の対象としており、特許制度と異なり、特許庁における実体審査がなされないまま出願が登録されます(ただし、権利行使時には審査を受けることが必要となります)。実用新案法は、現在ではあまり多くは利用されていません。権利の存続期間は、始期が登録時、終期が特許は出願から原則20年、実用新案は出願から10年です。

　特許も実用新案も、特許庁に対して出願手続を行うことが必要(出願や審査、登録には一定の手数料がかかります)であり、しかも、同じ内容の発明が出願された場合には、出願日が先の発明のみに権利が付与されるので(先願

主義)、良い発明をなした場合には、なるべく早期に出願する必要があります。

(2) 発明の保護の方法

(A) 特許出願する場合の留意点

出願する発明は、自社が実施することになるであろう技術のほか、将来、他社にライセンスする余地のある技術や、自社が実施する技術の周囲を固める技術、公開して他社が権利取得できないようにしておきたい技術などが考えられます。また、特許出願時に審査請求するのかどうか決めてしまうのでなく、とにかくいったん出願をしておいて、市場の動向や自社の技術開発の動向を踏まえたうえで、出願公開、審査請求期間満了前に、実際に審査請求をして特許を取得するかどうかを再検討することもありえます。

(B) 営業秘密として特許出願しない場合

一方、発明は、特許出願せずに、不正競争防止法の「営業秘密」として保護を図ることも考えられます。すなわち、出願をした場合には、いずれ発明の内容が公開され、誰でもその内容を知ることができますが、たとえば、製造方法に関する発明など、侵害されても権利行使をすることが困難な場合は、特許権を取得するよりも、ノウハウとして秘密裏に自社だけで実施し、不正に取得されたといった場合に、不正競争防止法による保護を受けるようにすることが考えられます。この場合には、他社に権利を取得されても、先使用権（特許法79条）を主張して当該技術を継続して実施できるように、発明の完成や研究開発、事業化に向けた準備に関する資料を保管しておいたほうがよい場合もあります。先使用権について、くわしくは、たとえば、特許庁「先使用権制度の円滑な活用に向けて――戦略的なノウハウ管理のために――」などを参考にされるとよいでしょう。

2 ブランドの保護

商標法は、自己の商品・役務を他人の商品・役務と識別する標識である商

標を保護します。商標が保護されるためには、特許庁に対して商標登録出願をしなければならず、特許庁が登録要件の審査を経て設定登録をすることによって、商標権が発生します（商標法18条1項）。商標権の存続期間は、設定登録の日から10年をもって終了しますが、更新することができます（同法19条）。

　商標とは、「文字、図形、記号若しくは立体的形状若しくはこれらの結合又はこれらと色彩との結合……」であり（商標法2条1項）、1996年改正により立体商標制度が導入され、立体的形状も商標として保護されることになりました。平面的ないし立体的なデザインも、登録要件を満たせば、商標法による保護を受けることができます（日本ケンタッキー・フライド・チキン社のカーネル・サンダース像など）。さらに、2014年の商標法改正によって、音や形のほか色彩も商標権を取得できることになりました。なお、商標登録を受けるためには、意匠登録のような新規性や創作非容易性の要件を満たす必要はありませんが、自他商品識別力のある商標でなければなりません。

　商標権者は、指定商品または指定役務について登録商標の使用をする権利を専有するとともに（専用権。商標法25条）、他人によるその類似範囲の使用を排除することができます（禁止権。商標法37条）。

　不正競争防止法2条1項1号は、他人の周知な（需要者の間に広く認識されている）商品等表示と同一または類似のものを使用して、他人の商品または営業と混同を生じさせる行為を不正競争行為と定めています。また、同項2号は、他人の著名な（全国的に知られている）商品等表示と同一または類似の表示を冒用する行為を不正競争行為と定めています。不正競争行為によって営業上の利益を侵害される者は、その行為の差止めを請求することができ（同法3条1項）、故意または過失によって営業上の利益を侵害した者に対して損害賠償を請求することができます（同法4条）。

　商品等表示とは、「人の業務にかかわる氏名、商号、商標、標章、商品の容器若しくは包装その他の商品又は営業を表示するもの」です。

3 デザインの保護

　意匠法は、工業製品の形状、模様もしくは色彩などを保護することによって、意匠の創作を奨励し、もって産業の発達に寄与することを目的としています（意匠法1条）。物品のデザインを保護する代表選手が意匠法だといっていいでしょう。意匠権の存続期間は、意匠登録後20年です。

　これに対し、著作権法は、文化的な創作成果を保護する法律であり、その保護対象である著作物は、「思想又は感情を創作的に表現したものであつて、文芸、学術、美術又は音楽の範囲に属するもの」と定義されています（著作権法2条1項1号）。著作物を創作する者である著作者（同法2条1項2号）は、著作物の創作によって著作権と著作者人格権を取得しますが、これらの権利の享有にはいかなる方式の履行も必要ありません（同法17条2項）。著作権は、創作と同時に発生し、原則として著作者の死後50年を経過するまでの間、存続します（同法51条）。

　物品のデザインが著作権法による保護の対象となるかどうかは、著作権法と意匠法の保護の態様に大きな差異があり（意匠法による保護を受けるには、意匠登録出願が必要で、新規性や創作非容易性などの登録要件が満たされなければならず、保護期間は設定登録の日から20年です）、著作権法による保護を広く認めるならば、意匠法の存在意義が相当に失われるおそれがあるため、裁判例は、一般的に、実用品のデザインは、絵画や彫刻等の専ら美術鑑賞の対象とされることを目的とした純粋美術と同視できるものである場合に著作権法によって保護されると解しています。

　不正競争防止法2条1項3号は、他人の商品の形態を模倣した商品を譲渡等する行為を不正競争と定めています。模倣とは、すでに存在する他人の商品の形態をまねてこれと同一または実質的に同一の形態の商品を作り出すことと解されています。本号により、商品形態は、意匠登録がなくても、商品（模倣される商品）が最初に販売された日から3年を経過するまでの間、第三者による模倣行為から保護されます。意匠権の保護は、より強力で（意匠の

〈表1〉 知的財産を保護する制度一覧

	特　色	保護対象	法目的	保護期間
特許法	創作保護 登録必要	発明	創作の奨励による産業の発達	登録後 出願より20年
意匠法	創作保護 登録必要	意匠	同上	登録より20年
商標法	標識保護 登録必要	商標	業務上の信用の維持による産業の発達	登録より10年 （更新可能）
著作権法	創作保護 登録不要	著作物	著作物の保護と利用による文化発展	原則として著作者の死後50年
不競法	行為規制 登録不要	営業上の利益	競争秩序の維持・国民経済の健全な発展	なし（商品形態模倣は販売より3年）

効力は、当該意匠の類似の範囲まで及びます）、より長い期間存続しますが、意匠権を取得するには一定の期間がかかるため、本号はそれまでの保護の空白を埋めるものとして利用されることがあります。

　さらに、商標とは、「文字、図形、記号若しくは立体的形状若しくはこれらの結合又はこれらと色彩との結合……」であり（商標法2条1項）、デザインを商標とすることができるため、所定の登録要件を満たせば、デザインも、商標法による保護を受けることができます。なお、商標登録を受けるためには、意匠登録のような新規性や創作非容易性の要件を満たす必要はありませんが、自他商品識別力のある商標でなければならず、たとえば、商品・役務の普通名称（商品「薬剤」について、商標「DRUG」など）や、記述的な標章（たとえば、商品「時計」について、商標「BEST」など）、また、ありふれた氏または名称（たとえば、「山田」、「研究会」など）は、登録することができません（商標法3条参照）。

4　ノウハウの保護

　製造ノウハウや顧客名簿などの情報は、不正競争防止法上の保護の対象となる「営業秘密」に該当すれば、その不正取得、開示、使用行為から、同法による保護を受けることが可能となります。同法上の「営業秘密」として保護を受けるためには、当該情報が、①有用性を有しており、②秘密管理がされており、かつ、③非公知でなければなりません（不正競争防止法2条6項）。そのため、不正競争防止法によりノウハウの保護を受けることを欲する場合は、情報の管理を日々しっかり行うことが不可欠となります。

5　国際取引時の留意点

　特許法、意匠法、商標法が適用される領域は日本国内のみであり、日本国で取得した権利に基づいて、外国での行為の差止めを求めることはできません（属地主義）。

　外国で権利侵害を防止したい場合には、当該外国で権利を取得する必要があります。たとえば、ある企業A社によりX社の日本の特許権の権利範囲に属する製品が中国内で製造され、それが、日本企業B社により日本に輸入され、さらに、B社から当該製品を買い取った日本企業C社が全国各地の小売店に転売している場合、B社の輸入行為とC社の販売行為は、日本の特許権を侵害する行為であるとして、X社は日本の特許権に基づきその停止を求めることができますが、A社の製造行為は、日本国外で行われているため、X社は日本の特許権に基づきその停止を求めることはできません。中国での製造行為を停止させるには、中国で特許権を取得する必要があります。（なお、著作権については、ベルヌ条約によって、日本で著作権を有すれば他国でも同時に著作権をもつことになる場合がほとんどであり、さほど大きな問題とはなりません）。

　一般に、外国出願をするかどうかは、当該外国に市場価値があるか、当該外国において侵害品が製造されているか、費用対効果を見込めるかといった

観点から判断されることが多いようです。

　発明がなされた場合、特許出願（ないし実用新案登録出願）を行って、排他的独占権の確保をめざすのか、それとも、ノウハウとして保持するのかを判断する必要があります。先願主義を採用していることから、出願するのであれば早い時期に行う必要があります。また、出願する場合には、どこの国に出願を行うのかを考える必要があります。

　物品のデザインについては、意匠法や商標法に基づく出願を行い、意匠権、商標権を取得することで保護を図ることが考えられます。不正競争防止法、著作権法による保護を受けるために出願をする必要はありませんが、それぞれ適用される要件が異なるので、留意する必要があります。また、ある新製品について、機能面は特許出願による保護、形状については意匠制度による保護を図ることも考えられます。

　ブランド（商品やサービスの名称）については、商標法に基づく出願を行うことが考えられます。新たな名称が、商標登録の要件を満たしているかどうか、専門家に聞いたり、商標調査を行うなどして確認し、無駄のない適切な商標出願を行うことが大切です。

　上記のとおり、自社の新製品について知的財産権による保護を考える場合、それぞれの特徴を踏まえて、どのような保護を講じておくことが効果的かを検討する必要がありますが、まずはその前提として、自社内でどのような知的財産が生み出されているのかを把握しうる体制を整えることが重要です（技術者がせっかく良い技術を開発しても、特許出願をしないうちに、他社が同一内容の技術を開発し、特許出願を行い、特許権を取得されてしまうと、当該技術を利用できなくなる可能性があります）。そのためは、日頃から、従業員に対する知的財産教育を行い、知的財産の重要性やリスクを従業員に理解しても

Q2　会社の知的財産を保護する法律のメリット・デメリット

らうことや、知的財産保護に関する社内規程を策定し（本章Q3参照）、その内容を従業員に周知徹底させることが効果的でしょう。

知的財産の管理に関する基本方針と方策

　当社は、高性能の切削機の開発に成功し、急成長を遂げましたが、知的財産部門がなく、従業員の大半は知的財産法に疎い状況にあります。そのため、他社から知的財産権侵害の警告を受けることも多く、また、自社の知的財産を他社に流用されることもありました。

　そのような状態に危機感を感じた当社では、早急に知的財産の保護・強化を図るべきだと判断し、対策を検討しています。当社の行っていくべき方策として、どのようなことが考えられますか。

回答

1　知的財産の管理ができていない場合、自社の知的資産価値を下げることになるとともに、他社から知的財産権侵害を理由に事業活動の差止めや損害賠償の請求を受けるリスクを抱えることとなり、ひいては、企業価値を下げることとなります。

2　知的財産の管理は、自社の知的財産を適切に保護、活用することから始まります。

3　また、他社の知的財産を侵害しないようにすることが必要です。

4　知的財産の管理を適切に行うためには、知的財産担当者ないし知的財産部門を設けるなどし、自社の発明の出願業務や他社の出願の動向把握を行うとともに、従業員全員に知的財産教育を行い啓蒙に努める必要があると考えられます。

5　他社から知的財産権侵害の警告書を受け取った場合は、警告書の内容を精査し、事実関係を確認したうえで、適切な対応をとる必要があります。

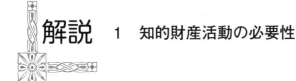

1 知的財産活動の必要性

　革新的な技術を開発することや、商品によいブランドネーム（商品名）を付けるだけでは、必ずしも当該技術やブランドネームが法的に保護されることになるわけではありません。

　発明は特許出願、商品名は商標出願をし、特許権、商標権を取得しなければ、他人が勝手にその真似をしても、それを法的に止めさせることは困難です。商品名については、不正競争防止法による保護が及ぶことがありますが、厳格な要件を満たす必要があります（同法2条1項1号・2号）。

　逆に、他人の特許技術と同様の内容の技術を開発し、当該技術を使用した場合、仮に当該特許のことを全く知らずに自社単独で技術開発を行ったとしても、特許権侵害が成立することとなり、差止めや損害賠償義務を負うことになります。損害賠償については、単に実施料相当額を支払うだけではなく、当該技術を使用して得た利益をすべて特許権者に支払わなければならなくなることすらあります（特許法100条2項）。多額の費用と時間をかけて開発した技術が、全く使えないどころか、損害賠償義務まで負担しなければならないこととなれば、企業にとって大きな経済的ダメージであり、中小企業にとっては、存亡の危機に直面する可能性もあるでしょう。

　そこで、このような知財リスクを回避し、自社の知的財産を適切に保護・利用するために、企業は、知的財産の管理をしっかり行っていく必要があります。

2 自社の知的財産を守る

(1) 自社の知的財産の管理

　特許権、意匠権、商標権等の産業財産権については、特許庁へ出願し、登

録を受けることが必要です。同一の内容の出願がなされた場合、原則として先に出願した者が権利を取得することになります（先願主義）。また、出願は所定の様式に従って行う必要があります。出願する場合は、専門の弁理士に相談するなどして、早期かつ確実な出願を行うことを心掛けるべきです。

自社技術を特許ではなくノウハウとして保護するためには、不正競争防止法の「営業秘密」の要件（同法2条6項）を備えることが必要です。具体的には、情報の秘密管理をきちんと行い、ノウハウが第三者に漏れないような人的管理、物的管理を行っていくことが肝要です。秘密管理の方法については、たとえば、経済産業省知的財産政策室「営業秘密管理指針（最終改訂平成25年8月16日）」などを参考にするとよいでしょう。

(2) 他者による侵害行為への対応

また、せっかく権利を取得しても、競合他社が当該権利の侵害行為を行っている場合、それに気がつかなければ、意味はありません。国や第三者機関が知的財産権の侵害行為を摘発し、それを停止させてくれるわけではありません。会社は、自ら、自社の知的財産権を守る活動を行わなければなりません。したがって、競合他社の技術開発の動向や新製品を継続的に監視し、自社の権利侵害が行われていることを発見した場合には、警告書（【書式28】参照）を発送するなどしてその停止を求め、話合いによる解決がつかない場合には、法的手段に訴えるかどうかを検討する必要があります。法的手段に訴えるかどうかは、勝訴の見込みや自社の権利が無効と判断されるリスクといった法的な観点だけでなく、法的手段に訴えることの事業活動に与えるインパクト、解決までに要する費用や時間、相手方による権利侵害の主張の可能性等を総合的に考慮して判断する必要があります。

3　他者の知的財産を侵害しない

他者の知的財産を侵害しないために、まずはそれぞれの権利とその侵害類型につき理解することが重要です。以下、それぞれ解説します。

(1) 産業財産権

　特許権、意匠権、商標権等の産業財産権は、権利の内容を公報により知ることができます。特許は、出願から1年半後に出願公開公報により出願時発明の内容を知ることができます。

　他人の産業財産権を侵害しないためには、開発段階、製造段階、販売開始段階で、競業他社等による出願状況を確認することが重要です。

(2) 著作権

　著作権は、産業財産権と異なり、登録を要することなく権利が成立するため、公示により他人の著作権の存在を知ることができませんが、著作権侵害が成立するためには、他人の著作物に依拠して複製等することが必要であることから（最判昭和53・9・7（ワン・レイニー・ナイト・イン・トーキョー事件）民集32巻6号1145頁）、故意に真似しなければ、たとえ、他人の著作物とたまたまそっくりな著作物を創作しても、著作権侵害とはなりません。ですから、著作権侵害とならないようにするためには、他人の著作物に依拠してその内容を模倣しなければよいということになります。

(3) 不正競争防止法

　不正競争防止法2条1項1号は、商品等表示として周知のものと同一のもの、もしくは類似のものを使用し、またはそのような商品等表示を使用した商品の譲渡もしくは輸出入等を行って、その他人の商品や営業と混同を生じさせる行為を禁止しています。

　これは、商品または営業の表示（商品等表示）に、商品または営業の信用が化体すると、顧客吸引力を有するようになり、第三者が、そのような商品等表示を無断で使用し、需要者に対して商品または営業の出所につき混同を生じさせることは、事業者間の公正な競争を阻害するため、規定されたものです。同号は、わざと真似ようとしたかどうかにかかわらず、違反が成立し

てしまいます。同号違反を犯さないためには、他社による製品やサービスを調査することが必要になります。

　また、不正競争防止法2条1項3号は、他人の商品の形態を模倣した商品の譲渡または輸出入等を行う行為を禁止しています。本号は、他人が資金・労力を投下して開発した商品の形態を模倣して自己の商品として市場におく行為は、先人者の行為にただ乗りする行為であり、事業者間の公正な競争を阻害するため、導入された規定です。すなわち、わざと真似したとき、同号違反が成立することになるため、他人の製品をそのまま「真似」するようなことはしないことが重要です。なお、①日本国内において最初に販売された日から起算して3年を経過した商品や、②他人の商品の形態を模倣した商品を善意・無重過失により譲り受けた者がその商品を譲渡等する行為には、不正競争防止法2条1項3号の規定は適用されません。

4　知的財産に関する指針の策定とその実行

　従業員に、自社の知的財産の保護・活用を促し、また、他人の知的財産を侵害しないような意識づけを行うためには、知的財産に関するルール（知的財産管理規程。【書式5】参照）を定め、それを従業員に周知徹底させることが効果的です。

　ルールは、企業活動における知的財産の重要性や企業組織のあり方についての考え方等により、各企業によって異なった内容であってしかるべきであり、統一的なルールがあるわけではありませんが、企業およびその従業員の知的財産に対する取組みの基本指針（重要性を踏まえたうえで知的財産を適切に管理すべきこと等）を記載することが一般的です。

5　他社から知的財産権の権利行使を受けた際の対応

　警告書を受領した場合の対応も重要です。先方の主張の内容を精査し、権利侵害の有無を判断したうえで、適切な対応をとる必要があります。訴訟リスクを回避することも実務的には重要です（第3部第2章Q3参照）。必要に

応じて、手遅れにならないうちに、弁護士等の専門家に相談すべきでしょう。逆に、自社の知的財産権が他社によって侵害されていることを知った場合、迅速な対応をとることも必要不可欠です（第3部第2章Q2参照）。

対応策　A社には知的財産部門がないとのことなので、まずは、知的財産を専門に扱う部員が在籍する組織を設ける必要性が高いと思われます。そして、当該部員が中心となって、自社の知的財産としてどのようなものがあり、それを有効に活用できているかどうかを確認するとともに、これまでに警告を受けた事例を再検討するなどして、今後の事業活動において他人の知的財産を侵害しないようにするために研究開発段階、製造段階、販売段階で何を行うべきか方針を立てるべきでしょう。自社および他社の知的財産の動向を、研究開発をはじめとする事業活動にうまく反映できるようにすべきだと考えられます。

予防策　上述のとおり、まずは、知的財産を専門に扱う部員が在籍する組織を立ち上げたほうがよいと考えられます。知的財産を重視する会社の組織体制のあり方は、たとえば、経済産業省・特許庁「戦略的な知的財産管理に向けて＜知的戦略事例集＞」（2007年4月）などを参考にされるとよいでしょう。また、日ごろから、従業員に対する知的財産教育を行い、知的財産の重要性やリスクを従業員に理解してもらうことが重要です。知的財産の保護・活用に関する社内規程を策定し、その内容を従業員に周知徹底させることも重要でしょう。

【書式5】　知的財産管理規程例

知的財産管理規程

（目的）
第1条　本規程は、自社の発明、考案、意匠およびノウハウ等の知的創作

物、並びに自社の商標およびドメイン名等の営業標識を適切に保護し、活用するとともに、他者の知的財産を尊重し、知的財産に関する係争を未然に防止することを目的とする。

（定義）
第2条 本規程において用いる用語の定義は次のとおりとする。
(1) 「知的財産権」とは、特許権、実用新案権、意匠権、商標権、および著作権、並びに特許を受ける権利、実用新案登録を受ける権利、意匠登録を受ける権利、および商標登録を受ける権利、その他知的財産に関して法令により定められた権利または法律上保護される利益に係る権利を総称していう。
(2) 「発明等」とは、発明、考案、意匠、商標、および著作物を総称していう。
(3) 「職務発明等」とは、従業員のした発明、考案および意匠の創作のうち、その内容が会社の業務範囲に属し、かつその発明、考案および意匠の創作をするに至った行為が、会社におけるその従業員の現在または過去の職務に属する発明、考案および意匠の創作を総称していう。
(4) 「職務著作」とは、会社の発意に基づき従業員が著作物を職務上作成すること（ただし、プログラム以外の著作物の場合は、会社の著作名義の下に公表するものおよび公表することが予定されるものに限る）をいう。
(5) 「製造物」とは、会社で製造される製品または半製品、これら製品または半製品、および製品または半製品に用いられる容器等のほか、他者に製造を委託した製品および他者から仕入れて販売する商品をいう。
(6) 「購買物」とは、他者から購入する有体物（原材料、装置、部品等）および無体物（ソフトウェア等）をいう。
(7) 「従業員」とは、会社の役員および従業員をいう。

（知的財産権の尊重）
第3条 従業員は、業務を遂行するにあたり、会社の知的財産および知的財産権を適切に管理、活用するとともに、他者の知的財産および知的財産権を尊重しなければならない。

（従業員教育）

第4条　知的財産部は、従業員に対し、知的財産に関する教育を行う。

（知的財産権の取扱い）
第5条　従業員の職務上の成果に係るすべての知的財産権は、原則として会社に帰属する。
2　職務上の成果に係る知的財産権の会社への帰属に手続が必要な場合には、従業員は、当該知的財産権を会社に承継させる手続をとらなければならない。ここで、成果に係る知的財産権の取扱いについて個別の規程、細則等で詳細の定めがある場合には、当該定めに従うものとする。
3　従業員がした発明、考案および意匠の創作の取扱いは、職務発明取扱規程の定めによる。
4　従業員が職務著作をしたときは、その著作権および著作者人格権は会社に帰属する。

（権利の取得および維持管理）
第6条　会社は、従業員等がなした自社の知的創作物および営業標識を、知的財産権管理基準の定めによる出願を通じた権利化、秘密管理等を行うことにより、適切にこれを保護する。

（権利の活用）
第7条　知的財産権は、実施によりその活用を図るほか、所定の社内決済を経たうえで、第三者への譲渡、実施許諾等により活用を図るものとする。

（商標の付与）
第8条　製造物に商標を付する場合、商標管理規程に定める決裁を得なければならない。

（知的財産係争の未然防止等）
第9条　各事業部門は、知的財産部と協働して、実施している知的財産または実施しようとしている知的財産が他者の知的財産権を侵害しないよう、調査、監視等を行い、知的財産係争の発生を未然防止するために必要な措置を講じなければならない。
2　購買部は、知的財産部と協働して、購買物の購入に際し、当該購買物が

他者の知的財産権を侵害しないことを確認しなければならない。
3　社長は、製造物の上市、新たな製造方法の実施、または、製造物、製造方法の改良の実施、その他、事業遂行上必要と認める場合、知的財産問題について協議するため知的財産委員会を設置することができる。

（自社の知的財産係争の対応）
第10条　従業員は、会社の知的財産権が第三者により侵害されているまたは侵害されようとしていることを知った場合、直ちに部門長および知的財産部に報告するものとする。
2　部門長は、知的財産権に関する警告を他者に行う場合、知的財産部と協議のうえ、警告方針を決定する。警告を行う場合、当該部門長は、速やかに、関係部門長に対して、警告の事実およびその内容を通知する。
2　部門長は、決裁規則に定める決裁を得て、知的財産権に関する法的手続をとるものとする。

（他者の知的財産侵害係争の対応）
第11条　従業員は、会社の業務遂行が他者の知的財産権を侵害するおそれがあるまたは侵害していると覚知するに至った場合、直ちに部門長および知的財産部に報告するものとする。
2　部門長は、他者から知的財産権に関する警告を受けたときは、直ちに知的財産部長と協議のうえ対応策を決定するとともに、速やかに、関係部門長に対して、警告を受けた事実およびその内容、並びに対応策を通知する。
3　部門長は、前項の対応策として法的手続をとる場合、決裁規則に定める決裁を得るものとする。

（所管部署）
第12条　本規程の所管部署は知的財産部とする。

（制定、改廃）
第13条　本規程の制定、改廃は社長が決定する。

附　則
1　本規程は、平成〇〇年〇〇月〇〇日から施行する。

Q4 職務発明規程を策定する場合の留意点

印刷機の製造メーカーであるA社では、発明を奨励する観点から、職務発明制度を創設し、特許出願1件あたりに5万円の報奨金を発明者に支給する制度を制定しました。ただ、この制度における報奨金は、会社から発明者への恩恵として与えるものであるという位置づけであったため、特段、従業員からの意見聴取は行わないまま、社長の独断で制定された制度です。この職務発明制度には、どのような問題があるでしょうか。

回答

1 特許法は、発明をなした者に特許を受ける権利を付与しています（発明者主義）。企業においてなされる発明（職務発明）も、発明をなした従業員に発明に係る権利がいったん帰属し、そのうえで、企業は、発明者である従業員に相当の対価を支払うことにより当該発明に係る権利を承継するとされています（特許法35条）。

2 特許法上、企業が策定する職務発明規程による職務発明の企業への承継を認めていますが、平成16年改正特許法は、職務発明規程の策定に際し、従業員らと協議を行うことを要請しています。したがって、何らかの形で従業員らとの協議を行ったうえで職務発明規程を制定すべきであり、すでに策定してしまっている場合には、事後的にでも一定の協議を行った方がよいのではないかと考えられます。

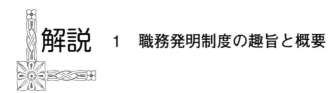 1 職務発明制度の趣旨と概要

(1) 職務発明制度の趣旨

　職務発明制度は、使用者等が研究開発投資を積極的に行いうるよう安定した環境を提供するとともに、職務発明の直接的な担い手である個々の従業者等が使用者等によって適切に評価され報いられることを保障することによって、発明のインセンティブを喚起しようとする制度であり、従業者等と使用者等との間の利益調整を図ることを制度趣旨としています（特許庁「事例集」5頁参照）。

(2) 職務発明制度の概要

　特許法は、特許を受ける権利を発明者に原始的に帰属させていますが、従業者等による職務発明に関しては、従業者等の雇用、研究開発設備の提供、研究開発資金の負担等、使用者等による一定の貢献が不可欠であることを重くみて、使用者等に法定の通常実施権を付与し（特許法35条1項）、さらに、特許を受ける権利等の予約承継を許容する規定（同条2項）を設けています。

　一方、実際に職務発明を生みだした従業者等には、職務発明に係る権利を使用者等に承継させる代償として、「相当の対価」の支払いを求める請求権を与えています（特許法35条3項）。この「相当の対価」請求権は、従業員等が権利承継の対価を確実に受け取れるようにすることによって、発明を奨励するためのものといえます。

[図1] 職務発明をめぐる使用者・従業員発明者との関係

2　平成16年改正特許法

(1)　改正の経緯

　平成16年改正前特許法においては、勤務規則等（使用者等があらかじめ定める勤務規則その他の定め）において職務発明に係る対価が定められていた場合であっても、裁判所が旧特許法35条4項に基づいて算定する対価の額が「相当の対価」であるとされていました。

　そこで、近年の知的財産に対する国民的関心の高まりを背景に、特許法35条の存在があらためて意識され、同条に基づく訴訟が多発しました。判例における「相当の対価」の算定においては、事後的な売上げやライセンス収入等を基に「相当の対価」を算定することを要求しているものと解釈されている半面、発明完成後の使用者等の貢献、発明による利益に間接的につながる研究開発の費用、給与ほか対価以外の処遇が十分に考慮されていないため、使用者等は、従業員等に対していかなる対価を支払えばよいのかが不透明な状況に置かれることとなり、予測可能性をもって研究開発投資を行っていくことに支障が生じていると指摘されていました。しかも、従業員等は、多くの場合、いわゆる報償規程に規定された金額を受け取っていましたが、この報償規程は使用者等が一方的に定めていることが多いため、その発明活動が使用者等によって適切に評価されているという納得感を得ていない場合があるとの指摘もありました。

(2) 改正の内容

そこで、それらの問題を解決するため、2004年に特許法35条の改正が行われました。改正後の職務発明制度においては、契約、勤務規則その他の定めにおいて職務発明に係る対価について定める場合に、その定めたところにより対価を支払うことが不合理と認められない限り、その対価がそのまま「相当の対価」として認められることとなりました。

すなわち、特許法35条4項は、契約、勤務規則その他の定めにおいて相当の対価について定める場合には、対価を決定するための基準の策定に際して使用者と従業員等との間で行われる協議の状況、策定された当該基準の開示の状況、対価の額の算定について行われる従業員等からの意見の聴取の状況等を考慮して、その定めたところにより対価を支払うことが不合理と認められるものであってはならない旨を規定し、同5項は、前項の対価についての定めがない場合またはその定めたところにより対価を支払うことが同項の規定により不合理と認められる場合には、対価の額は、その発明により使用者等が受けるべき利益の額、その発明に関連して使用者等が行う負担、貢献および従業員等の処遇その他の事情を考慮して定めなければならないと規定しています。

(3) 不合理性の判断基準

上記の不合理性の判断においては、使用者等と従業員等との間での決定の自主性を尊重することの重要性に鑑み、対価の決定の手続面を重視すべきこととされ、職務発明規程を策定する際の従業員等との「協議の状況」が参酌されます。

「協議」は使用者等と当該基準が適用される各従業員等との間で行われる話合い全般を意味します。必ずしも一人ひとりと個別に行う必要はなく、集団的に話合いを行うことも、「協議」に該当すると解されています。たとえば、従業員等が一堂に会して話合いを行ったり、社内イントラネットの掲示

板や電子会議等を通じて集団的に話合いをする、あるいは、代表者を通じて話合いを行うこともなども、「協議」に該当します（特許庁「事例集」13頁）。

また、「協議」は、話合いの結果、使用者等と各従業員等との間で、策定される基準について合意をすることまで含んでいるものではありません。したがって、仮に合意にまで至らなかったとしても、使用者等と当該従業員等との間において、実質的に協議が尽くされたと評価できる場合には、その協議の状況としては不合理性を否定する方向に働きます（特許庁「事例集」18頁）。

次に、「開示の状況」としては、従業員が職務発明規程を見ようと思えばいつでも見ることのできる状況にしておくことが求められます。

また、「意見の聴取の状況」とは、職務発明に係る対価の額の算定について、使用者等が当該職務発明の発明者である従業員等から、その算定についての意見等を聴くということを意味します。実際に職務発明の発明者である従業員等から意見が表明されなかったとしても、使用者等から当該従業員等に対して意見の聴取を求めたと評価できるような事実があれば、それは「意見の聴取」がなされたと評価されます。また、意見の聴取の方法には特に制約はありません（特許庁「事例集」24頁）。

対応策 上記のとおり、平成16年改正特許法35条は、対価の支払いが合理的であれば、相当の対価として認められるとしており、合理的かどうかの考慮要素の一つとして、当該規程が従業員らとの協議のうえ策定されているかどうかをあげています。したがって、本設問においては、できるのであれば、発明創作にかかわる従業員らに対し、規程の内容や意義、合理性などを説明し、質問があればていねいに答えるような手続を踏むことが望ましいといえます。なお、説明の仕方は、一堂に会して行ってもよいし、イントラネットなどを利用して行うことでも構いません。

【書式６】 職務発明規程例

1．総　則
(1) 目　的

例①

第〇条　この規程は、従業者が行った発明の取扱いについて、必要な事項を定めるものとする。

例②

第〇条　この規程は、従業者が発明をした場合の取扱いについて定め、従業者による発明を奨励し、その保護及び活用を図ることにより、社業の発展に資することを目的とする。

(2) 用語の定義

例①

第〇条　この規程において、次の各号に掲げる用語の意義は、当該各号に定めるところによる。
一　職務発明　その性質上会社の業務範囲に属し、かつ、その発明をするに至った行為が会社における従業者の現在又は過去の職務に属する発明として第〇条に基づいて会社が認定したものをいう。
二　発明者　発明をした従業者をいう。
三　従業者　期間の定めの有無を問わず会社が雇用する者と会社の役員をいう。

例②

第〇条　この規程において「職務発明」とは、その性質上会社の業務範囲に属し、かつ、従業者がこれをするに至った行為が当該従業者の会社における現在又は過去の職務範囲に属する発明をいう。

2．発明の届出など
(1) 発明の届出

例①

第〇条　会社の業務範囲に属する発明を行った従業者は、速やかに発明届（第〇号様式）を作成し、所属長に届け出なければならない。

2　所属長は、従業者から前項の届出を受けたときは、次の各号に定める事項についての意見を付し、速やかに○○○○部長（知的財産部門の長）に回付しなければならない。
　一　届け出られた発明が職務発明に該当するか否か
　二　当該職務発明に係る権利を承継することの要否
　三　当該職務発明をした者それぞれの寄与率
　四　当該職務発明について特許出願することの要否
3　所属長は、前項の場合において職務発明に係る権利を承継する必要があると判断するときは、次の書類を○○○○部長に提出するものとする。
　一　当該職務発明に関する明細書（第○号様式）
　二　当該職務発明に関して共同出願契約が存在するときは、その共同出願契約書

- 例②

第○条　会社の業務範囲に属する発明を行った従業者は、速やかに発明届（第○号様式）を作成し、所属長を経由して会社に届け出なければならない。
2　前項の発明が二人以上の者によって共同でなされたものであるときは、前項の発明届を連名で作成するとともに、各発明者の寄与率を記入するものとする。

(2)　職務発明の認定

- 例

第○条　○○○○部長は、第○条の届出に係る発明について、次の各号に定める事項を決定し、又は認定するものとする。
　一　届け出られた発明が職務発明に該当するか否か
　二　当該職務発明に係る権利を承継することの要否
　三　当該職務発明をした者それぞれの寄与率
2　○○○○部長は、前項の決定または認定の内容を、当該発明を行った従業者に、その所属長を経由して、速やかに通知するものとする。

3．権利の承継など

(1) 権利の承継

例①

第○条　会社は、職務発明に係る権利を承継する旨を当該職務発明を行った従業者に通知したときは、意思表示その他何らの手続を要せず、当該職務発明につき特許を受ける権利を当該従業者から承継する。
2　会社が職務発明に係る権利を承継しない旨を通知した場合には、会社は、当該職務発明についての通常実施権を留保するものとする。

例②

第○条　職務発明については、会社が発明者から特許を受ける権利を承継する。ただし、会社がその権利を承継する必要がないと認めたときは、この限りでない。
2　前項の承継は、会社が発明者から権利の譲渡証書を受理することによって行われるものとする。

(2) 権利の処分

例

第○条　会社は、職務発明について特許を受ける権利を承継したときは、当該職務発明について特許出願を行い、若しくは行わず、又はその他処分する方法を決定する。
2　会社の特許を受ける権利を承継した職務発明について特許出願を行わない旨の決定は、会社の当該職務発明についての特許を受ける権利を承継しない旨の決定とはみなさない。
3　出願の形態及び内容については、会社の判断するところによる。
4　職務発明について特許を受ける権利を会社に譲渡した従業者は、会社の行う特許出願その他特許を受けるために必要な措置に協力しなければならない。
5　会社は、特許を受ける権利を承継した職務発明について、特許権を取得し、又は特許権を維持する必要がないと認めたときは、当該特許を受ける権利を放棄し、当該特許出願を取り下げ、又は当該特許権を放棄することができる。

4．対価の決定

(1) 対価の算定方法

例①

第○条　会社は、第○条の規定により職務発明について特許を受ける権利を発明者から承継したときは、発明者に対し次の各号に掲げる対価を支払うものとする。
　一　出願時支払金
　二　登録時支払金
2　前項の対価は、○○○○部長が認定した発明者寄与率に基づき、各発明者に配分されるものとする。
3　第1項の対価は、別に定める実施細則（以下「実施細則」という。）に基づき算定するものとする。

例②

第○条　会社は、第○条の規定により職務発明について特許を受ける権利を発明者から承継したときは、発明者に対し次の各号に掲げる対価を支払うものとする。
　一　登録時支払金
　二　利益発生時支払金
2　前項の対価は、○○○○部長が認定した発明者寄与率に基づき、各発明者に配分されるものとする。
3　第1項の対価は、別に定める実施細則（以下「実施細則」という。）に基づき算定するものとする。

(2) 対価の支払時期

例①

第○条　第○条に定める対価は、出願時支払金については出願後速やかに支払うものとし、登録時支払金については登録後速やかに支払うものとする。

例②

第○条　第○条に定める対価は、登録時支払金については登録後速やかに支払うものとし、利益発生時支払金については当該特許に基づく利益が別に定める方法により確認された後速やかに支払うものとする。

(3) 発明者からの意見の聴取

例①

第○条　発明者は、会社から支払われた対価に異議があるときは、その対価の受領日から○日以内に、知的財産部に対して異議申立書（第○号様式）を提出することにより異議の申立てを行うことができる。

2　知的財産部は、発明者が前項の規定により異議を申し立てたときは、その異議の内容を検討するにあたっては、発明者に意見を述べる機会を与えなければならない。

例②

第○条　発明者は、会社から支払われた対価に異議があるときは、その対価の受領日から○日以内に、発明委員会に対して異議申立書（第○号様式）を提出することにより異議の申立てを行うことができる。

2　発明委員会は、発明者が前項の規定により異議を申し立てたときは、その異議の内容を検討するにあたっては、発明者に発明委員会に出席し、自らの意見を述べる機会を与えなければならない。

5．発明委員会

(1) 発明委員会の設置

例

第○条　この規程に関する事項を実施するために発明委員会を設置し、その事務局を○○○○部とする。

2　発明委員会の委員長は、執行役員の中から社長が任命し、委員は、委員長が指名する。

(2) 発明委員会の審議事項

例

第○条　発明委員会は、委員長の召集により開催し、次の各号に定める事項について審議を行う。

一　○○○…
二　○○○…
三　○○○…

2　第○条に基づく異議の申立てに関する事項については、前項の規定

にかかわらず、必要に応じて発明委員会を開催し、審議を行うものとする。
3　発明委員会の議事は、委員の過半数が出席し、その過半数で決する。

6．雑則
(1) 制限行為
例①
第○条　発明者は、会社が当該発明者の発明について、職務発明ではないと認定し、又は当該発明について特許を受ける権利を承継しない旨を決定しない限り、当該特許を受ける権利を第三者に譲渡してはならない。

例②
第○条　発明者は、職務発明の内容を会社の承認を得た後でなければ社外に発表してはならない。
2　発明者は、会社の許可なく職務発明について自ら実施し、自ら出願し、又は会社以外の者にその実施を許諾してはならない。
3　発明者は、会社の許可なく職務発明について特許を受ける権利を第三者に譲渡してはならない。

(2) 秘密の保持
例
第○条　発明者及び発明に関係する者は、発明に関して、その内容その他発明者又は会社の利害に関係する事項について、必要な期間中、秘密を守らなければならない。
2　前項の規定は、従業者が会社を退職した後も適用する。

(3) 職務発明ではない発明の取扱い
例
第○条　会社は、第○条の規定により、職務発明でないと認定した発明について、発明者から特許を受ける権利を譲渡したい旨の申出があったときは、当該発明について、特許を受ける権利を会社が承継するかどうかの決定をしなければならない。

2　職務発明でない発明に係る特許を受ける権利の承継については、会社と当該発明者間で別途契約を締結するものとする。

(4) 従業者と社外の者との共同発明の取扱い

例

第○条　従業者が社外の個人、企業、大学その他の者と共同して行った発明であって、会社の業務の範囲に属するものについては、その従業者の特許を受ける権利の持分の取扱いについても、この規程を適用する。

(5) 退職者の発明

例

第○条　従業者が、会社在職期間中に完成した職務発明については、当該職務発明が完成したことが当該従業者の退職後に判明した場合であっても、この規程を適用する。

(6) 出向者の発明

例

第○条　従業者が出向期間中にした発明の取扱いについては、会社と出向先との取決め及び会社と従業者との間の契約に従うものとする。

(7) 外国における権利の取扱い

例

第○条　第○条の規定により職務発明であると認定された発明について外国において特許を受ける権利は、会社が発明者から当該特許を受ける権利の譲渡証書（第○号様式）を受領することによって承継する。

(8) 実用新案権及び意匠権に関する準用

例

第○条　この規程は、実用新案法第2条第1項に規定する考案及び意匠法第2条第1項に規定する意匠について準用する。

(9) 規程の開示について

> 例
> 第○条　会社は、この規程を本社、各支店及び各事業所に備置し、閲覧に供するものとする。

(10) 規程の改定について

> 例
> 第○条　この規程は、必要に応じて改定を行うものとする。
> 2　この規程の改定にあたっては、会社と従業者とが協議を行うものとする。具体的な協議の方法については、別途協議実施細則にて定める。

7．附　則

(1) 附　則

> 例
> 第○条　本規程は平成　年　月　日から施行する。

（特許庁手続事例集より抜粋）

Q5 共同研究開発を行う場合の留意点

　繊維メーカーであるA社は、新素材を開発するため、B大学との間で共同プロジェクトを開始することとなりました。A社は、B大学との契約の締結および、共同研究開発の実施に際し、どのような点に留意しておくべきでしょうか。

回　答

1　研究開発を複数の当事者が技術・人材・資金などを出し合って共同して行うために締結される契約のことを、共同研究開発契約といいます。
2　共同研究開発を行うに際しては、契約において、双方の役割分担、スケジュール、成果物に係る権利の帰属と利用方法、秘密保持、同一ないし類似の研究テーマを禁止するか否か等を取り決めておくべきです。
3　さらに、実際の共同研究開発の遂行過程においては、双方がどのような貢献をしたのかがわかるよう、記録を残しておくべきです。また、コンタミネーション（自社が保有していた情報と他社から提供を受けた情報の混合）が生じないような人的、物的管理体制をとることが必要なこともあります。
4　共同研究開発の成果の扱い等について、共同研究開発終了後に紛争が生じることがあります。そのような紛争リスクを減らすために、共同研究開発契約において将来の紛争リスクを念頭においた明確な取決めをしておくとともに、共同研究開発実施中も、それぞれの成果を記録化したり、他の類似のプロジェクトが会社内に存在する場合にはそれとの情報の遮断を行うなど、紛争が生じないような取組みを行っていくことが望まれます。

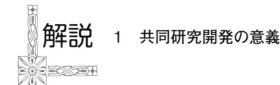

1 共同研究開発の意義

　研究成果を上げるために、多種多様の技術や需要サイドからの評価が必要となったり、あるいは、開発規模の拡大のため多額の資金が必要となることがあります。そこで、1社だけでそれらをすべて行うのではなく、複数の企業や大学、公的機関が自己にない要素を補完し合いながら、共通の研究開発目的を達するために行われるのが、共同研究ないし共同開発です。そして、研究開発を複数の当事者が技術・人材・資金などを出し合って共同して行うために締結される契約が、共同研究開発契約です。

2 契約締結までのプロセスにおける留意点

　まず、共同研究開発を始めるにあたっては、双方の立場の違いを認識したうえで、研究開発が成功したときの成果の帰属、利用方法と、失敗したときの損失の負担について、十分な意見交換と利害調整をしておき、成果の取扱いは共同研究の着手前に取り決めておくべきです。成果の帰属を、後日、当事者の協議で定めるとすることもありますが、成果がなされた後に当該成果について合意を形成することが（それが重要な成果であるほど）困難となります。したがって、成果の帰属は契約で事前に定め、業務分担や費用負担等との関係を考慮した枠組みを定めることが望ましいでしょう。

　また、共同研究開発契約を締結する場合、研究開発の期間、担当者の数、研究開発費用に影響する重要な項目として、共同研究開発の範囲とこれに伴う業務分担をあらかじめ決めておく必要があります。業務分担については、試作と評価という技術提供手段で分類することもあれば、基礎研究と実施研究といった開発のステージで分類することなどがありますが、いずれにしても、契約締結にあたって、共同研究開発の骨組みとなる、どのような研究課題をどのように分担するかについて、当事者間で十分にコンセンサスを得て

おくことが必要でしょう。そして、業務分担を明確にしたうえで、各当事者が分担した業務に要した費用、どちらの業務分担に属するか不明確な経費や共同研究開発に伴って相手方に技術指導する経費などについて負担割合と分担方法を明確にしておくべきです。

3　共同研究開発実施中の留意点

　次に、共同研究開発を実際に実施する過程において、知的財産との関係では、特に次のような点に留意が必要です。

(1)　役割分担に従った研究開発の実施とその記録化

　共同研究開発の過程や両者の連絡協議会で交換される情報は、それ自体、財産的価値を有するものであることが多くあります。また、同協議会で交換される情報や議事録は、成果の帰属や費用負担をめぐる紛争が生じた場合（発明者は誰か、各当事者の成果に対する貢献度はどうか、など）、これを解決するための重要な資料となります。そこで、議事録を作成し、発言者および発言内容を記録にとどめておくことが望ましいでしょう。

(2)　秘密の保持

　共同研究開発においては、当事者が契約前から保有している情報を相互に提供し、また、共同研究開発期間中に生み出された新たな情報を取得することになります。これらについて、秘密保持義務を定めることによってはじめて、秘密性の高い情報の交換が可能となり、また成果の散逸を防ぐことが可能となります。成果が一方当事者に帰属するとされる場合は特に、当該成果について秘密保持義務を課し、他方当事者による利用・処分を制限しておくことが重要です。また、秘密保持の対象となる情報を特定することは、相手方が誤って秘密情報を漏えいしてしまうことを防ぐことにも役立つと考えられます。

(3) コンタミネーションの防止

　共同研究開発と並行して、一方当事者による単独の研究開発や、第三者との共同研究開発が行われることがあります。そのような場合、情報の出所や研究開発の成果の帰属をめぐって紛争が生じることがあります。かかる紛争リスクを回避するためには、それぞれのプロジェクトに参加する者を特定し、各プロジェクトのメンバー間での情報のやりとりを遮断するとともに、各プロジェクトではどんな情報を基にどのような研究を行い、どのような成果が出たのかを記録化していくことが重要となります。

　双方の研究者がチームを組んで共同で研究開発する場合に、「だれが発明者となるべきか」などをめぐって意見が対立することも珍しくありません。こうした場合に、研究開発過程や研究開発成果が出た際の事実関係が研究ノート等の資料に時系列に沿って記載されていると、発明者の特定や共同発明者間の貢献割合を判断する有力な証拠となります。研究ノートには、研究開発の背景や実験計画、実験結果、実験担当者、実験日時・場所および実験結果の分析、研究開発成果などの研究開発内容を継続して記入することになります。

(4) 競業禁止

　共同研究開発は、関係当事者が情報を交換しながら共同で研究開発を行うものであることから、一方当事者が、単独で、あるいは第三者と共同で、同一または類似するテーマについて研究開発を行うと、成果の帰属や情報の流出をめぐって紛争が生じる可能性が高まることになります。また、相手方当事者を共同研究開発に専念させるという観点からも、同様の研究開発が並行して行われることは望ましくないことが多いでしょう。

　そこで、契約により、こうした競合する研究開発を禁止することが考えられます。その際、競合する研究開発に関与することのできる者の限定と、関与者同士の情報交換の制限（人的制限）や、競合する研究開発を行うことの

できる場所の限定（場所的制限）、あるいは、競合する研究開発を開始できる時期の限定（時間的制限）といった制限を加えることも考えられます。

　なお、独占禁止法遵守の観点から公正取引委員会が作成した「共同研究開発に関する独占禁止法上の指針」（以下、「共同研究開発ガイドライン」という）は、以下の制限は、「不公正な取引方法に該当するおそれが強い事項」にあたるとしています。

　①　共同研究開発のテーマ以外のテーマの研究開発を制限すること
　②　共同研究開発のテーマと同一のテーマの研究開発を共同研究開発終了後について制限すること

　したがって、共同研究開発終了後まで競業を禁止することは原則として許されず、成果や独自のノウハウの流出等の防止は秘密保持義務等によって図ることになります。

4　共同研究開発終了後の留意点

　共同研究開発の成果に基づいて、一方当事者により新たな成果が創出された場合、当該成果をどのように扱うかについて、争いが生じることがあります。研究開発期間中は問題が生じることは少ないですが、研究開発終了後に、一方当事者が、研究開発のテーマと同一ないし類似のテーマに関して新たな成果をなし、単独で特許出願を行ったような場合、当該成果の取扱いが問題となることが実務上多くあります。具体的には、発明の帰属に関する規定や、情報の目的外利用の禁止規定、秘密保持義務を定めた規定に抵触するかどうかが問題となります。

　なお、共同研究開発ガイドラインは、成果を利用した研究開発を制限すること、改良発明を他の参加者へ譲渡する義務を課すこと、改良発明等を他の参加者へ独占的に実施許諾する義務を課すことは、不公正な取引方法に該当するおそれが強いとし、他方で、改良発明等を他の参加者へ開示する義務を課すこと、改良発明等を他の参加者へ非独占的に実施許諾する義務を課すことは、原則として不公正な取引方法に該当しないとしています。

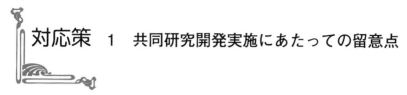
対応策　1　共同研究開発実施にあたっての留意点

　上記のとおり、他社や大学と間で共同研究開発を行うことは、自社の足りない部分を補いつつ新たな成果を期待できる点で利点があり、これからも、共同研究開発は活発に行われていくものと予想されます。

　しかし、共同研究開発のパートナーは、あくまで別の組織であって、それぞれが自己の利益追求を目標として共同研究開発に参加しており、また、組織によって物事の考え方や取り組む姿勢も異なるため、共同研究開発においてはトラブルが生じることも少なくありません。特に、共同研究開発の成果の取扱い（どの範囲までが共同研究開発の成果となるのか）について、共同研究開発終了後に紛争が生じることが多いように思われます。そのような紛争リスクを減らすためには、まず、共同研究開発契約において、将来の紛争リスクを踏まえ、それを可及的に回避するための明確な取決めをしておくとともに、共同研究開発実施中においても、それぞれの成果を記録化したり、他の類似のプロジェクトが社内に存在する場合にはそれとの情報の遮断を行うなどして、紛争が生じないような取組みを行っていくことが望まれます。

2　成果の帰属をめぐる留意点

　共同研究開発においては、共同研究開発によりなされた発明の発明者が誰かが問題となることがあります。たとえば、共同研究開発契約において、発明者を基準として成果の帰属を定めていた場合や、共同研究開発契約が締結されていなかった場合において、成果の帰属を判断する場合に、発明者の認定が必要となります。また、特許出願に際し、発明者の氏名等を願書に記載しなければならず（特許法36条1項2号）、記載を誤った場合、発明者名誉権の侵害として不法行為が成立する可能性もあります（大阪地判平成22・2・18判時2078号148頁）。

発明者とは、発明の特徴的部分の完成に創作的に寄与した者をいい（知財高判平成20・9・30（平成19年（行ケ）10278号）裁判所ホームページ）、一般的な管理をした者、一般的な助言・指導を与えた者、補助者としてデータのとりまとめや実験を行った者、資金の提供や設備利用の便宜を与えた者などは発明者にあたらないと解されています（知財高判平成20・5・29判時2018号146頁）。また、共同発明者となるためには、課題を解決するための着想およびその具体化の過程において、一体的・連続的な協力関係の下に、それぞれが重要な貢献をなすことを要すると解されています（前掲・知財高判平成20・5・29）。たとえば、Aが着想してこれを公表し、Bが当該着想を具体化して発明を完成させたとしても、AB間に一体的連続的な協力関係がなければABが共同発明者であるとはいえず、その場合は、公知の着想を具体化して発明を完成させたBのみが発明者となると考えられます（吉藤幸朔＝熊谷健一『特許法概説〔第13版〕』188頁）。

　そこで、発明者の認定をめぐる争いを避けるためには、認定の基礎となる資料（発明の提案書、研究ノート、成果報告等の記録、公知技術を明らかにするための資料等）をあらかじめ収集し、あるいは相手方に提供させ、連絡会議等において協議をすることが重要です。

　日ごろから、従業員に対する知的財産教育を行い、知的財産の重要性や知的財産法の内容を従業員に理解してもらうことが重要です。また、知的財産保護に関する社内規程を策定し（本章Q3参照）、その内容を従業員に周知徹底させることも、知的財産保護強化のために効果的でしょう。

　特に、発明者や共同発明者といった特許法の概念やその立証方法を研究者自身があらかじめきちんと理解しておくことが、自社による新たな技術を確保するうえでも、また共同研究開発の成果をめぐる争いを防止するためにも大切だと考えられます。

【書式7】 共同研究開発契約書例

共同研究開発契約書

　○○(以下、「甲」という)と○○(以下、「乙」という)とは、甲が○○について、乙が○○について、それぞれ独自の技術を有していることを考慮し、○○について第1条に定める研究開発(以下、「本研究開発」という)を共同で行うこととし、以下のとおり本契約を締結する。

(研究開発)
第1条　甲および乙は、本契約の規定に従い、次の研究開発を共同で実施する。
　研究開発の目的：・・・
　研究開発の対象：
　　イ　・・・
　　ロ　・・・
　　ハ　その他甲乙協議のうえ決定した技術

(研究開発の期間)
第2条　本研究開発の期間は、平成○○年○○月○○日から平成○○年○○月○○日までとする。ただし、上記期間は甲乙の書面による合意により延長することができる。
2　前項にかかわらず、第18条により本契約が解除された場合は、本研究開発の期間は当該解除の日をもって終了するものとする。

(研究開発の場所)
第3条　甲および乙は、本研究開発をそれぞれ自ら管理する施設内にて実施する。ただし、○○の分析評価は、乙の施設内において乙の従業員の立ち会いのもとで甲の従業員が行うことができるものとする。

(業務の分担)
第4条　甲および乙は、本研究開発において必要とされる業務を以下のとおり分担する。

甲の業務：・・・
　　　乙の業務：・・・
　２　甲または乙が、本研究開発のために相手方の装置、機器等を使用することを希望した場合には、両当事者は、その取扱いについて協議のうえ詳細を定める。

（参加者の特定）
第５条　甲および乙は、それぞれ別紙に掲げる者を本研究開発に参加させるものとし、参加者に変更が生じた場合は、速やかにその旨を相手方に通知する。

（第三者への委託）
第６条　甲および乙は、本研究開発にかかる業務の全部または一部を第三者に委託してはならない。ただし、その委託する業務の内容および当該第三者について相手方の書面による事前の同意を得た場合は、この限りでない。
２　前項ただし書に基づき第三者に業務を委託する当事者は、当該業務の委託に際して、第10条と同等の秘密保持義務を当該第三者に課すものとする。

（費用の分担）
第７条　甲および乙は、第４条に基づいて自己の分担した業務の費用をそれぞれ負担する。

（技術的情報等の提供）
第８条　甲および乙は、本研究開発の実施のために必要な技術的情報を相互に無償で開示する。ただし、第三者との契約により開示を禁止されているものについてはこの限りではない。

（進捗状況の報告）
第９条　甲および乙は、本研究開発の期間中、本研究開発の過程で得られた技術的情報を速やかに相手方に開示するとともに、甲乙別途定める要領に従って協議会を開催し、本研究開発の進捗状況を相手方に報告する。

（秘密保持・目的外利用の禁止）

第10条　甲および乙は、本契約の内容、第8条または第9条に基づき開示された情報、第12条で定義する本成果、その他、本契約に関連して知り得た相手方に関する一切の事項を第三者に開示・漏えいしてはならず、本研究開発以外の目的に利用してはならない。ただし、本契約に別段の規定がある場合または相手方の書面による事前の同意を得た場合は、この限りではない。

2　前項の規定は、開示を受けた当事者が次のいずれかに該当することを立証しうる情報については、適用しない。
 (1)　開示を受けまたは知得した際、すでに自己が保有していた情報
 (2)　開示を受けまたは知得した際、すでに公知となっている情報
 (3)　開示を受けまたは知得した後、自己の責めによらずに公知となった情報
 (4)　正当な権限を有する第三者から適法に取得した情報
 (5)　相手方から開示された情報によることなく独自に開発・取得した情報

（競業禁止）
第11条　甲および乙は、本研究開発の期間中、相手方から書面による事前の同意を得た場合を除き、本研究開発と同一目的の研究開発を単独または第三者と共同で行い、もしくは第三者から受託してはならない。

（成果の帰属）
第12条　甲または乙が本研究開発の期間中に本研究開発の実施により取得した発明、考案および創作並びに技術上および営業上のノウハウ（以下、「本成果」という）は、甲乙の共有とし、その持分は均等とする。

（知的財産権の取扱い）
第13条　本成果に含まれる発明、考案または創作について、特許権、実用新案権、意匠権、商標権、回路配置利用権等の知的財産権を受ける権利および当該権利に基づき取得される知的財産権（以下、「本知的財産権」という）は、甲乙の共有とし、その持分は均等とする。

2　甲および乙が本知的財産権について出願をする場合は、当該出願の内容および出願国について協議し、共同で当該出願を行う。出願手続および権利保全手続は甲が行うものとし、乙はこれに協力する。

3 　前項に基づく出願手続および権利保全手続にかかる費用は、甲および乙が持分に応じて負担する。

(成果の利用)
第14条　甲および乙は、本成果および本知的財産権を、それぞれ無償で実施することができる。
2 　甲または乙が、自己の持分にかかる本成果または本知的財産権を第三者に譲渡し、または第三者に実施を許諾することを希望する場合は、甲乙はあらかじめ協議し、その可否および条件を定めるものとする。

(成果の公表)
第15条　甲または乙が本成果を公表することを希望する場合は、その内容および方法につき、相手方から書面による事前の同意を得なければならない。

(改良発明等)
第16条　本研究開発の期間中、または同期間の終了後〇〇年以内に、甲または乙が本成果に基づき新たな発明、考案または創作(以下、「改良発明等」という)をなし、当該改良発明等につき知的財産権の出願をしようとするときは、その内容を相手方に事前に書面により通知しなければならない。
2 　前項による通知があったとき、甲および乙は、そのつど協議し、当該改良発明等の取扱いについて決定する。
3 　甲または乙が改良発明等につき知的財産権を取得したときは、相手方に対し、当該知的財産権につき非独占的通常実施権を無償で許諾する。

(譲渡の禁止)
第17条　甲および乙は、相手方の書面による事前の同意を得ることなく、本契約上の権利および義務の全部または一部を第三者に譲渡してはならない。

(契約の解除)
第18条　甲および乙は、相手方が本契約に定める条項のいずれかに違反し、催告後〇〇日以内にこれを是正しないときは、相手方に書面で通知することにより、本契約を解除することができる。
2 　甲および乙は、相手方に次の各号のいずれかに該当する事由が生じたと

きは、ただちに本契約を解除することができる。
(1) 破産、民事再生、会社更生または特別清算の申立てを受け、あるいはその申立てを行ったとき
(2) 解散または本研究開発に係る事業を譲渡する決議をなしたとき
(3) 本研究開発に係る事業を廃止したとき
(4) 第三者と合併をしたとき
(5) 会社分割、株式交換、株式移転または株主構成の変動により従前の会社との同一性が失われたとき
3 前2項により本契約が解除された場合、被解除当事者は解除の日をもって本成果にかかる持分を無償で相手方に譲渡する。この場合、被解除当事者は、第14条1項の規定にかかわらず、本成果を実施することができない。

(有効期間)
第19条 本契約の有効期間は、第2条に定める本研究開発の期間と同一とする。
2 前項の規定にかかわらず、第12条（成果の帰属）、第13条（知的財産権の取扱い）、第14条（成果の利用）、第16条（改良発明等）、第17条（譲渡の禁止）および第18条3項（契約の解除）の規定は、本契約終了後においても有効に存続し、第10条（秘密保持・目的外利用の禁止）および第15条（成果の公表）の規定は、本契約終了後○年間有効に存続する。ただし、本契約が前条の規定により解除された場合は、第16条1項（改良発明等）および同条3項の規定は、被解除当事者にのみ適用する。

(協議)
第20条 この契約に定めのない事項またはこの契約の各条項の解釈、運用に疑義を生じたとき、もしくは重大な事情の変更があったときは、甲乙協議のうえ、その解決を図るものとする。

(管轄)
第21条 本契約に関する一切の紛争については、○○地方裁判所を第1審の専属的合意管轄裁判所とする。

本契約の成立を証するため、本書2通を作成し、各自記名押印のうえ、各

1通を保有する。

平成〇〇年〇〇月〇〇日

甲

㊞

乙

㊞

 # Q6 研究委託を行う場合に留意すべき点

　A社は、自社が開発したバイオ技術の安全性を確認するため、第三者に研究を委託することを考えている。当該バイオ技術の情報の管理という観点から、どのような点に留意すべきか。

回答

1　研究開発の受託者から重要な技術情報が漏えいした場合、情報漏えいによる経済的損失が発生することに加え、情報管理についての信用の毀損が生じうることになります。
2　まず、受託者が、秘密管理をしっかり行うことができる組織かどうかを確認することが必要です。
　そのうえで、受託者と秘密保持契約を締結して、契約上、受託者からの情報漏えいを禁止すべきです。
3　また、契約締結後、実際に、情報の秘密管理が徹底されているかどうかを受託者の研究先に赴くなどして確認することも、場合によっては行うべきだと考えられます。

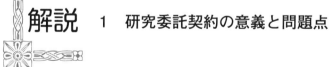 解説　1　研究委託契約の意義と問題点

　特にベンチャー企業や中小企業においては、研究開発のすべての過程を自社のみで完結することができず、その一部を外部機関に委託することが必要となる場合があります。そのような場合には、研究委託契約を締結し、研究開発の一部を外部機関に委託して、その成果の報告を受けることが行われています。

その際に、特に留意する必要があるのが、外部の受託者からの秘密情報の漏えい問題です。

昨今では、個人情報の漏えいが問題となる事例が頻繁に報道されており、その中には、受託者から情報が漏えいしてしまったケースがありますが、同様のことは、研究開発の成果である技術的な情報の場合にも起こりえるため、情報の重要性に応じて、事前および事後の対策を講じることが重要となります。

2　研究委託契約締結までの留意点

まず、受託者を選定するに際し、当該委託業務を遂行する技術的な能力があるかだけでなく、情報の秘密管理をどの程度しっかり行っているのかも確認すべきでしょう。すなわち、データに関する物的・人的な管理体制はどのようになっているのか、研究担当者に対する知的財産教育はなされているのかなどを受託者の選定に際して確認するとよいでしょう。確認の具体的な項目には、たとえば、経済産業省知的財産政策室「営業秘密管理指針（平成25年改訂版）」の参考資料1「営業秘密管理チェックシート」（【書式8】参照）などを参考にすることが考えられます。厳重な秘密管理が求められるような場合には、受託者の施設に赴くなどして、実際の管理状況を確認することも検討すべきでしょう。

次に、研究委託契約において、秘密管理に関する規定を盛り込むことが必要となります。

まず、業務を委託する過程で提供する情報、委託業務の成果について、秘密保持義務を課します。秘密保持義務の内容は、情報を扱う者を特定するとともに、情報を扱える場所や管理方法を限定することによる情報の漏えい対策を定めるとともに、委託目的外での情報の利用の禁止を定めます。また、委託業務の成果は、成果（成果に係る知的財産権を含む）が帰属することを明確に定め、成果に関連した特許出願等を受託者が勝手に行わないようにすることも必要となります。さらに、仮に情報が漏えいしてしまった場合の対処

方針（報告義務等）や損害賠償義務についても契約で定めておくことが望ましいと考えられます。

3 研究委託契約締結後の留意点

委託業務がある程度の期間継続して行われるような場合には、適宜、業務内容の報告を受け、それとともに、情報の管理体制に問題がないかどうかを確認することが考えられます。

また、委託業務終了後は、委託者のコンピュータ等からのデータの削除を行ってもらい、それを書面で確認することも考えられます。

仮に、情報漏えいの自体が発生した場合には、直ちにそのことを委託者に通知させるとともに、漏えいの原因や漏えいの具体的状況に即して自体が悪化しないよう対策を講じることが先決です。そのうえで、受託者の責任程度に応じて、研究委託契約の規定に則り、受託者に対して適切な賠償義務を課すべきでしょう。

対応策 まず、受託者が、秘密管理をしっかり行うことができる組織かどうかを確認することが必要です。そのうえで、受託先と秘密保持契約を締結して、契約上、受託先からの情報漏えいを禁止すべきです。また、契約を締結するだけでなく、実際に、情報の秘密管理体制が敷かれているかどうか、受託先に赴くなどして確認することも場合によっては行うべきだと考えられます。

本設問において、A社は、自社が開発したバイオ技術の安全性を確認するため、第三者への研究委託を考えているとのことですが、当該情報がコンピュータにある場合には、受託者のコンピュータ関連の情報管理体制（ハッキング対策等を含む）についても確認すべきでしょう。

予防策 チェックリストのようなものをあらかじめ用意しておき、当該チェックリストの各項目をクリアできる業者に委託業務を発注することが望ましいでしょう（【書式8】参照）。

チェックリストの項目としては、たとえば、以下のようなものが考えられます（委託業務の内容やその成果物の性質に応じて、適宜チェック項目を増減させる必要があります）。

【書式8】 営業秘密管理チェックシート例

書面等の管理	秘密表示	当該情報が記録された書類、記録媒体（CD、DVD等）に秘密である旨表示している。 例）冊子の表紙に「秘」と印字する、記録媒体に「厳秘」シールを貼付するなど
	分離保管	当該情報が記録された書類、記録媒体を、その他の書類・記録媒体と分離して保管している。 例）引き出しの中の秘密文書専用の保管スペースを設ける、記録媒体を専用の金庫に保管するなど
	持出し	当該情報が記録された書類、記録媒体の持出しについて、ルールを設けてこれを実効性を損なうことなく実施している。 例）社外持出しを禁止する、責任者による許可制とする、持出簿を作成するなど
		当該情報が記録された書類、記録媒体を社外に持ち出すときに盗難・紛失対策を行っている。 例）施錠付きの鞄に携帯する、記録媒体についてパスワードロックをするなど
	複製	当該情報が記録された書類、記録媒体の複製について、ルールを設けてこれを実効性を損なうことなく実施している。 例）複製を禁止する（電子データの印刷制限を含む）、責任者による許可制とする、複製記録を台

		帳管理するなど
	廃　棄	当該情報が記録された書類、記録媒体の廃棄の際に、当該情報を読み取れなくする処理を行っている。 例）シュレッダーで裁断する、消去ソフトを利用する、業者に消去・溶解処分を依頼するなど
	施設管理・保　管	当該情報の保管施設（事務所、研究室、保管庫等）に無許可の者が立ち入ることのないようにしている。 例）「関係者以外立入禁止」と表示する、入退室の記録を作成する、警備員を置くなど
		当該情報が記録された書類、パソコンその他の記録媒体を利用する者は、業務終了時にその秘密性を保持するために必要な対策を行っている。 例）書面を施錠付きのロッカー等の所定の保管庫に片付ける、部外者がパソコンを起動することができないような措置を講じるなど
コンピュータ管理	パソコン	当該情報を保存・管理しているパソコンについて、外部からの侵入に対する防御等の対策を行っている。 例）パソコンを外部ネットワークと接続しない、ファイアウオールを導入する、閲覧制限措置を講じるなど
	パスワード等	当該情報を保存・管理しているパソコンの起動またはサーバーにアクセスする際、アクセスすべきでない者がアクセスすることがないようにしている。 例）パスワードを設定する、起動時に生体認証を必要とするなど
		当該情報が記録された電子ファイル等について、秘密情報を記録していることを認識できるようにしている。 例）電子ファイルやそれを格納しているフォルダ等について、秘密である旨表示する（名称、電子情報そのものの中に「厳秘」等を表示するデータを組み込むなど）、パスワードを設定する、暗号化するなど

従業者等	秘密保持義務の明確化	従業者等に対し、当該情報について秘密保持義務を負うことを書面で明確にしている。 例）秘密保持に関する誓約書を徴求する、秘密保持契約を締結する、就業規則によって秘密保持義務を負うことなどを指導や研修等で周知するなど
	教　育	従業者等に対し、当該情報を含む企業内情報の管理の必要性について意識づけをしている。 例）秘密情報の取扱いに関する研修を実施する、秘密情報の管理の大切さを定期的に指導する、情報漏えいについて朝礼等で繰り返し注意喚起する、秘密情報の管理マニュアル等を作成して周知するなど
取引先等	秘密保持契約等	当該情報を取引先等の外部者に開示する場合、秘密性を保持するために必要な行為をしている。 例）秘密保持条項を盛り込んだ契約書（基本契約書・約款を含む）を交わす、誓約書を徴求する、書面等を交付する際に秘密厳守を申し出るなど
組織的管理	チェック・見直し	日常的なモニタリングや定期的な内部監査を実施し、その結果を踏まえ、管理方針や管理規程等を見直している。 例）社内に相談窓口を設置する、監査項目・監査対象を定めて監査を実施する、事後対応体制を整備するなど

経済産業省知的財産政策室「営業秘密管理指針」参考資料1を基に作成

【書式9】 受託研究契約書例

受託研究契約書

　受託者○○（以下、「甲」という）と委託者○○（以下、「乙」という）は、以下のとおり受託研究契約（以下、「本契約」という）を締結する。

（受託研究の題目等）
第1条　甲は、次の受託研究（以下、「本受託研究」という）を乙の委託により実施する。
　一　研究テーマ：
　二　研究目的：
　三　研究内容：
　四　研究担当者：
　五　研究に要する経費：　　　　　　　円
　六　研究期間：　平成○○年○月○日から平成○○年○月○日まで
　七　提供物品：
　八　研究場所：

（研究成果の報告）
第2条　甲は、本受託研究が完了した日の翌日から起算して○○日以内に、研究成果報告書（以下、「報告書」という）を乙に提出するものとする。

（ノウハウの指定）
第3条　甲および乙は、協議のうえ、報告書に記載された研究成果のうち、ノウハウに該当するものについて、速やかに指定するものとする。

（研究の遂行）
第4条　甲は、本受託研究を自己の責任において行うこととし、その実施にあたり被った損害については乙に対して賠償を請求しない。ただし、乙の提供物品に瑕疵があったことに起因して甲が損害を被ったときは、乙は甲の損害を賠償するものとする。

(再委託)
第5条　甲は乙の事前の書面による同意なしに、受託研究の全部または一部を第三者に再委託してはならない。

(委託料等の納付)
第6条　乙は、受託研究の対価を別途定める条件にしたがって甲に支払う。

(経理)
第7条　乙は本契約に関する経理書類の閲覧を甲に申し出ることができる。甲は乙からの閲覧の申し出があった場合、これに応じなければならない。

(受託研究の中止または期間の延長)
第8条　天災その他やむを得ない事由があるときは、甲乙協議のうえ、本受託研究を中止し、または研究期間を延長することができる。この場合において、甲または乙はその責に負わないものとする。

(提供物品の返還)
第9条　甲は、本受託研究を完了し、または中止したときは、第1条の提供物品を研究完了または中止の時点の状態で乙に返還するものとする。この場合において、撤去および搬出に要する経費は、乙が負担する。

(知的財産権の帰属)
第10条　本受託研究を実施することにより得られる知的財産権は乙に帰属するものとする。

(情報の開示)
第11条　乙は、本受託研究に関して乙の有する情報・知識等を本受託研究遂行に必要な範囲において甲に開示するものとする。

(秘密の保持)
第12条　甲は、本受託研究の実施にあたり、乙より開示を受け、または知り得た技術上および営業上の一切の情報について、別紙に規定する管理方法を実践するとともに、第1条に定める研究担当者以外に開示・漏えいして

はならない。また、甲は、その所属を離れた後も含め当該情報を秘密に保持する義務を、当該研究担当者に対し負わせるものとする。

　　ただし、次のいずれかに該当する情報については、この限りではない。
(1)　開示を受けまたは知得した際、すでに自己が保有していた情報
(2)　開示を受けまたは知得した際、すでに公知となっている情報
(3)　開示を受けまたは知得した後、自己の責によらずに公知となった情報
(4)　正当な権限を有する第三者から適法に取得した情報
(5)　書面により事前に相手方の同意を得た情報

2　前項の有効期間は、第1条の本受託研究開始の日から研究完了後〇年間とする。ただし、甲乙協議のうえ、この期間を延長し、または短縮することができるものとする。

3　甲は、いつでも、事前に連絡のうえ、乙が本条第1項の情報管理を行っているかどうかを乙に赴いて調査することができる。

（契約の解除）
第13条　甲および乙は、相手方が本契約に定める条項のいずれかに違反し、催告後〇〇日以内にこれを是正しないときは、相手方に書面で通知することにより、本契約を解除することができる。

2　甲および乙は、相手方に次の各号のいずれかに該当する事由が生じたときは、直ちに本契約を解除することができる。
(1)　破産、民事再生、会社更生または特別清算の申立てを受け、あるいはその申立てを行ったとき
(2)　解散または本研究開発に係る事業を譲渡する決議をなしたとき
(3)　第三者と合併をしたとき
(4)　会社分割、株式交換、株式移転または株主構成の変動により従前の会社との同一性が失われたとき。

（損害賠償）
第14条　甲または乙は、故意または過失によって相手方に損害を与えたときには、その損害を賠償しなければならない。

（契約の有効期間）
第15条　本契約の有効期間は、第1条に定める研究期間と同一とする。

2　本契約の有効期間満了後も、第 4 条、第 6 条、第 7 条、第 9 条、第10条、第12条、第14条、本条、第16条および第17条の規定は、当該条項に定める期間または対象事項がすべて消滅するまで有効に存続する。

（協議）
第16条　この契約に定めのない事項について、これを定める必要があるときは、甲乙協議のうえ定めるものとする。

（管轄）
第17条　本契約に関する一切の紛争については、〇〇地方裁判所を第 1 審の専属的合意管轄裁判所とする。

　本契約の成立を証するため、本書 2 通を作成し、各自記名押印のうえ、各 1 通を保有する。

平成〇〇年〇〇月〇〇日

　　　　　　　　　　　　　　　　甲

　　　　　　　　　　　　　　　　　　　　　　　　　㊞

　　　　　　　　　　　　　　　　乙

　　　　　　　　　　　　　　　　　　　　　　　　　㊞

Q7 デザインや商品名の開発を外部に委託する際の留意点

> A社は、新商品の宣伝広告を広告専門会社であるC社に依頼し、C社専属のデザイナーの作成に係るデザインを用いた宣伝を開始しました。
>
> その後、A社は、プロの写真家であるB氏から、当該デザイン中に自己の写真が勝手に利用されているため、当該宣伝を直ちにとりやめてほしいとの連絡を受けました。当該デザイン中には、ランドマークタワーをデフォルメした図柄が使用されていたところ、その図柄は、Bが撮影したランドマークタワーの構図を用いたものでした。
>
> 本件におけるA社の対応に落ち度はなかったのでしょうか。

回答

1　新商品の宣伝広告物におけるデザインや商品名を採用する過程では、それが第三者の知的財産権（著作権、商標権等）を侵害しないかどうか留意する必要があります。

2　第三者の知的財産権侵害リスクを回避するための方策としては、宣伝広告物におけるデザインや商品名の開発を外部に委託する場合、当該委託先との業務委託契約において、第三者の知的財産権を害しないデザイン等を開発すること、仮に第三者の知的財産権を侵害した場合には、業務委託先が責任を負うことを規定することが考えられます。

3　もっとも、そのような条項を含む契約を締結しただけでは、当該知的財産権の保有者に対する関係で責任が免責されるわけではないことに注意する必要があります。

 **1 宣伝広告におけるデザインや新製品の製品名と知的財産権**

(1) 写真と著作権法

(A) 著作物となる写真とは

　新商品の宣伝広告物にはさまざまな内容が考えられますが、たとえばデザイン画や写真が用いられる場合には、著作権との関係が問題となります。すなわち、著作権の保護の対象となる「著作物」とは、「思想又は感情を創作的に表現したものであつて、文芸、学術、美術又は音楽の範囲に属するもの」をいい（著作権法2条1項）、この中には、「絵画、版画、彫刻その他の美術の著作物」や「地図又は学術的な性質を有する図面、図表、模型その他の図形の著作物」のほか、「写真の著作物」も含まれます（同法10条）。

　したがって、本件における写真家B氏が撮影したという写真も、著作権法の著作物として保護される可能性があります。もっとも、著作権法の「著作物」は、上記のとおり、「思想又は感情を創作的に表現したもの」である必要があるため、写真が「著作物」と認められるためには、被写体の選択・組合せ・配置、構図・カメラアングルの設定、シャッターチャンスの捕捉、被写体と光線との関係(順光、逆光、斜光等)、陰影の付け方、色彩の配合、部分の強調・省略、背景等の諸要素を総合してなる一つの表現であり、それらの要素において創作性が認められる必要があります（知財高判平成18・3・29（商品広告販売写真ホームページ掲載事件）判タ1234号295頁等）。

(B) 著作物の保護とは

　著作権法上の著作物であると認められる場合、当該著作物に依拠しつつ、新たな創作性を加味せず、同一または実質的に同一といえる表現物を作成する行為（「複製」）や、当該著作物に依拠しつつ、新たに創作性ある表現を付加し、かつ、当該著作物の表現上の本質的な特徴の同一性を維持し、同特徴

を直接感得しうる表現物を作成する行為（「翻案」）は、いずれも原則として当該著作物の著作権を侵害することになります。

(C) 直接感得の基準

ここで、「直接感得」しうるかどうかは、原著作物中、創作性の高い部分との類似性の程度、模倣された要素とそれ以外の要素との比率、模倣部分の全体における位置づけ等を考慮して総合判断されます。たとえば、類似性が非常に強い、あるいは、共通する部分の創作性が極めて高い場合には、表現上の本質的な特徴を直接感得しやすいことになり、逆に、共通する部分の創作性のレベルが低い、あるいは共通部分ではない別の部分に高い創作性が認められる場合は、特徴を直接感得しにくいことになります。また、著作物が利用された量が多ければ多いほど、特徴を直接感得しやすく、逆に、ほんの少ししか利用されていない場合は、直接感得しにくいことになります。

本設問でも、たとえば、写真に用いられていた構図が独特であり、その構図の独自性をデザインが利用しているということであれば、原著作物の特徴を直接感得しやすい、つまり「翻案」があったとして、デザイナーの写真に係る著作権が侵害されたことになる可能性が高いと解されます。

(2) 商品名と商標法

(A) 商標とは

事業者が、自己（自社）の取り扱う商品・サービスを他人（他社）のものと区別するために使用するマーク（識別標識）が商標です。

商標は、商品やサービスの顔として重要な役割を担っており、そのような商品やサービスに付けるマークを財産として守るのが商標権です。商標には、文字、図形、記号、立体的形状やこれらを組み合わせたものなどのタイプがあります。

(B) 商標権の出願

商標権を取得するためには、特許庁へ商標を出願して商標登録を受けることが必要となります。商標登録出願を行う際には、「商標登録を受けようとす

る商標」とともに、その商標を使用する「商品」または「サービス」を指定することになります。指定した商品を「指定商品」、指定したサービスを「指定役務」といい、商標の内容と指定商品・指定役務の範囲によって、商標権の権利の範囲が決まります（個別の商品・役務の区分を調べる場合には、特許電子図書館の商品・役務名リストで検索することができます）。

　商標法については、同一または類似の商標の出願があった場合、その商標を先に使用していたか否かにかかわらず、先に出願した者に登録を認める先願主義という考え方を採用しています。そこで、良い商品名を考えた場合には、なるべく早く商標登録出願を行うことが重要となります。また、他人の登録商標と同一または類似の商標であって、商標を使用する商品・役務が同一または類似であるものは登録することができません。ですから、商標出願を行う場合には、前もって、これから出願しよう等する商標について、他人が商標権を取得していないかどうかを確認することが必要となります。特許電子図書館の検索システムを利用することで、商標調査を行うことができますが、弁理士等の専門家に調査を依頼することもできます。

　　(C)　商標権の効果

　審査の結果、登録査定となった場合は、その後、一定期間内に登録料を納付すると、商標登録原簿に設定の登録がなされ、商標権が発生します。商標権の存続期間と更新商標権の存続期間は、設定登録の日から10年で終了しますが、料金を支払えば更新することが可能です。商標登録がなされると、権利者は、指定商品または指定役務について登録商標を独占的に使用できるようになります。また、商標権者は、第三者が指定商品または指定役務と同一の商品または役務に自己の登録商標と類似する商標を使用することや、第三者が指定商品または指定役務と類似する商品または役務に自己の登録商標と同一または類似の商標を使用することを排除することができます。

　商標権は、日本全国に効力が及ぶ権利であり、外国には及びませんので、外国で事業を行う場合は、その国で別途商標権を取得することが必要となります。

2　契約によるリスク回避

　新商品の宣伝広告用に用いるデザインの開発などを、外部のデザイン事務所や広告専門会社に委託することがあります。

　そのような場合には、発注側としては、業務委託契約において、制作されるデザインが、第三者の知的財産権を侵害するものでないこと、また、仮に第三者から知的財産権侵害の警告等を受けた場合には、受注者側で責任をもって対処し受注者側が発注者に生じた損害を賠償する義務を負うことなどを規定することが得策であるといえます。

3　契約によるリスク回避の限界

　当該業務先との業務委託契約において、第三者の知的財産権を害しないデザイン等を開発すること、仮に第三者の知的財産権を侵害した場合には、業務委託先が責任を負うことを規定することが考えられますが、残念ながらそのような条項を含む契約を締結しただけでは、当該知的財産権の保有者に対する関係で、必ず責任が免責されるというわけではありません。

　たとえば、大阪地判平成11・7・8（包装箱図柄事件）判時1731号116頁において、被告（製薬企業）は、胃腸薬の包装箱等にあるデザイン（被告図柄）を使用しました。被告は、被告図柄の製作をAデザイン会社に委託し、同社のデザイナーであるE氏は、デザイン画集所載のF作のデザイン画（F画）を参考にして被告図柄を製作しました。デザイン画集のF画所載の頁には、オリジナルのアーティストはG氏である旨とそのポスターの写真が掲載されていました。E氏は、H社に対してF画の著作権の調査を依頼したところ、H社から「許諾が得られた」旨の誤った通知を受け、これを信用しました。そうしたところ、G氏の孫にあたる著作権者が、「被告図柄は原告著作物の二次的著作物にあたる」などとして、著作権侵害を理由に被告を提訴しました。この事案において、裁判所は、次のとおり判示し、被告製薬企業の損害賠償責任を認めています。「本件で被告図柄を作成したのはA

社であり、原告著作物の二次著作物を作成してデザイン料を得るためには、A社自身、自らのために、原告著作物に関する使用許諾を得るべき立場にある。しかし、さらに、A社が作成した被告図柄を大量に複製して使用するのは被告自身なのであるから、被告もまた、被告図柄を被告医薬品に使用するに当たって、自ら他人の著作権を侵害しないよう調査し、場合によっては使用許諾を得る措置を講じる注意義務を負っているというべきである。もちろん、被告が右注意義務を尽くすに当たっては、第三者に委託することも差し支えなく、本件ではそれがA社に委託されていると見られるわけであるが……被告は、A社が右行為を行うに当たって、しかるべき注意を尽くすよう指揮・監督すべき義務があると解すべきである」、「デザイン会社がパッケージ等のデザインを行うに当たって、他人のデザインを参考にするのは一般にあり得ることであり、だからこそ被告もE氏に対して被告図柄が第三者の著作権を侵害することはないかとの確認をしたものと考えられるのであるが、……被告は、わずかに右の点を簡単にE氏に確認したにとどまり、それ以上にE氏がどのようなデザインに依拠して被告図柄を作成し、どのような著作権の使用許諾手続をとったのかといった点について、何ら確認・調査していないことが認められるのであるから、被告は尽くすべき注意義務を尽くしていないといわざるを得ない。この点について被告は、契約書において、被告図柄が第三者の著作権を侵害した場合の責任は被告が負う旨の条項があることを指摘するが、これは被告とA社との間でのみ意味を持つにすぎず、著作権者に対する関係で注意義務が軽減されることの根拠となり得るものではない」。

対応策 自社が利用するデザインの開発を行う際、他者の知的財産権を侵害しないように留意する必要があります。そして、当該デザイン開発を第三者に委託する場合も、単に、委託契約上、開発されたデザインが第三者の知的財産権を侵害しないことを受託者に保証させるだけでなく、事案によっては、実際に、担当者レ

ベルで知的財産権を侵害しないかどうかの確認をしたほうがよい場合があります。

たとえば、本設問のように、ランドマークタワーをデフォルメしたデザインの場合、当該デザインが、誰かほかの者のデザイン画や写真を参考にしたものかどうか、それとも、まったくのオリジナルかどうかを確認し、前者であれば、具体的に誰のどのような表現物を参考にしたのかを確認することにより、未然に、著作権侵害を防止できたかもしれません。

日頃から、従業員に対して知的財産教育を行い、知的財産の重要性やリスクを従業員に理解してもらうことが重要です。また、知的財産の保護・活用に関する社内規程を策定し、その内容を従業員に周知徹底させることも重要でしょう。

また、業務委託先を選定する際において、成果物が本設問のように知的財産との関連性が強いものである場合には、知的財産の意義やリスクをよく理解していることを業者選定の際の考慮要素の一つとすることも考えられます。

【書式10】 業務委託契約書例

業務委託契約書

○○（以下、「甲」という）と○○（以下、「乙」という）は、次のとおり業務委託に関する契約を締結する。

（目的）
第1条 本契約は、甲が必要とする業務を乙が行い、その成果を甲に提供することを目的とする。

（業務の委託）

第2条　前条の目的を実現するため、甲は乙に対して、別紙「業務明細書」に定める業務を乙に委託し、乙はこれを受託する。

（再委託）
第3条　乙は、第三者に委託し、または第三者と共同し、その他方法の如何を問わず第三者を利用して、委託業務の全部またはその一部を実施することができない。ただし甲の事前の書面による承諾がある場合はこの限りでない。

（甲への立入り）
第4条　乙は、委託業務の実施上甲の設備を使用することが必要なときは、事前に甲の許可を得るものとする。

（打合せ）
第5条　甲は、随時委託業務に関する打合せを乙に求めることができるものとし、乙は甲から打合せを行う旨の通知を受けた場合は、打合せに出席するものとする。
2　打合せの日時・場所は、甲が指定するものとし、打合せの内容について甲と乙の意見が相違したときは、甲の意見に従うものとする。

（報告）
第6条　甲は、随時委託業務の進捗状況および業務内容について乙の報告を求めることができるものとし、乙は甲が指定する文書または口頭の形式により、これを甲に報告する。
2　甲は、乙の報告により、委託業務の実施方法、業務内容等に問題があると認めた場合には、その改善を求めることができるものとし、乙は甲の指摘した事項を処理するために必要な措置を講ずるものとする。

（納入）
第7条　委託業務によって乙が甲に納入すべき成果物、納入期日等については、別紙「業務明細書」において定める。
2　乙は業務を完了し成果物を甲に納入するときに委託業務完了届を提出し、甲の確認を得なければならない。

3　乙が納入期日までに完全な成果物を甲に納入できない、または納入できないことが明らかとなった場合には、その旨を直ちに甲に通知するものとする。

(検査)
第8条　甲が乙から成果物を受領したときは、甲は、成果物の受領日から1カ月以内に当該成果物を検査する。
2　前項の検査により、甲が乙に対し、成果物の全部または一部に瑕疵がある旨の通知をした場合は、乙は自らの費用において当該瑕疵を甲の定める期日内に修補する。
3　甲は成果物に瑕疵がないと認めた場合には、乙に対し成果物の受納を証する書面(以下、「委託業務完了確認書」という)を交付する。
4　乙は、甲から委託業務完了確認書の交付を受けた場合においても、委託業務完了確認書の受領の日から6カ月以内に明らかとなった成果物の瑕疵については、甲の指示する期間内に、乙の費用において当該瑕疵を修補する。

(権利)
第9条　委託業務の履行において発生した発明、考案等の産業財産権を受ける権利は、甲に帰属する。
2　成果物および委託業務の履行に関連して創作された著作物(以下、「関連資料」という)に関する著作権(著作権法21条から28条に定めるすべての権利を含む)は、甲に帰属する。
3　乙は成果物および関連資料に関し甲の意向に反する態様で著作者人格権を行使しないものとする。
4　乙は委託業務の実施にあたり、第三者の知的財産権を尊重するとともに、第三者の権利を侵害しないように細心の注意を払うものとし、万一第三者から委託業務の実施に関して異議の申し出等があった場合には、乙の費用と責任において解決し、甲に何らの迷惑および負担をかけないものとする。ただし、当該異議が甲の指図によるものである場合は、この限りでない。

(料金)

第10条　甲は乙に対して、委託業務の対価として別紙「業務明細書」に定める委託料金およびこれに対する消費税相当額を同明細書に定める支払期日までに支払う。

(有効期間)
第11条　本契約は、本契約を締結したときに効力を生じ、本契約に定めるすべての事項が完全に履行されたときに、終了する。ただし第8条第4項、第9条、第14条第2項、第15条、第16条および第19条の効力は本契約終了後も存続する。

(解約)
第12条　有効期間内といえども、甲が乙に対して書面により本契約の解約を通知した場合には、本契約は終了する。

(解除)
第13条　乙がその責に帰すべき事由により、本契約の条項の一に違反し、甲が相当の期間を定めてその是正を催告したにもかかわらず、その期間内に是正されない場合には、甲は、書面により本契約の全部または一部を解除することができる。
2　前項による本契約の消滅により甲が損害を受けた場合には、乙はこれを賠償するものとする。

(本契約の消滅)
第14条　乙について次の各号に定める事由の一が生じた場合、履行が完了していない部分に係る本契約の効力はその締結日に遡及して当然に消滅する。ただし、甲の書面による承諾を得た場合には、本契約の効力が存続するものとみなすことができる。
(1)　自らの責に帰すべき事由により委託業務の実施が不能となったとき
(2)　仮差押え、仮処分、差押え、競売、破産手続開始、民事再生手続開始、会社更生手続開始もしくは特別清算開始の申立てがあったとき
(3)　自らが署名した手形もしくは小切手が不渡り処分を受け、もしくは手形交換所の取引停止処分を受けたとき
(4)　行政官庁により営業の全部または一部について営業停止処分を受け、

もしくは公租公課の滞納処分を受けたとき
(5)　解散もしくは合併により他社に吸収される決議があったとき
(6)　乙が自らまたは第三者を利用して、甲に対し、暴力行為、脅迫行為、詐術行為、業務妨害などの違法行為をしたとき
(7)　乙または乙の役員、重要な地位にある使用人、主要な株主、主要な委託先もしくはこれらに準ずる者等（以下、合わせて「自己の経営関係者等」という）が、暴力団、暴力団員、暴力団関係企業またはその関係者、その他反社会的勢力（以下、合わせて「暴力団等」という）であることが判明したとき、自己の経営関係者等が暴力団等の維持運営に協力もしくは関与していることが判明したとき、または乙の経営に暴力団等が関与していることが判明したとき
2　前項による本契約の消滅により、乙または第三者が損害を受けた場合でも、甲はその賠償の責を負わないものとする。

（秘密保持）
第15条　乙は本契約の内容および委託業務に関して知り得た甲および甲の顧客の秘密を誠実に保持し、第三者に開示もしくは漏えいしてはならない。
2　乙は、前項の守秘義務を履行するため、委託業務を担当する者と秘密保持契約を締結するなどの適切な措置を講ずるものとする。

（損害賠償）
第16条　乙は、本契約の履行に関して、その責に帰するべき事由により甲または甲の顧客に損害を与えた場合には、その損害を金銭その他甲の定める方法により賠償する。
2　乙が委託業務の実施に関して第三者に損害を与えた場合には、乙の費用と責任でこれを処理し、甲に何らの迷惑をかけないものとする。

（不可抗力）
第17条　天災地変その他の不可抗力により委託業務の実施が不能となったときは、乙は直ちに甲に通知するものとし、甲乙協議のうえその措置を書面により定めることとする。

（譲渡制限）

第18条　乙は、甲の事前の書面による承諾を得ない限り、本契約に定める権利・義務の全部または一部を第三者に譲渡し、または担保に供することができない。

（裁判管轄）
第19条　本契約に関する一切の紛争については、○○地方裁判所を第１審の専属的合意管轄所とする。

（協議）
第20条　本契約の解釈および本契約に規定しない事柄について紛議が生じた場合は、甲乙は協議のうえ、円満解決するよう努力する。

　本契約の成立を証するため、本書２通を作成し、各自記名押印のうえ、各１通を保有する。

平成○○年○○月○○日

　　　　　　　　　　　　　　　　　　　　　甲

　　　　　　　　　　　　　　　　　　　　　　　　　　　　　㊞

　　　　　　　　　　　　　　　　　　　　　乙

　　　　　　　　　　　　　　　　　　　　　　　　　　　　　㊞

Q8 特許出願とその留意点

　A社は、自社の特許出願件数を研究開発活動の重要な指標の一つと考えており、物の発明、方法の発明を問わず、自社で完成した発明についてすべて特許出願する方針を長年採用しています。

　このような方針は、自社の技術の保護という観点から妥当なものといえるのでしょうか。

回答

1　会社の特許出願件数や特許取得件数は、研究開発活動がどれくらい活発に行われているかを示す一つの指標と捉えられているため、特許出願件数を増やそうとすること自体は間違いではないと考えられます。

2　しかし、技術の中には、内容が公開される特許よりも、ノウハウ（営業秘密）として秘密裏にしておいたほうが、競争力維持の観点から好ましいと思われるものも存在する可能性があります。

3　特に、工場内で実施される製造方法に関する発明などのように、他社による特許侵害を発見しにくい技術については、特許出願とノウハウ保持のそれぞれのメリット・デメリットをよく検討したうえで、いずれを選択するかを判断することが望ましいと考えられます。

1 特許による技術の保護

(1) 特許とは

　自社が時間と費用をかけて開発した技術を保護するための方策、すなわち、技術を独占し、他社に勝手に利用されないようにするための方策としては、まず、特許制度を利用することが考えられます。ある技術について特許を取得すれば、当該技術を独占的に実施する権利が特許法により特許権者に付与されるからです（特許法68条、100条）。

(2) 特許の出願

　特許権を取得するためには、特許庁に出願書類を提出し、登録に必要な要件を満たしているか審査を受ける必要があります。出願書類には、特許権を取得しようとする技術の内容や当該技術を実施するための情報を記載する必要があります。そして、出願から1年6カ月を経過すると、自動的に、出願内容が開示されることになります。このように技術内容が公開されることの代償として、独占権が付与されることになります。

　そして、特許庁の審査官によって、法律で規定された要件を満たしているか否か審査が行われ、審査の結果、審査官が拒絶理由を発見しなかった場合は、特許すべき旨の査定が行われ、出願人が特許料を納めれば（料金等は、特許庁ホームページを参照）、特許登録がなされ、特許権が発生しますが、拒絶理由が解消できていないと審査官が考えた場合には、特許権を取得することはできません（審査官の判断を争う手続はあります。拒絶査定不服審判、審決取消訴訟等）。特許権の存続期間は、出願の日から20年であり、それ以降は、誰でも当該技術を特許権者の許諾なく自由に利用することができることになります（そのような状態になることを「（ある技術が）パブリックドメイン

に帰する」といいます)。

(3) 審査の対象

審査の対象は、自然法則を利用した技術思想か、産業上利用できるか、出願前にその技術思想はなかったか(新規性)、その技術分野のことを理解している人が容易に発明をすることができたものでないか(進歩性)、発明の内容等がきちんと出願書類に記載されているか(記載要件)などになります。

2 営業秘密としての保護

次に、技術情報は、不正競争防止法上の「営業秘密」に該当する場合、その不正な取得、利用ないし開示行為からの保護を求めることが可能となります(同法2条6項・2項4号ないし9号)。

(1) 営業秘密の定義・要件

「営業秘密」とは、秘密として管理されている(=「秘密管理性」)生産方法、販売方法その他の事業活動に有用な(=「有用性」)技術上または営業上の情報であって、公然と知られていない(=「非公知性」)ものをいいます。

(2) 秘密管理性

秘密管理性が認められるためには、客観的にみて秘密として管理されていると認識できる状態にあることが必要であり、一般に、①当該情報にアクセスできる者を制限するとともに、②同情報にアクセスした者にそれが秘密であることを認識できるようにしていることが必要とされています。

ノウハウを「営業秘密」として保護したい場合には、かかる秘密管理の要件を継続的に満たしておく必要があります。いかに貴重かつ重要な情報であったとしても、その情報が秘密として適切に管理されていなければ、営業秘密としての法的保護を受けることはできません。

具体的に、どのようにして上記の秘密管理性の要件を満たすための管理を行うべきかは、経済産業省知的財産政策室「営業秘密管理指針（平成25年改訂版）」の参考資料4「営業秘密を適切に管理するための導入手順について～はじめて営業秘密を管理する事業者のために～」などが参考になるでしょう。事業者の保有する情報を適切に管理することは重要ですが、大量の情報をやみくもに営業秘密として管理しようとすることは、管理コストを高めるのみならず、管理の実効性や業務効率を低下させることとなり、また、結果的に秘密管理性が認められないことにもなりかねません。このため、事業者は、営業秘密として管理すべき情報を経営・事業戦略との整合性等を踏まえて絞り込んだうえで、漏えいリスク・管理コスト・業務効率のバランスを考慮した合理的な管理をすることが重要です（前掲・「営業秘密管理指針」12頁）。

(3) 有用性・非公知性

次に、「有用性」とは、競争優位性の源泉となる場合を含め、そもそも当該情報が事業活動に使用されたり、または使用されることによって費用の節約、経営効率の改善等に役立ったりするものであることを意味し（事業への活用性）、裁判例では、「財やサービスの生産、販売、研究開発に役立つなど事業活動にとって有用なもの」であることが必要とされています。直接ビジネスに活用されている情報に限らず、間接的な（潜在的な）価値がある情報も含まれ、いわゆるネガティブ・インフォメーション（ある方法を試みてその方法が役立たないという失敗の知識・情報）にも有用性が肯定されています。

「非公知性」とは、一般に入手できない状態にあることをいいます。具体的には、書物、学会発表等から容易に引き出せることが証明できる情報は、非公知情報とはいえませんが、人数の多寡にかかわらず、当該情報を知っている者に守秘義務が課されていれば、「非公知」であるということができます。

(参考) 営業秘密侵害行為の類型

○不正取得の類型

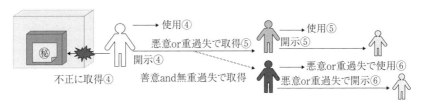

○正当取得の類型

※○囲いの数字は、不正競争防止法2条1項の各号の「不正競争」に該当することを意味する。

悪意or重過失＝当該行為があったことを知っている、あるいは重大な過失により知らないこと。

善意and無重過失＝当該行為があったことを、重大な過失なくして知らないこと。

図利加害目的＝不正に利益を得る目的、あるいは保有者に損害を加える目的。

(前掲・「営業秘密管理指針」19頁を基に作成)

(4) 営業秘密の民事的保護

不正競争防止法では、2条1項4号ないし9号において、営業秘密に係る不正行為を列挙して、それらを「不正競争」と定義しています。そして、不正競争行為に対し、営業秘密の保有者は、差止請求や損害賠償請求が可能となります（同法3条、4条）。

(5) 営業秘密の刑事的保護

さらに、不正競争防止法21条1項1号ないし7号において、営業秘密の不正取得・領得・不正使用・不正開示のうち、7つの類型の行為について、10年以下の懲役または1000万円以下の罰金（またはその両方、法人は3億円以下

(参考) 営業秘密侵害罪の類型

(1号)図利加害目的で,詐欺等行為または管理侵害行為によって,営業秘密を不正に取得する行為

(2号)不正に取得した営業秘密を,図利加害目的で,使用または開示する行為

(3号)営業秘密を保有者から示された者が,図利加害目的で,その営業秘密の管理に係る任務に背き,(イ)媒体等の横領,(ロ)複製の作成,(ハ)消去義務違反+仮装,のいずれかの方法により営業秘密を領得する行為

(4号)営業秘密を保有者から示された者が,第3号の方法によって領得した営業秘密を,図利加害目的で,その営業秘密の管理に係る任務に背き,使用または開示する行為

(5号)営業秘密を保有者から示された現職の役員または従業者が,図利加害目的で,その営業秘密の管理に係る任務に背き,営業秘密を使用または開示する行為

(6号)営業秘密を保有者から示された退職者が,図利加害目的で,在職中に,その営業秘密の管理に係る任務に背き営業秘密の開示の申込みをし,又はその営業秘密の使用もしくは開示について請託を受け,退職後に使用または開示する行為

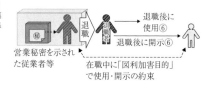

(7号)図利加害目的で,②,④~⑥の罪にあたる開示によって取得した営業秘密を,使用または開示する行為

(前掲・「営業秘密管理指針」22頁を基に作成)

の罰金(同法22条))を科すこととしています(営業秘密侵害罪)。なお、日本国内で管理されている営業秘密については、日本国外で不正に使用・開示した場合についても処罰対象となります。また、営業秘密侵害罪は、犯罪被害者保護の見地から、親告罪とされています。

3 特許出願かノウハウ秘匿か

　企業内で発明がなされた場合、特許出願するか、それともノウハウとして社内に秘匿しておくか判断しなければなりません。特許出願を行い、特許登録されれば、当該技術の独占権が保障されますが、反面、1年6カ月後に公開特許公報として公開されてしまうデメリットがあります。

　一方、ノウハウとして秘匿しておけば、技術内容が出願手続を通じて公開される恐れはありませんが、他社が同様の技術を使用していても、不正に取得されたこと等の事実を立証できなければ、当該不正行為の差止めや損害賠償を請求することはできません。そればかりか、他社が特許出願をして、他社に特許権を取得されてしまうリスクもあります（ただし、他人が特許出願を行った時に、すでに発明を実施して事業の準備を開始していた場合には、「先使用権」という法定の実施権が認められることにより（特許法79条）、特許権者に実施料を支払うことなく当該発明（ノウハウ）を実施し続けることはできます）。このようなメリット・デメリットをよく考慮したうえで、出願かノウハウかの判断を下すことが肝心です。

　たとえば製造方法に関する特許などは他社が勝手に使用していても外からではわかりにくいため権利化しないほうがよい場合があります。また、ノウハウを社外に流出させないために、社内の秘密管理体制を徹底するとともに、後から他社に出願されても先使用権を主張できるよう証拠（たとえば、日付入りの研究ノート、製品図面、事業化に関する社内決裁書、金型や部品の発注、納品書など）を残しておくことが重要です。先使用権についての詳細は、特許庁「先使用権制度の円滑な活用に向けて――戦略的なノウハウ管理のために――」等をご参照ください。

対応策 A社は、物の発明、方法の発明を問わず、自社で完成した発明のすべてを特許出願する方針を長年採用しているとのことですが、その方針が、A社の技術的な競争力維持のためにどれだけ貢献してきたかを一度検証してみることが必要ではないかと考えられます。

　すなわち、出願して公開されたが特許を取得できなかった技術がどれくらいあるのか、また、特許を取得した技術はきちんと独占できているか（特許を取得しているはずなのに競合他社がそれを勝手に実施している、確たる証拠はないが、勝手に実施している可能性があると思われる、あるいはA社の特許情報が競合他社にヒントを与えている等）を検証し、特許出願が自社の技術面での競争力の維持・強化に結びついているかどうかを確認してみたほうがよいでしょう。そして、工場内で実施される製造方法に関する発明などのように、他社による特許侵害を発見しにくい技術については、特に、特許出願せずにノウハウとして保持することが望ましいときもあるのではないかと考えられます。

予防策 まず、何のために特許出願をするのか、その意義を明確化することが重要だと考えられます。一般には、自社の製品・サービスに係る技術の独占化、将来における研究開発の自由度の確保、標準技術への対応、技術の公知化などをめざして特許出願が行われているといわれていますが、会社ごとにその意義づけは異なるものと思われます。そして、自社における特許出願の意義に照らして、ある技術について特許出願する必要があるか、また、特許出願により技術が公開されることによるデメリットがどれほど大きいかを検証し、特許出願するかどうかを判断すべきであり、また、そのような判断ができるような社内体制を整えることが重要であると考えられます。

Q9 商標登録出願の意義と留意点

　東京都千代田区に本社をおく化粧品製造販売会社であるA社は、自社が長い年月をかけて開発した化粧品に「ちよだふじ」との名称を付して販売を開始したところ、順調な売上げを上げることができましたが、A社は「ちよだふじ」について商標登録出願はしていませんでした。

　その後、「ちよだふじ」の登録商標の商標権者であると称するB社から、A社による「ちよだふじ」の使用はB社の商標権を侵害するため、使用を停止されたいとの警告を受け、結局、高額の実施料を支払うことで、和解するに至りました。A社の対応に問題はなかったのでしょうか。

回答

1　新商品の名称は、販売開始前に、他人が商標登録していない名称であること等を専用のデータベースを利用したり、専門家に委託するなどして、可能な範囲で調査をしたうえで、商標登録出願をすべきでしょう。

2　自社の使用する商品名が他人の商標権を侵害すると警告を受けた場合には、事実関係を確認し、法的な反論の余地がないかどうかを十分検討したうえで、しかるべき対応を行う必要があります。

解説

1　商品名と商標制度の利用

　商品の名称は、需要者が商品を識別するときの重要なメルクマークとなる

〔第2部〕第4章　知的財産に関する情報管理の実務

ものであり、それ自体が重要な価値をもつに至るものです。

そこで、商標法は、こうした商品名を他人が勝手に利用できないようにするために、商標制度を設け、商標権者に当該商標の独占的な使用権を与えています。

したがって、新商品を販売する場合には、当該商品名を商標出願するかどうか、よく検討する必要があります。ごく短期間しか販売しないことが予定されている商品や会社名そのものを商品名とするような場合には、新たに商品名を商標登録出願する必要性は低いでしょうが、それ以外の場合には、商標出願を行うべきであることが多いと思われます。

なお、特許庁「平成19年度商標出願動向調査報告書——企業における個別商品・役務等に係る商標出願戦略等状況調査——（要約版）」（平成20年3月）6頁によれば、調査対象の多くの企業が、新商品の企画とほぼ同じような時期に当該商品に係る名称の商標登録出願を行うことも多いようです（下記〔図2〕参照）。

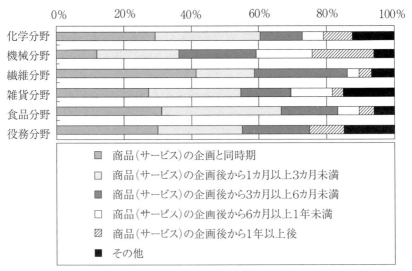

〔図2〕　代表的なファミリーネームの出願時期（産業分野別）

【母集団：ファミリーネームを使用しているもの／有効回答249社】

2 商標権侵害の警告を受けたときの対応

(1) 概　要

商標権侵害の警告を受けた場合、直ちに降参してしまうのではなく、まず警告書の内容について事実関係の真偽を確認するとともに、相手の商標権を侵害しているかどうか、何らかの反論ができないかどうかを慎重に検討したうえで、回答書を作成すべきです。

警告の内容がつねに正当であるとは限りませんし、相手方が事実を誤認している場合もあり得ます。

警告を受けたときの基本的な調査のポイントは、次のとおりです。

① 警告している内容に誤りはないか（実施態様が異なる等）。
② 対象の商標権は有効に存続しているか、警告者は商標権者か。
　　→商標登録原簿にて確認
③ 登録商標と自己の実施している商標は同一ないし類似するか。登録商標の指定商品（役務）と実施している商標の商品（役務）は同一ないし類似するか。
　　→外部専門家による鑑定等
④ 使用権を有しているか。
　　→先使用権、中用権、明示ないし黙示の合意による通常使用権等の有無（外部専門家に確認）
⑤ 商標登録は有効か。無効理由・取消理由はないか。
　　→無効調査

(2) 商標権の効力

商標権者は、指定商品または指定役務について登録商標の使用をする権利を専有するとともに（専用権。商標法25条）、他人によるその類似範囲の使用を排除することができます（禁止権。商標法37条）。すなわち、指定商品（も

しくは役務）についての登録商標に類似する商標の使用、または指定商品（もしくは役務）に類似する商品（もしくは役務）についての登録商標に類似する商標の使用も、商標権侵害行為となります。この場合の「使用」の意義については、商標法2条3項がこれを定めており、たとえば、商品または商品の包装に標章を付する行為や、商品または商品の包装に標章を付したものを譲渡し、引き渡し、譲渡もしくは引渡しのために展示し、輸出し、輸入し、または電気通信回線を通じて提供する行為などがこれに該当します。実務上、問題となることが多いのが、商標の類否の問題です。商標の類否は、対比される商標が同一または類似の商品に使用された場合に、商品の出所につき誤認混同を生ずるおそれがあるか否かによって決すべきであり、それには、そのような商品に使用された商標がその外観、観念、呼称等によって取引者に与える印象、記憶、連想等を総合し、かつ、その商品の取引の実情に基づいて判断されるべきであるとされています（最判昭和43・2・27（氷山印事件）民集22巻2号399頁）。具体的な事案においては、過去の類似の裁判例等を参考にして、非類似の主張ができるかどうかを検討することになるでしょう。

(3) 商標的使用

そもそも、商標法により商標権者の商標が保護されるのは、それ（商標）が、自他商品識別機能（商標権者の商品と第三者の商品を識別する機能）ないし出所表示機能（商標権者の商品の出所を標示する機能）を有しているためです。

そこで、形式的に商標法の「使用」の定義に該当しても、自他商品識別機能ないし出所表示機能を有しない態様での「使用」は、「商標的使用」でないとして、商標権侵害にあたらないと解されています。たとえば、カルタの容器の蓋の表面やカルタの絵札、字札にテレビ漫画映画「一休さん」の絵とともに小さく表されている標章「テレビまんが」は、一休さんがテレビの漫画映画に由来するものであることを表示するにすぎないから、自他商品の識

[図3] 自他商品識別機能ないし出所表示機能を有しない例

登録商標	被告標章
テレビマンガ	 （テレビまんが 一休さん の図）

別標識としての機能を果たさないとして、商標権侵害が否定されました（東京地判昭和55・7・11（テレビまんが事件）判時977号92頁）。

(4) 商標権の効力の及ばない範囲

さらに、商標権は、指定商品または指定役務について登録商標の使用を独占し、その類似範囲についての他人の使用を排除する権利ですが、商標権の効力を一律に及ぼすと円滑な経済活動に支障をきたすおそれがある場合には、商標権の効力は及びません（商標法26条）。

すなわち、たとえば、自己の会社名と同一の登録商標を他社が保有している場合でも、自己の会社名を示すものとして使用する範囲においては、商標権侵害にはなりません。また、仮に商品や役務の普通名称や品質を表す文字等が登録された場合であっても、商品や役務の普通名称や品質を表すものとして使用する範囲においては、商標権侵害にはなりません。

(5) 法定使用権等

さらに、商標法上、使用者に商標の使用権（先使用権、中用権等）が認められることがあります。たとえば、他人の登録商標出願前から日本国内において不正競争の目的でなくその商標登録出願に係る指定商品もしくは指定役務商標またはこれらに類似する商品もしくは役務についてその商標またはこれに類似する商標の使用をしていた結果、その商標登録出願の際に、現にその商標が自己の業務に係る商品または役務を表示するものとして需要者の間に広く認識されているときは、その者は、継続してその商品または役務についてその商標の使用をする権利である先使用権を有することになります（商標法32条）。

また、事業によっては、商標権者が、明示または黙示に商標の使用を許諾（商標法31条）していることもあり、そのような場合は、通常使用権に基づく商標の継続使用が可能となります。

(6) 無効理由・取消理由

さらに、警告の対象となっている商標権に無効理由や取消理由が存在することもあり得ます。

いったん商標権が認められた商標であっても、審査官が、当該商標の出願前に出願されていた同一内容の商標を見逃しており、本来であれば登録すべきでない商標が登録されてしまうといったこともあり得ます。そこで、登録に不備のあることを理由にその登録の無効を審判により請求することができます。無効審決が確定すると、原則として商標権は初めから存在しなかったのものとみなされます。無効理由については、商標法46条1項各号に列挙されており、登録要件（同法3条）違反、不登録事由（同法4条1項）に該当する場合等がこれにあたります。

また、一定の場合には、不使用取消しを求めることができます。

たとえば、3年間日本国内で登録商標を使用していない場合、登録の取消

しを審判手続により求めることができます（商標法50条）。なお、この審判の請求によって取消審決が確定すると、商標権は審判請求登録日から消滅したものとみなされます。また、登録商標に似た商標を使用することにより、他人の商品と誤認させたり、その他人と関係があるものと混同させたりした場合、商標権者が紛らわしい商標の使用をしていることを理由に登録の取消しを求める審判を起こすことができます（商標法51条）。

(7) 権利の濫用

さらに、商標権の侵害訴訟においては、商標登録の出願過程に不正の目的がある場合や第三者の商標権の譲り受けての行使に不正の目的があるような場合、当該商標権の行使は権利濫用（民法1条）に該当し、許されないと反論することもできます。たとえば、東京高判昭和30・6・28（天の川事件）判時58号9頁では、被控訴人が多大な広告・宣伝費を投じて周知に至った同人の商標「天の川」に対し、控訴人が第三者所有の不使用登録商標「銀河」を譲り受け、これによって被控訴人の前記商標「天の川」の使用を禁止しようとすることは、権利の濫用として許されないと判断されています。

(8) 対応の検討

上記にあげたそれぞれの観点から検討し、商標権侵害警告に対して何らかの反論が可能な場合には、その反論を回答書中で述べつつ、非侵害の主張のみを行うのか、それとも、何らかの和解案を提示するのかどうか、判断することになります。これに対し、反論を行うことが困難な場合には、商標の使用を停止するか、あるいは、ライセンスを受ける交渉をするか等を検討します。

いずれにせよ、どのように対応すべきかは、多くの複雑な法的判断を前提とするため、専門家に相談することをお勧めします。

対応策 A社としては、まず、警告状の内容を精査し、記載されている事実関係に誤りがないか（実施態様が異なる等）を確認します。また、商標登録原簿を取り寄せるなどして、商標権は有効に存続しているか、警告者であるB社が本当に商標権者かどうかを確認します。さらに、法的な判断として、B社の登録商標とA社が使用している商標は同一ないし類似するか、また、B社の登録商標の指定商品（役務）と実施している商標の商品（役務）は同一ないし類似するかを判断します。判断が微妙な場合には、外部専門家に判断を仰ぐべきでしょう。

さらに、明示ないし黙示の合意による通常使用権が成立しないかどうか、また、商標登録に無効理由、取消理由が存在しないかどうかを、弁理士等の外部の商標専門家に調査を依頼するなどして検討します。

そして、それらの検討結果を踏まえ、商標権侵害の点を否定し難い場合、当該商標の使用を停止するか、あるいは、B社と交渉して商標の利用の継続を求めるかを判断します（相応の対価を支払って一定期間使用を認めてもらうこともありえます）。これに対し、商標権侵害の点を否定しうるか、あるいは何らかの法的な反論（実施権の成立など）が可能である場合、B社の主張に反論し、商標の使用を継続することが考えられます。もっとも、最終的な判断は、上記の法的な判断を踏まえつつ、事業的にみて当該商標を使用する必要性がどの程度あるのか、紛争を避ける必要性があるのか、相手方（B社）の狙いはどこにあるのか（A社の商標使用停止にあるのか、それともライセンス収入を得ることにあるのか）等を踏まえて、総合的に判断することになります。

予防策 本設問では、A社は、「ちよだふじ」との商品名を決定する過程や商品の販売を開始する際に、商標調査（他社がすでに化粧品およびその類似商品・役務について「ちよだふじ」との商標権を取得しているかどうかの調査）を行うべきだったといえます。そして、B社の商標権の存在に気づいたならば、他の商品名にする

か、あるいは、B社の商標権に無効理由や取消理由がないかどうか、またその可能性はどの程度かを調査したうえ、B社と交渉して商標権の譲渡を受けるかあるいはライセンスを受けることを考えるべきだったといえます。

Q10　意匠出願の意義と留意点

　玩具メーカーであるA社は、ボールの形状、恐竜の形状および、舟の形状の3種類に形態を変えることのできるおもちゃの開発に成功しました。早速、市場に投入することを考えていますが、過去の経験から、模倣品が出回ることが予想されます。

　A社としては、どのような対策を講じておくことが考えられるでしょうか。

回答

1　物品のデザインを保護する意匠制度を利用して、模倣品対策を講じることが考えられます。

　意匠法では、物品の形状等がその物品の機能に基づいて変化する場合に変化の前後にわたる形状等について意匠登録を受けることができる制度（動的意匠制度）を設けています。本件では、ボール、恐竜、舟、それぞれの形状についての意匠出願とともに、それらの変化を対象とする動的意匠を取得するための意匠出願を行うことも考えられます。

　また、登録された意匠の内容を製品の販売時まで秘密にしておきたい場合には、秘密意匠制度を利用することが考えられます。

　意匠が登録される前に模倣品が出回った場合には、不正競争防止法により模倣品対策を講じることが考えられます。

2　市場として日本国内のみならず海外も検討している場合や、模倣品が海外で製造されることが予想される場合には、当該外国での意匠出願も検討すべきでしょう。

3　著作権法による物品のデザインの保護については、高度の創作性のあるデザインのみに及ぶと解されているため、注意が必要です。

 **1 意匠制度**

(1) 意匠制度の概要

 物品のデザインを保護する制度として、意匠制度があります。

 意匠とは、物品あるいは物品の部分における形状・模様・色彩に関するデザインをいいます（なお、物品の部分における形状・模様・色彩には、物品の操作の用に供される画面デザインも含まれます）。意匠法の意匠は、視覚を通じて美感を起こさせる意匠であるとともに、工業上利用できる意匠（工業上の利用性）であることを要します。したがって、たとえば、粉状物および粒状物の一単位のように肉眼で形態が判断しにくいものは対象にならず、また、工業的（機械的、手工業的）生産過程を経て反復生産され、量産される物品のデザインである必要があります。

 意匠権を取得するためには、所定の様式に基づいた書類を特許庁に提出し、必要な要件を満たしているか審査を受ける必要があります。具体的には、所定の内容を記載した願書に意匠登録を受けようとする意匠を記載した図面（代用の写真、ひな形、見本）を添付して出願します。意匠登録出願について、特許庁の審査官は下記の点を審査します。

① 今までにない新しい意匠であるか（新規性）
　　出願前にそれと同一または類似の意匠が存在しないこと、すなわち、新規性を備えている必要があります。
② 容易に創作をすることができたものでないか（創作非容易性）
　　新規な意匠であっても、出願前にその意匠の属する分野における通常の意識を有する者が公知の形状等から容易に意匠の創作をすることができたときは、意匠登録を受けることができません。
③ 先に出願された意匠の一部と同一または類似でないか

先に出願され、登録になった意匠の一部と同一または類似する意匠は新しい意匠を創作したものとはならないため、意匠登録を受けることができません。ただし、先に出願された意匠の一部を構成する部分や部品の意匠であっても、同じ人の出願であれば、先に出願された意匠の公報が発行されるまでは意匠登録を受けることができます。

④ 意匠登録を受けることができない意匠ではないか（不登録事由）

以下にあげるものは、公益的な見地から意匠登録を受けることができません。

ⓐ 公序良俗を害するおそれがある意匠
ⓑ 他人の業務に係る物品と混同を生ずるおそれがある意匠
ⓒ 物品の機能を確保するために不可欠な形状のみからなる意匠

⑤ 一つの出願に複数の意匠が表されていないか（一意匠一出願）

意匠登録出願は、一意匠ごとにしなければなりません。ただし、複数の物品であっても、一定の要件を満たしているものは「組物の意匠」として認められる場合があります。

⑥ 他人よりも早く出願されているか（先願）

同一または類似の意匠について2以上の出願があった場合、最先の意匠登録出願人の出願（同日のものはいずれか一方）のみが登録となります。

登録査定がされた意匠登録出願については、出願人が登録料を納めれば、意匠権の設定の登録がされ、意匠公報が発行されることになります。意匠権の存続期間は設定の登録の日から最長20年をもって終了します（2007年3月31日以前の意匠登録出願については、設定の登録の日から最長15年をもって意匠権の存続期間を終了します）。

意匠権者は、登録された意匠と同一およびこれに類似する意匠にまで効力を有し、登録意匠の実施をする権利を専有することができます。

[図4] 動的意匠の例

（意匠公報：登録第1218033号より一部の状態の図面を抜粋）

(2) 動的意匠制度、秘密意匠制度

(A) 動的意匠制度とは

　意匠法では、物品の形状等がその物品の機能に基づいて変化する場合に変化の前後にわたる形状等について意匠登録を受けることができる制度（動的意匠制度）を設けています。

　したがって、本設問におけるおもちゃ（ボールの形状、恐竜の形状および、舟の形状の3種類に形態を変えることのできるおもちゃ）でも、動的意匠としての意匠登録が可能です。

(B) 秘密意匠制度とは

　意匠制度には、設定登録後、最長3年の期間、登録意匠の内容を秘密にしておくことができる制度である秘密意匠制度があります。通常、登録された意匠の内容は、意匠公報により公開され、誰でも知ることができますが、意匠はその性質上、流行性、模倣されやすいなどの特徴があるため、販売時期

が先である場合には、公表を待ってほしいという要請があります。

　そこで、意匠法では、出願時または登録料納付時に、手数料を払って秘密にすることを請求した場合には、登録から請求した期間内（3年を限度）、意匠の内容を秘密にしておくことができる制度を設けています。秘密にすることを請求した意匠の登録意匠公報には、出願人の氏名や出願番号などの書誌的事項のみが掲載され、秘密期間が経過した後にあらためて、意匠の内容を記載した公報が発行されます。この制度を利用することにより、製品の販売時まで登録意匠の内容を秘密にしておくことができ、意匠の斬新さを保つことができます。なお、秘密期間内に権利侵害があり、これに対して差止請求などの権利行使をする場合には、請求の前に、（意匠の内容も含めて）公報に掲載される事項を記載した書面で特許庁長官の証明を受けたものを相手方に提示して、警告を行う必要があります。

2　外国における意匠出願の検討

　意匠権をはじめとする産業財産権は、出願した国においてのみその効力を生じますので、たとえ日本である物品のデザインについて意匠権を取得しても、たとえば中国において出回っている模倣品の差止めを請求することはできず、別途、中国で意匠権を取得しておく必要があります。そこで、市場として日本国内のみならず海外も検討している場合や、模倣品が海外で製造されることが予想される場合には、当該外国での意匠出願も検討すべきでしょう。

3　その他の法律による保護

　物品のデザインは、意匠法のほか、不正競争防止法（同法2条1項3号）や、場合によっては著作権法、商標法での保護を図ることも考えられます。

　意匠出願による保護を求めるかどうかを判断する場合には、他の法律による保護で十分かどうかも考慮に入れて判断する場合もあります。

　また、意匠出願をしてから実際に登録になるまでは早くても数カ月を要し

ます。出願中に、模倣品が出回ってしまうような場合には、権利の登録を必要としない不正競争防止法による保護を検討すべきでしょう。

　さらに、当該形状の創作に技術的な工夫が施されている場合には、当該技術を特許や実用新案で保護することも考えられます。

対応策

　玩具メーカーであるA社としては、動的意匠を含む意匠出願を秘密意匠制度を利用しつつ行うことを検討すべきです。場合によっては、日本のみならず、外国での出願も検討する必要があります。そして、市場動向をつねに注視し、模倣品が発見された場合には、即座にその出所を調査・確認し、警告書を発送する、応じない場合には裁判所に仮処分申立てを行うなどして、摘発に努めることが必要です。

予防策

　知的財産保護強化の観点からは、知的財産権の取得・管理を円滑かつ確実に行うための社内組織体制を整備し、模倣品の発見、警告等の対応を含め、社内における責任を明確化することが重要でしょう（平成15年3月14日経済産業省「知的財産の取得・管理指針」参照）。また、自社の権利を保護、活用することだけでなく、他社の権利を侵害しないことも重要な対策となります。他社の意匠や他社製品を新商品の企画段階、製造開始段階、販売開始段階で調査、確認し、他社の権利を侵害しないよう留意すべきでしょう。

 **Q11 商標使用基準を策定する際の留意点**

　ステンレス製の食器の製造販売のチェーン店を展開するA社は、自社の食器に付する商標について、これまで特段ルールを設けることなく、ただ、使用することが予定される商標の登録出願のみを行っていました。
　ある日、知的財産担当部員が調査したところ、登録商標をそのまま商品に付して利用している例は珍しく、登録商標をかなりデフォルメした標章を商品に付しており、商標の使用といえるかどうか疑わしい例がかなりあることが判明しました。そこでA社は、商標管理を徹底するために、商標使用基準を策定することにしました。基準策定に際し、A社はどのような点に留意すべきでしょうか。

回答

1　ブランド保護を目的とする法律が商標法です。商標制度を上手く利用して、自社のブランドを発展させていくことが必要です。
2　そのためには、適切な商標権を取得することに加え、いったん取得した登録商標が普通名称化しないように留意しながら使用してくことが大切です。
3　商標の適正使用に関する社内ルール（商標使用基準）を作成し、それを社内で周知徹底させることは、ブランドの価値を維持し、高めるための有用な方策です。
　商標使用基準には、①商標の適切な使用方法を正しい例と誤った例を指摘しつつ具体的に説明するとともに、②商標を使用したパッケージ、パンフレット類のチェック手順・アプルーバルプロセス（利用手続）などについて記載するとよいでしょう。

1 商標制度による商品ブランド保持

(1) 概　要

　企業では、自社製品、サービスなどを他社のものと識別し、その差別化（ブランド化）を図るため、ロゴ、マーク、パッケージ・デザインなどのブランド標章を用いています。

　いったん、ある企業ないしその製品に対する信頼が形成されると、顧客は製品の機能的側面よりもブランドを重視して購入を決定するようになります。

　そこで、企業にとって、自社製品やサービスのブランドの信頼性を維持し、高めることは、極めて重要な経営事項であるといえます。

　ブランド保護を目的とする法律が、商標法であり、企業としては、商標法が規定する商標制度をうまく利用して、自社のブランドの維持管理を行っていく必要があります。

(2) 商標登録出願

　商標法による保護を受けるためには、使用する商標、および商品・役務を特定して特許庁へ出願し審査を受けなければなりません。審査にパスし、登録料を納付することにより、商標登録がなされ、その商標（ブランド）を自社だけが独占的に使用することが可能となり、また、他人がそのブランドと同一または類似のブランドを使用することを禁止することができます（商標法25条、37条）。商標権の存続期間は10年ですが、更新することが可能なので（同法19条）、使用を継続する限り、自社のブランドを商標制度により無期限に保護することが可能です。

　商標登録を受けなくとも商標を使用することは可能ですが、その使用する

商標が第三者の登録商標と同じかあるいは類似する場合には、その第三者の商標権を侵害することになるので、注意が必要です。また、他人が自己の商標と同一・類似の商標を使用した場合でも、不正競争防止法の適用がある場合を除き、商標法ではその使用を阻止する権利はないので、自社ブランドの価値が毀損する危険があります。

したがって、適法に自社のブランドを使用できるようにするとともに、他人が勝手に使用しないようにするためには、自社のブランドについて商標登録を受けておくべきでしょう。なお、2以上の出願が競合した場合、商標の使用の先後ではなく、先に商標登録出願を行った者に商標権が付与されます（先願主義。商標法8条）。したがって、出願をすると決めた場合には、なるべく早期に出願を行った方が無難です。

2 商標権維持のための留意点

(1) 概　要

いったん商標登録できても、登録された商標を3年間使用していない場合は、第三者がその登録の取消しを求め、特許庁に審判を求めることができます（不使用取消審判。商標法50条）。

また、たとえ商標登録された商標を使用していても、他人の無断使用を放置して、一般名称化してしまった後は、商標権を行使することが難しくなることがあります。

さらに、不使用取消しとはならないまでも、同一シリーズであるにもかかわらず色や字体、書体、大きさなどを変えたマークを不用意に使用することは、需要者を混乱させ、ひいては、ブランド価値を貶めることにも繋がりかねません。

したがって、商標は、登録するだけで安心するのではなく、その後の商標管理をしっかり行うことが重要です。

(2) 商標の適正使用（同一使用の徹底）

　登録商標は、継続的に使用することが必要であり、かつ、原則として登録した態様と同一の態様で使用すべきです。ただ、使用スペースの問題、白黒の宣伝材料に色付きの商標を記載する場合など、登録商標と同一の態様で使用できない場合もあり、登録商標は、完全に同一形態の使用でなくても、社会通念上同一と認められる商標を使用していれば、その登録商標が使用されているとみなされます。

　たとえば、書体のみに変更を加えた同一の文字からなる商標、平仮名、片仮名、ローマ字を相互変換し、かつ同一の称呼および観念を生ずる商標、外観において同視される図形からなる商標は、社会通念上同一と認められる商標と考えられています。もっとも、商標をデザイン化して使用したり、上下二段に表示して使用する場合は、登録商標の不使用と判断される可能性があるだけでなく、他社の商標権を侵害するおそれも生じ得るため、注意が必要です。詳細は特許庁「商標登録取消審判」を参照してください。

［図５］　商標の同一使用と認められる例（書体のみの入替え）

(3) 登録商標表示の徹底（普通名称化の防止）

　登録商標が、第三者によってその商品の普通名称であると認識できるように使用されると、その商標は、普通名称化してしまい、登録商標の価値を減殺しかねません。このため、登録商標が普通名称化しないように留意する必要があります。

　具体的には、その商標が登録商標であることを需要者に認識せしめること

が重要です。たとえば、①その商標を使用する場合に、それが登録商標であることを示す「Ⓡ」を徹底して付すこと、②カタログ中に、その商標は登録商標であることを明示すること、③新聞や雑誌などで、その登録商標が一般名称的に使用されていることを発見したら、訂正記事を掲載することを要請することなどが考えられます。

対応策 商標の適正使用に関する社内ルール（「商標使用基準」。【書式11】参照）を作成し、それを社内で周知徹底せしめることは、ブランドの価値を維持し、発展させるための有用な方策であり、多くの企業において商標使用基準に則った商標の利用がなされています。

「商標使用基準」には、①商標の適切な使用方法を正しい例と誤った例を指摘しつつ具体的に説明するとともに、②商標を使用したパッケージ、パンフレット類のチェック手順・アプルーバルプロセスなどについて記載するとよいでしょう。特に、ハウスマーク（「SONY」など商品のメーカーを表す商標のこと）の使用方法については、厳格にルール化し、使用できる態様、他の文字などとの大きさの関係、色、掲載位置などを細かく規定すべきです。

そして、商標を扱う部門において、自社の製品やカタログにおいて商標使用基準を満たした商標の利用がなされているかどうかを定期的に監査する社内体制にしておくことも有用です。

【書式11】 商標使用基準例

商標使用基準

第1条 AIK社のロゴマーク、図形マークの商標は、いかなる場合もそのロゴ、図形に変更、修正、付加または削除等の改変を加えることはできない。

第2条 AIK社商標を表記するときは、いかなる媒体においても、原則、文

脈上最初に現れたものについて「Ⓡ」や「TM」のシンボル（以下、「商標シンボル」という）を付記する。ただし、文脈上重要と思われる箇所に表記される場合は、その重要な箇所に表記される商標についても商標シンボルを付記する。

第3条　「Ⓡ」は、特許庁に登録されている商標に付し、「TM」は未登録商標に付する。商標シンボルは、商標に対して上付きまたは下付きにて表示する。

第4条　AIK社の商標は、いかなる場合にも普通名称的な表現、形容詞的な表現で使用しない。また、商標を複数形で使用したり、所有格に変化させて使用をすることも禁止する。
（注：米国では、日本と違い、形容詞的に使用することが推奨されている。たとえば、「Post-itⓇ Notes」、「AEPDTM　Dispersant」などのような使用である）

第5条　商標に他の語句・記号または数字を結合させて使用してはならない。商標に語句を結合させて一語のように表示したり、商標とこれらとをハイフンで結合することも禁じる。また、商標の一部を省略して表示してはならない。

第6条　AIK社製品等の広告資料、報道資料等においては、その製品等がAIK社を出所とするものである旨の表示を明記する。たとえば、資料の下方位置に登録商標である旨記載する。
　例）「AIKOS」は、AIK社の登録商標です。

第7条　商品、商品のカタログ、パンフレット、パッケージなど商標を付したものを作成する場合は、必ず、ドラフトの段階で知的財産部商標担当に商標使用態様のチェックをする機会を与えることとする。

（阿部・井窪・片山法律事務所編「商標実務入門——ブランド戦略から権利行使まで——」105頁）

〔第2部〕第4章　知的財産に関する情報管理の実務

Q12　知的財産権を譲渡・譲受けする場合の留意点

　A社は、電子ピアノの製造方法に関する基本特許を保有していましたが、業績悪化と従業員の高齢化のため、事業を廃止することにしました。その情報を知った競合他社のB社は、A社の保有する基本特許を譲り受けたいと考えています。B社は譲り受けるにあたって、どのようなことに留意すればよいでしょうか。

回　答

1　譲渡対象特許の技術内容をよく理解するとともに、同特許に実施権や担保権などの負担がついていないか、同特許を実施することで他者の権利を侵害することにならないか、無効になるリスクは大きくないかといったことに留意し、何らかのリスクがある場合、譲受けをやめるかどうか検討するとともに、譲り受けるとしても、リスクを契約条項や譲渡代金等に反映させるように交渉すべきでしょう。
2　平成23年特許法改正が施行され、ライセンシーの地位につき保護が強化されましたが、いまだに不明瞭な部分もあるため、実施権が設定された特許の譲渡や実施権の譲渡を行う場合には、慎重な対応が求められます。

解説　1　知的財産を譲り受ける際の留意点

(1)　概　要

　一般に他者から知的財産を譲り受けるに際しては、以下の点に留意すべき

246

です。

① 当該他者が知的財産権を保有しているか

　権利者が登録されている知的財産権（特許、実用新案、商標、意匠）であれば、特許庁が管理している登録原簿を確認し、譲渡人が権利者として登録されているかどうかを確認します。また、必要に応じて、発明者などにインタビューし、登録原簿の記載が真実かどうかを確認することもあります。

② 知的財産権で事業や製品を守れているか

　譲受けの理由が、知的財産そのものではなく、知的財産を実施している事業や製品にある場合には、当該事業や製品が知的財産権でカバーされているかどうかを確認する必要があります。この判断は専門的な知識を要するので、必要に応じて専門の弁護士や弁理士の判断を求めるべきでしょう。

③ 知的財産権に制約はないか

　譲り受ける対象の知的財産権に実施権や担保権が設定されている場合には、当該知的財産権を独占的に実施できなくなるリスクがあるといえます。そこで、登録原簿や関係する契約書などを確認し、あるいは譲渡人の知財担当者にインタビューするなどして、そのようなリスクがないかどうかを調査する必要があります。

④ 知的財産権を有効に活用できるか

　さらに、譲受け対象の知的財産を実施することで、第三者の権利侵害とならないか、また、知的財産が各知的財産法の規定する無効理由を有していないかどうかも必要に応じて確認することになります。

⑤ 権利を承継できるか（特に実施権を譲り受ける場合）

　知的財産権そのものではなく、知的財産権の実施権（利用権）を譲り受けようとする場合は、譲渡人と知的財産権者との間の実施契約上、実施権の譲渡が可能かどうかを確認する必要があります。

〈表2〉 譲渡前に把握すべき事項

	特許原簿／特許公報／出願書類／職務発明規定／譲渡証	関連契約書類（共同開発契約、研究委託契約、ライセンス契約等）	他社権利侵害に関する書類（警告書、侵害についての社内検討資料・鑑定書等）	関係者（発明者、知的財産管理者等）へのインタビュー／第三者による技術的な評価
① 対象会社が知的財産権を保有しているか	○	○		△（必要に応じて実施）
② 知的財産権で事業や製品を守れているか	○		○	△
③ 知的財産権に制約はないか	○	○		△
④ 知的財産権を活用できるか		○	○	△
⑤ 権利を承継できるか	○	○		△

(2) 確認すべき事項

　上記〈表2〉の①から⑤については、それぞれ上記の表に記載されている書類の確認や関係者へのインタビューを実施し、リスクの有無や内容を把握するのが一般的です。

[図6] 平成23年特許法改正後の特許権譲受人とライセンシーの関係

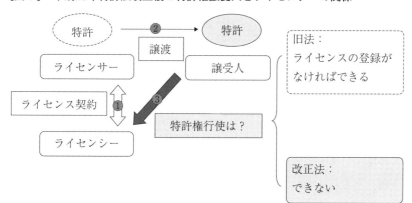

2 ライセンス契約の保護の見直し──当然対抗制度の導入──

(1) 概 要

平成23年特許法改正（2012年1月1日施行）により、特許ライセンス契約におけるライセンシー（実施権者）の保護が強化されました。すなわち、法改正前は、ライセンシーは、（実施権を）登録しなければ、ライセンス契約締結後に特許を譲り受けた者に、自己の実施権を対抗できないこととされていましたが、法改正後は、ライセンシーは、登録を要することなく、ライセンス契約締結後に特許を譲り受けた者に、自己の実施権を対抗することができるようになりました。同改正法は、2012年4月1日時点で存在するライセンス契約および同日後に締結されるライセンス契約に適用されますが、特許の譲渡が同日前の場合には旧法が適用されることになります。

なお、意匠権については、特許権と同様に、当然対抗制度が導入されましたが、商標権については、登録対抗制度が維持されています。また、著作権については、利用権に関する登録制度が存在しません。したがって、それぞ

れの法律により取扱いが異なることに注意が必要です。

(2) 改正後積み残された問題

このように、改正特許法により、ライセンス契約の保護が図られることになりましたが、ライセンス契約の対象となっている特許を譲り受けた場合、譲受人はライセンセンス契約のライセンサー（実施許諾者）としての地位も引き継ぐのかどうか、また、独占的ライセンス、サブライセンス付きライセンスの場合、ライセンシーは、譲受人に対して、独占性やサブライセンス権を主張しえるか（なお、譲渡契約成立時においてすでに発生しているサブライセンシーはその地位を主張しうると解されています）といった点は、明文で規定されておらず、解釈に委ねられており、定説は存在しない状況です。

(3) ライセンス契約の対象となっている場合の留意点

そこで、譲り受ける対象の権利がライセンス契約の対象となっていることが判明した場合、権利を譲り受けるべきかどうかを再検討し、ライセンス契約の存続を前提としても権利を譲り受けることに意義がある場合、譲受け後の契約関係をできる限り明確化する、具体的には、譲渡当事者間で、譲渡に伴いライセンス契約上のライセンサーの地位も引き継ぐのかどうかを決めて、譲渡当事者間で地位を移転させることとなった場合、ライセンシーともできればクロージングまでに話合いをするなどして、当事者の権利関係を明確にするか、それができない場合には、たとえば次のような条項を譲渡契約に盛り込むなどして、リスクを減らすようにすべきでしょう。

〔記載例〕 実施権付き特許譲渡契約における保証条項例

（ライセンス契約を承継する場合）
　譲渡人は、本件特許権に実施権者（ライセンシー）をX社とする通常実施権が許諾されていること、および、本件特許権の譲渡に伴い、同通常実施権に係る平成〇〇年〇〇月〇〇日付け実施許諾契約のライセンサーとしての地

位が、そのまま譲受人に移転し、以後、X社との関係においても、譲受人が唯一のライセンサーとなることを表明し、保証する。

対応策　知的財産を譲り受ける場合、当該知的財産の重要性に応じて、法務調査（デューディリジェンス）をどこまで徹底して行うかを決めるべきでしょう。一般に、他社の特許技術を譲り受けようとする場合は、その技術内容をよく理解するとともに、同特許に実施権や担保権などの負担がついていないかどうか、同特許を実施することで他者の権利を侵害することにならないか、重大な無効リスクはないかといったことに留意しつつ、関係書類の確認や関係者へのインタビューを実施し、リスクの有無やその大きさを把握するようにすべきです。そして、想定外のリスクが発見された場合、譲受けを止めるかどうか検討するとともに、譲り受けるとしても、そのリスクを契約条項や譲渡代金等に反映させるよう交渉すべきでしょう。

　また、特許技術の譲受けを検討するに際し、譲渡人側の秘密情報（ノウハウなど）の開示を受けた場合において、結果的に当該技術を譲り受けないこととなった場合、事前に締結している守秘義務契約等の約定に従って当該秘密情報の破棄等を行い、その旨を譲渡人に連絡し、また、情報の開示を受けた従業員に守秘義務の徹底を呼びかけるなどして、守秘義務契約違反を問われないように留意する必要があります。

〔第2部〕第4章　知的財産に関する情報管理の実務

Q13　知的財産権を実施許諾する場合の留意点

　ベンチャー企業であるA社は、専用ラバーでこすると色が消える万年筆の開発に成功し、製品の販売を開始しました。

　これを知った大企業であるB社は、A社から当該製品の製造技術（特許発明とノウハウからなる技術）のライセンスを受けて、同製品の大量生産、大量販売を行いたいと考え、A社にその旨申し込みを行いました。自社の製造・販売能力に限界を感じていたA社は、B社の申入れを受け入れることにしました。

　A社、B社は、ライセンス契約を締結するに際し、それぞれどのようなことに留意すべきでしょうか。

回答

1　ライセンス契約は他者に知的財産の利用を許諾する契約で対象となる権利や、実施料、許諾期間等、権利利用に係る条項を規定します。

2　A社、B社ともに、契約書に、合意事項を正確に反映させ、認識に齟齬がないようにすることが重要であることはもちろんですが、A社としては、特に、自社のノウハウが不当に流出しないよう、留意する必要があるとともに、B社が、A社保有特許の無効化を図るようなことをしないように契約で手当しておきたいところです。また、仮に無効となっても、支払いを受けた実施料の不返還を定めておきたいところです。

　他方、B社としては、特に、ノウハウを含むライセンス対象技術を用いて大量生産が可能かどうか、また、ライセンス対象技術に第三者の実施権や担保権が付いていないか、特許無効のリスクはないか等を可能な範囲で調査確認したうえで、ライセンス契約を締結し

たいところです。

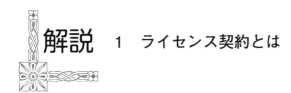

1　ライセンス契約とは

　ある知的財産の保有者が、当該知的財産の利用を他の者に許諾する契約のことをライセンス契約といいます（当該ライセンスをする者をライセンサー、ライセンスを受ける者をライセンシーといいます）。ライセンス契約においては、①対象権利、②実施料、③許諾期間、④ライセンスの種類、⑤許諾対象行為、⑥許諾地域、⑦再実施または第三者に対する委託の可否などを定めておくことが多いですが、事案に応じてそれ以外の条項を規定することも多く行われています。

2　ライセンス契約の内容

(1)　特許権についてのライセンス契約

　ライセンシーは、実施権の許諾を受けた範囲において特許権者から権利行使されないことを約され、他方、ライセンサーは、実施権を許諾した範囲内においてライセンシーに対して特許権に基づく権利を行使しない旨の消極的義務を負うと解されています。

　ライセンス契約においては、実施権の許諾の範囲がどこまでか、実施権の内容を明確に定めておくことが当事者双方にとって重要です。明示しておくべき事項としては、①対象権利、②実施料、③許諾期間、④ライセンスの種類、⑤許諾対象行為、⑥許諾地域、⑦再実施または第三者に対する委託の可否などが考えられます。

(2) ノウハウのついてのライセンス契約

　ノウハウとは、非公知の技術的知識と経験またはそれらの集積であって、その経済価値を事業者自らが保護・管理するものを指し、おおむね、不正競争防止法にいう営業秘密に該当するもの、すなわち、「秘密として管理されている生産方法、販売方法その他の事業活動に有用な技術上又は営業上の情報であって、公然と知られていないもの」（不正競争防止法2条6項）がこれにあたります。ノウハウの使用を許諾する場合、ノウハウの内容を特定する必要がありますが、他方で、ノウハウは秘密裏であることに価値が認められる情報であるため、なるべくその範囲や内容を特定したくはないという要請が働きます。そこで、実務的には、ノウハウの概要や効果、当該ノウハウの内容を具体的に記載する技術文書の名称等を記載することにより、可能な範囲でノウハウを契約上特定することが行われています。

(3) 独占禁止法との関係

　独占禁止法21条は、「この法律の規定は、著作権法、特許法、実用新案法、意匠法又は商標法による権利の行使と認められる行為にはこれを適用しない」と規定しています。そこで、①技術の利用に係る制限行為のうち、そもそも権利の行使とはみられない行為には独占禁止法が適用され、また、②技術に権利を有する者が、他の者にその技術を利用させないようにする行為および利用できる範囲を限定する行為は、その行為の目的、態様、競争に与える影響の大きさを勘案したうえで、知的財産制度の趣旨を逸脱していると認められる場合は、「権利の行使と認められる行為」とは評価できず、独占禁止法が適用されることになります。

　この点、公正取引委員会「知的財産の利用に関する独占禁止法上の指針」（以下、知財ガイドライン」という）は、ライセンス契約等を含む知的財産権の行使について、独占禁止法の適用に関する考え方を包括的に示しています（2010年1月1日）。

ライセンス契約の作成にあたっては、このガイドラインに照らして独占禁止法に違反する条項が存在しないかどうか確認する必要があります。

たとえば、知財ガイドラインは、不争義務を課すこと、すなわちライセンシーに対して対象特許の有効性について争わない旨を合意させることは、本来無効にされるべき権利が存続し、当該権利に係る技術の利用が制限されることとなるため、不公正な取引方法に該当する場合があるものの、ライセンサーがライセンシーに対して、ライセンス技術に係る権利の有効性について争わない義務を課す行為は、円滑な技術取引を通じ競争の促進に資する面が認められ、かつ、直接的には競争を減殺するおそれは小さいと考えられることから、ライセンシーが権利の有効性を争った場合に当該権利の対象となっている技術についてライセンス契約を解除する旨を定めることは、原則として不公正な取引方法に該当しないとしています（【書式12】第7条参照）。

A社、B社ともに、契約書に、合意事項を正確に反映させ、認識に齟齬がないようにすることが重要です。そして、合意内容として、実施許諾の対象（権利、ノウハウ）、実施の態様、期間、場所的範囲、実施の対価、対価支払いの条件、当事者が負うべき守秘義務の内容、紛争が生じた場合の解決手段、契約終了後にも効力を存続させる必要のある条項の特定などを規定する必要があるでしょう。

さらに、A社としては、特に、自社のノウハウが不当に流出しないよう、留意する必要があり、本契約締結前に、守秘義務契約を締結したうえ、全部ではなくノウハウの一部を開示するなどして、仮に契約が締結できなかった場合のことも留意しながら、ノウハウを少しずつ開示するほうが得策であることも多いでしょう。また、B社が、A社保有特許の無効化を図るようなことをしないように契約で手当てしておきたいところです（【書式12】第7条参照）。そして、仮に無効となっても、支払いを受けた実施料の不返還を定めておくよう交渉すべきでしょう（【書式12】第4条参照）。さらに、A

社としては、B社による特許の実施品の製造・販売が第三者の別の権利を侵害することとなったとしても、自己にその責任が課せられないようにしておきたいところです（【書式12】第5条参照）。

他方、B社としては、特に、ノウハウを含むライセンス対象技術を用いて大量生産が可能かどうか、また、ライセンス対象技術に第三者の実施権や担保権が付いていないか、特許無効のリスクはないかを可能な範囲で調査確認したうえで、ライセンス契約を締結したいところです。そのために、秘密保持契約を締結し、ノウハウを開示してもらう必要があります。それと同時に、結局契約を締結するに至らない場合には、ノウハウを返却し、以後、当該技術を使用せず、また外部に開示・漏えいしないようにすることが必要です。

ライセンス契約に限らず、他者と契約を締結する場合には、どちらか一方の当事者が、契約書のドラフトを相手方に提示します。相手方によっては、その内容をそのまま受けてくれる場合もあり、そうなれば、当方にとって有利な条件で合意できることになります。また、相手方がすんなりドラフトに応じない場合でも、当方の希望する条件を記載したドラフトをスタートラインとすることは、そうでない場合よりも有利に交渉を進めることができることが多いと思われます。

ですから、契約を締結する場合には、こちらから契約書のドラフトを提示できるようにひな形をストックしておき、当該契約の個別事情を雛形に反映させて、適時に相手方にドラフトを提示できるようにするとよいでしょう。

【書式12】　特許実施許諾契約書例

特許実施許諾契約書

　○○（以下、「甲」という）と○○（以下、「乙」という）とは、甲が有す

る特許権について乙に実施許諾することに関し、以下のとおり本契約を締結する。

（定義）
第1条　本契約において使用する次の用語の意味は、以下のとおりとする。
 (1) 「本件特許権」とは、甲が保有する特許第〇〇号　発明の名称「〇〇」をいう。
 (2) 「本件発明」とは、本件特許権の特許請求の範囲に記載された発明をいう。
 (3) 「本件製品」とは、本件発明を実施して乙が製造し販売した製品をいう。
 (4) 「正味販売価格」とは、乙が乙の直接の顧客（以下、「販売先」という）に販売した本件製品の1個あたりの販売価格に販売数量を掛け合わせることにより算出された本件製品の総販売価格から梱包費、輸送費および保険料（以下、総称して「控除費用」という）を控除したものをいう。

（実施許諾）
第2条　甲は、本契約の期間中、本件特許権について乙に非独占的通常実施権（以下、「本通常実施権」という）を許諾する。乙は、本通常実施権に基づき、日本国内において本件製品を製造、販売することができる。
2　乙は、本通常実施権に基づき第三者に再実施権を与える権利を有しない。ただし、乙は、委託製造先事業者の名称、所在地および委託製造させる品目を甲に書面にて開示し、甲の書面による事前の承諾を得た場合に限り、本件製品を当該事業者に委託製造させることができる。

（対価および支払方法）
第3条　乙は本契約第2条1項に基づく実施権の許諾の対価として、以下の各号の支払義務を負うものとする。なお、支払方法については、甲が別途指定する銀行口座に振り込む方法によるものとし、振込手数料は乙の負担とする。
 (1) イニシャル・ペイメント
　　乙は、甲に対し、本契約の締結日から30日以内に金〇〇万円（外税）を支払う。

(2) ランニング・ロイヤルティ

　　乙は、甲に対し、毎年3月31日および9月30日に先立つ6カ月間に乙が販売先に納品した本件製品の正味販売価格の○○％の金額（外税）を、それぞれ4月30日および10月31日までに支払う。

(対価の不返還)
第4条　本契約に基づき、乙から甲に支払われた対価は、本件特許権の無効審決が確定した場合を含むいかなる事由による場合でも乙に返還することを要しない。ただし、明白な誤計算の場合は、無利子で差額を返還する。

(特許保証)
第5条　甲は、乙に対し、本件発明の実施により第三者の権利を侵害しないことを保証しない。甲は、本件製品から生ずる乙その他第三者のいかなる損害についても法律上および契約上一切責任を負わない。

(第三者による特許権侵害)
第6条　甲は、第三者が本件特許権を侵害しまたは侵害しようとしていることを知ったときは、速やかに当該侵害を排除するための対応策について、乙と協議するものとする。
2　乙は、第三者が本件特許権を侵害しまたは侵害しようとしていることを知ったときは、直ちにその旨を甲に通知し、甲が前項の協議により定められた対応策を実施することにつき協力するものとする。

(不争義務)
第7条　乙が、直接または間接に本件特許権の有効性を争おうとする場合、甲は本契約を解除することができる。

(譲渡禁止)
第8条　甲および乙は、本契約上の地位、および、本契約から生じる権利または義務の全部または一部を相手方の承諾なしに第三者に譲渡してはならない。

(解除)

第9条　甲および乙は、相手方が本契約上の義務を怠った場合、催告後30日以内に相手方が当該義務を履行しないときは、本契約を解除することができる。
2　甲および乙は、相手方が次の各号の一に該当する場合には、相手方に対して何らの催告を要せず、直ちに本契約を解除することができる。
(1)　合併、事業譲渡、株式交換、株式移転、会社分割、株式取得その他相手方の組織または資本構成に重大な変更をもたらす取引が行われたとき
(2)　支払不能・支払停止の状態に陥ったとき
(3)　破産・会社更生・民事再生等の申立てをしたりまたは申立てを受けたとき
(4)　差押え・仮差押え・仮処分を受けたとき
(5)　信用が著しく悪化したとき
(6)　営業を停止したとき

（契約有効期間）
第10条　本契約の有効期間は、本契約の締結日から5年間とする。
ただし、期間満了の6カ月前までに一方の当事者から終結の申し出がない場合には、自動的に1年間延長され、その後も同様とする。

（契約終了後の措置）
第11条　乙は、本契約期間の満了、解約、その他理由のいかんを問わず本契約が終了したときは、本件製品の製造・販売を直ちに中止する。
ただし、本契約期間満了の場合には、乙は本契約満了後〇〇カ月間に限り、本契約満了日において保管中の本件製品を販売し、または製造中の本件製品を完成して販売することができる。この場合、乙は、第3条の実施料の支払いおよび第4条の報告を本契約満了〇〇カ月以内に行うものとする。

（存続条項）
第12条　本契約の終了後も、第4条、第5条、第8条および第11条ただし書の規定は効力を有する。

（協議）

第13条　甲および乙は、本契約に規定なき事項または解釈に疑義ある事項については、信義誠実の原則に従って甲乙協議のうえ、これを解決するものとする。

(管轄)
第14条　本契約に関する一切の紛争については、○○地方裁判所を第1審の専属的合意管轄裁判所とする。

本契約の成立を証するため本書2通を作成し、各自記名押印のうえ、各1通を保有する。

平成　年　月　日
　　　　　　　　　　甲

　　　　　　　　　　　　　　　　　　　　　　　　　　　　　　　　㊞

　　　　　　　　　　乙

　　　　　　　　　　　　　　　　　　　　　　　　　　　　　　　　㊞

第3部 Q&A

企業情報をめぐるリスク対応

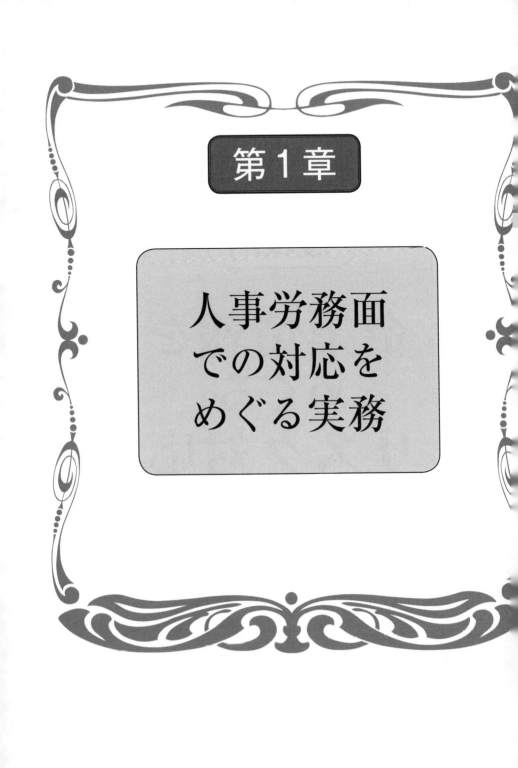

第1章

人事労務面での対応をめぐる実務

従業員・取締役の秘密保持・競業避止義務

　従業員が業務を行うにあたり、企業秘密を外部に漏えいしない、企業秘密を利用して競業会社を作らないということは、企業と労働契約を結んで指揮命令に従う以上、ある意味あたり前のようにも思えますが、就業規則で定めない限り、従業員に規制をかけることはできないのでしょうか。

　また、取締役については、特に企業の中枢に位置するだけに、企業秘密に触れることが多く、企業外に企業秘密を持ち出されても困ります。この場合にはどうすればよいのでしょうか。

回答

1　従業員は、労働契約に付随する義務として、当然に秘密保持義務および競業避止義務を負っていると考えられています。したがって、就業規則に規定していなくても義務を負っていないということはありませんが、従業員の実質的な遵守や意識づけといった観点から、就業規則に規定することが望ましいです。

2　取締役も委任契約上の善管注意義務および会社法上の忠実義務を負っていますので、秘密保持義務を負いますし、競業避止義務については、会社法上の制限があり、一般の従業員以上に重い義務が課せられています。

1　従業員の秘密保持・競業避止義務

(1)　労働契約

　企業と従業員の間の関係は、労働契約によって形成されています。この労働契約の内容について、民法623条では、「雇用は、当事者の一方が相手方に対して労働に従事することを約し、相手方がこれに対してその報酬を与えることを約することによって、その効力を生ずる」と規定しています。また、労働契約法6条でも、「労働契約は、労働者が使用者に使用されて労働し、使用者がこれに対して賃金を支払うことについて、労働者及び使用者が合意することによって成立する」と規定されています。これらの規定からすると、労働契約とは、本来、労働者が使用者の指示に基づいて「労働」することと、その労働に対して、「報酬」「賃金」を支払うことによって成立しているといえます。

　しかし、労働契約は、単に労働者の「労働」の提供と使用者の「賃金」の支払いのみで構成されているわけではありません。労働契約における「労働」とは、人の活動を要素とするものであり、また通常は日々継続し、長期にわたって存続する契約関係です。こうした労働契約関係を維持存続していくためには、使用者と労働者相互の信頼関係の存在が不可欠です。これを規定しているのが労働契約法3条4項で、使用者と労働者が相互に信義を尽くし、誠実に義務を履行する必要があるとしています。これを労働者の立場からいえば、労働者は「誠実に」労働義務を履行しなければならないということになり、さらに本書に即し企業秘密に関連して敷衍すれば、労働者は、誠実に履行すべき義務の一つとして、使用者の秘密を保持し（秘密保持義務）、また使用者と競合する企業に就職したり、自ら競合する事業を開業しない義務（競業避止義務）を負っているといえます（我妻栄『民法各論（中）』568頁

参照)。このように、労働者の秘密保持義務および競業避止義務は労働契約に付随して課せられる義務なのです。したがって、管理職でないから義務を負わないということはありませんし、自己の担当する業務外の事項であっても、およそ企業秘密を外部に漏らすことは、労働者として負っている義務に違反し、使用者に対し債務不履行責任を負うことになります(東京高判昭和55・2・18労民集31巻1号49頁参照)。

なお、従業員が他の企業に在籍出向する場合には、出向元の企業と出向先の企業の双方との関係で労働契約関係が発生すると考えられます(菅野和夫『労働法〔第10版〕』524頁、厚生労働省「労働者派遣事業関係業務取扱要領」等参照)。そのため、出向した従業員は出向元だけでなく出向先においても、労働契約関係の範囲で誠実義務を負うことになります(出向先に対する誠実義務、競業避止義務を認めた裁判例として、東京地判平成5・1・28判時1469号93頁)。

(2) 就業規則への規定

このように、従業員の秘密保持義務および競業避止義務は、労働契約に付随して課せられる義務であり、就業規則に規定するまでもなく、従業員はこれらの義務を遵守しなければなりません。その意味では、あえて就業規則に規定する必要はないのかもしれません。

しかし、こうした付随的義務の内容は、使用者と労働者の信義誠実の原則に基づくものですので、労働契約を締結したからといって、当然に従業員が認識できるとは限りません。やはり、労働契約の内容として認識してもらうためには、就業規則にその旨明記し(【書式13】参照)、遵守すべき内容であることを明確にすべきです。また、懲戒処分との関係でも、就業規則に規定しておくことは重要です(詳細は本章Q8を参照)。

(3) 規定すべき企業秘密の内容

就業規則に企業秘密の保持義務を規定するといっても、企業秘密の内容は

多種多様であり、就業規則の中ですべての企業秘密を列挙することは困難です。そのため、就業規則の規定では、抽象的・一般的な機密保持や競業の禁止に関する規定がなされていることが通常ではないかと思います。

しかし、実際にどのような情報を漏えいすると規定に抵触するのかがわからなければ、従業員としてもどのような場合に問題となるのか予測がつきません。この点、情報が機密性を有するかどうかについて、基本的に客観的に判断されるべきとした裁判例もあり（東京地判平成15・9・17労判858号57頁）、この裁判例に従えば就業規則にどのように規定されているかよりも、その情報の重要性等に着目すればよいということになるのかもしれません。しかし、就業規則の実効性を担保するためには、従業員がどういう情報が企業秘密となるのか想定しやすいよう、ある程度の例示はしておくべきですし、本章Ｑ5で解説するように、企業秘密であることが客観的に認識可能な状態にしておくことは、企業秘密を管理するうえで重要なことです。したがって、できれば、就業規則においても、例示をするなどして、企業秘密がどのような情報を指すのか、従業員にもわかるようにしておくことが望ましいと思います。

(4) 違反行為への対応

上記のとおり、従業員は企業に対し、労働契約上秘密保持義務・競業避止義務を負っていますので、これに違反すれば労働契約の債務不履行となります。その結果、懲戒処分ひいては懲戒解雇処分となり、さらには退職金の不支給や減額といった措置を受けることになります（本章Ｑ8、Q11を参照）。また、債務不履行や不法行為に基づく損害賠償請求も考えられるところです（第3部第2章Ｑ5を参照）。

在職中に秘密保持義務ないし競業避止義務に違反した事例としては、下記のものがあります。

① 工場再建等の今後の計画に関する業務上重要な機密文書を社内、社外の不特定多数人に暴露したことを理由になされた懲戒解雇を有効とした

事件(前掲・東京高判昭和55・2・18)

② 半年間にわたり、業務時間中も含めて、競業会社のシステム構築を支援していたことを理由になされた懲戒解雇が有効とされた事件(東京地判平成24・3・13労判1050号48頁)

③ 競業会社に販売価格を伝え、顧客を紹介し、仕事を受注させるなどした従業員に対する損害賠償請求が認められた事件(東京地判平成15・4・25労判853号22頁)

④ 同業他社へ転職するつもりで、退職直前に企業の賃貸・建物管理業務に関する情報を企業の電子メールから従業員個人のアドレスに送信したことによって、顧客の一部が奪われたとして、企業の損害賠償請求を認めた事件(東京地判平成23・6・15労判1034号29頁)

⑤ 在職中に派遣スタッフに対して、同業他社への移籍を積極的に勧誘し、自らも退職した従業員に対し、雇用契約上の義務に違反し債務不履行責任ないし不法行為責任を免れないとした事件(大阪地判平成14・9・11労判840号62頁。なお、引抜き行為については本章Q9参照)

2 取締役の秘密保持・競業避止義務

取締役は、会社法上、企業の業務を執行するほか(会社法348条)、取締役会設置会社の場合には業務執行の意思決定を行う取締役会の構成員であり、本設問に記載されているとおり、企業の中枢にあってその経営判断に関与する、極めて重要なポストです。

したがって、取締役は、経営の根幹にかかわるような、重大な企業秘密について触れる機会が多く、それだけに、一般の従業員と比較して、企業秘密の漏えいに対してもより強い制限が課されています。

(1) 善管注意義務・忠実義務

取締役と企業の間の関係は、労働契約ではなく、委任契約(民法643条以下)と考えられています。その結果、受任者である取締役は、民法上、「善

管注意義務」（善良な管理者の注意）を負うとされており（同法644条）、また会社法上も「法令及び定款並びに株主総会の決議を遵守し、株式会社のため忠実にその職務を行わなければならない」と規定され（会社法355条）、その一環として、当然に企業秘密についてこれを秘密として保持する守秘義務を負っていると考えられています。

したがって、仮に役員規程などに秘密保持義務の規定が存在していない場合でも、従業員と同様、契約上、秘密保持義務を負っているといえます。

(2) 競業避止義務

取締役の競業行為については、上記の秘密漏えいが懸念されるばかりか、取締役が企業秘密を利用することで当該企業に損害を与える可能性が高いため、特に法律上の規制がなされています。すなわち、取締役が、「自己又は第三者のために株式会社の事業の部類に属する取引をしようとするとき」には、株主総会において、当該取引について重要な事実を開示したうえで、その承認を受けることが要件とされています（会社法356条1項1号）。また、取締役が同業他社の取締役に就任すること自体は、「取引」には該当しないため、競業避止義務の規制を受けることはありませんが、代表者として、または競業他社を代理して取引を行うような場合には、競業避止義務の規制を受けることになります。

(3) 違反の効果

(A) 損害賠償

取締役が秘密保持義務に違反した場合、会社は、善管注意義務・忠実義務違反に基づき、損害賠償を請求することができます（会社法423条）。また、一定の要件のもと、取締役の行為の差止めも求めることができます（同法360条、385条）。

競業避止義務違反の場合にも、会社法356条1項1号違反として、損害賠償請求を行うことができます。この場合には、損害額の算定が困難である場

合が多いことを考慮して、取締役が得た利益の額を損害額と推定することができ（会社法423条2項）、企業の立証の負担が軽減されています（在職中の従業員の引抜き行為に対して忠実義務違反を認めた裁判例として、東京地判平成8・12・27判時1619号85頁、役員在任中から退職後にかけて行った新会社の設立や従業員の勧誘について忠実義務違反・不法行為責任を認めた裁判例として東京地判平成19・4・27労判940号25頁等）。

(B) 解　任

株主総会の決議さえあれば、会社は取締役を解任できますが（会社法339条）、秘密保持義務や競業避止義務に違反する場合には、取締役の忠実義務・善管注意義務に違反し、また会社法にも違反することにもなりますので、取締役解任の正当事由になると考えられます。

(4) 退任後の責任

取締役が忠実義務・善管注意義務および競業避止義務を負うのは、取締役に在任中ですから、取締役が退任した後の行為については、基本的にこうした義務を負うものではありません（競業行為が行われたのが取締役退任後のことであり、在任中に部下の移籍を計画していたことを窺わせる証拠もないとして、忠実義務違反に基づく損害賠償請求を否定した事例として、東京地判平成3・2・25判時1399号69頁）。

もっとも、退任後に競業行為を開始したとしても、積極的に引抜き行為を行うなど、違法に企業に損害を与えた場合に、不法行為に基づく損害賠償責任を負うことはいうまでもありません。

対応策　従業員は労働契約に付随して秘密保持義務・競業避止義務を負っていますが、企業は、就業規則に秘密保持・競業禁止を規定し、教育・指導を行ったり誓約書を提出させることで従業員に規定内容を理解させるほか、義務に違反した場合に懲戒処分等の厳しい措置をとるなどして、企業秘密を保護する重要性を従業

269

員に理解させる必要があります。取締役の場合は、従業員よりも企業秘密に接する可能性は高いですし、会社法上も厳しい規定が設けられていますので、企業秘密を保護する重要性についてはより強く認識しておいてもらうことが重要です。

【書式13】　就業規則規程例（服務規律）

(遵守事項)
　第○条　従業員は、次の事項を守らなければならない。
【秘密保持義務】
　●　会社、取引先等の機密を漏らさないこと。
(例示している場合)
　●　事由のいかんを問わず、会社および取引先の個人情報、営業に関する情報、技術情報その他の機密事項を他に漏えいしないこと。また退職後も業務上の機密事項を不正に開示しないこと。
(列挙する場合)
　●　会社の有する以下の情報を他に漏えいしないこと。
　　①　個人情報
　　②　営業上の秘密事項（顧客情報、原価……）
　　③　人事上の秘密事項（人員計画、採用人数、従業員の個人情報……）
　　④　財務上の秘密事項（経営状況……）
　　⑤　技術上の秘密事項（ノウハウ、開発情報……）
　　⑥　顧客の信用に関する情報
　　⑦　上記のほか、会社が機密情報として管理し、また機密として指定した情報

【競業避止義務】
　●　会社の許可なく他人に雇われ、もしくは他の会社等の役員に就任し、あるいは営業を目的とするような行為を行わないこと。
　●　従業員は、退職後1年間は、会社の所在する市区町村において、会社と競業する会社に就職し、または競業する会社を設立し、または競業する業務を行わない。

● 従業員は、退職時に、会社に貸与されたパソコンや携帯電話等、会社から交付を受けた業務上の資料、および顧客から交付を受けた資料について、紙、電子データおよびそれらが保存されている媒体（ファイル、USB フラッシュメモリ、CD-ROM 等）の一切（コピー等の複製物を含む）を会社に返却する。

※　会社では、兼業自体を会社の許可制としていることが多いため、競業の禁止についても、兼業禁止の規定の中で規定している事例が多くあります。

Q2 アルバイト従業員、派遣社員や請負企業の従業員に企業秘密を開示する場合の留意点

　A社では、一時的な繁忙のために、アルバイト従業員を雇って対応することにしました。アルバイト従業員といっても、企業秘密である顧客情報や技術情報には触れさせざるを得ない場合がありますが、企業秘密の漏えいを阻止するためには、どうすればよいのでしょうか。

　また、派遣社員の活用や、請負会社に仕事を委託する場合等、A社の従業員ではない者が、A社の業務に関与する場合に、どのように企業秘密を保護すればよいでしょうか。

回答

1　アルバイト従業員は、労働契約を締結するため、付随して秘密保持義務を負っていますが、企業に対する帰属意識や忠誠心が正社員と比べると低いといえますので、基本的にはできる限り企業秘密に触れさせないようにすることが重要です。

2　派遣社員は、派遣先企業に対して秘密保持義務を負っていないので、別途秘密保持契約を締結する必要があります。

3　請負企業等取引先に企業秘密を締結する場合にも、秘密保持義務を締結してもらうことが必要です。請負企業だけでなく、請負企業の従業員等にも企業秘密を保護してもらうよう、規定を工夫するとよいでしょう。

Q2　アルバイト従業員、派遣社員や請負企業の従業員に企業秘密を開示する場合の留意点

解説　**1　アルバイト従業員に対する企業秘密管理**

(1)　アルバイト従業員への管理の性質

　一般的にアルバイト従業員といえば、単純な作業に従事し、短期間就労するというイメージが強いと思います。こうした短期間の雇用の対象となっているアルバイト従業員も、労働契約を締結する以上、他の正社員と同様に、付随して秘密保持義務を負っているのですが、雇用期間が短期間であることから、企業に対する帰属意識が低く、自己の利益を優先して企業秘密を外部に漏らしてしまうことがあります。たとえば、携帯電話の販売店舗で、顧客の情報を探偵等に漏らして問題になった事例があります。このような販売店舗では、第一に顧客と接するのはアルバイト従業員でしょうから、顧客に加入契約の申込みをしてもらう際に、アルバイト従業員が受付を行い、手続の処理を行えば、企業にとって重要な企業秘密である顧客の情報を入手できてしまいます。企業としては、このように短期間しか雇用しないアルバイト従業員に対しても、本来であれば、労働契約に付随する秘密保持義務を遵守するよう、教育や指導ができれば望ましいのですが、短期間に限り雇用するアルバイト従業員に、逐一研修等を行うことは非常に手間がかかりますし、せっかくこうした意識づけをしてもすぐに退職してしまうのでは、コストとしても見合わない場合も多く、実際にはそこまで手が回らないのが現実ではないかと思います。

(2)　管理の方法・留意点

　したがって、企業が、企業秘密を保護しようとするのであれば、アルバイト従業員を雇用する場合に、できる限りアルバイト従業員に企業秘密を触れさせないような業務体制を構築する必要があります。上記の携帯電話の販売

店舗の例でいえば、アルバイト従業員は顧客への声かけや商品の説明といった業務のみを行い、契約の申込みといった顧客情報を記入する段階では正社員が引き継いで対応するというように、アルバイト従業員が顧客情報に触れる機会が極力少ない業務体制にすれば、アルバイト従業員から企業秘密が漏れるという事態は相当程度防げるのではないかと思います。

2　派遣社員に対する企業秘密管理

(1)　派遣社員への管理の性質

　企業の中には、派遣社員を活用しているところも多いと思いますが、いわゆる「非正規社員」の一種であるという認識はあっても、法律的な派遣社員の意義や他の非正規社員との違いについては、職場の現場ではあまり理解されていないケースも多いのではないでしょうか。

　労働者の派遣とは、「自己の雇用する労働者を、当該雇用関係の下に、かつ、他人の指揮命令を受けて、当該他人のために労働に従事させること」をいうとされています（労働者派遣法2条1号）。つまり、受け入れる側の企業からいえば、自社（派遣先企業）ではなく他社（派遣元企業）が雇用する労働者を、自社（派遣先企業）の指揮命令の下、労務を提供してもらうものといえます。つまり、派遣先企業内で他の正社員や契約社員と同じように業務に従事していても、派遣社員は派遣先企業との労働契約がない、つまり、派遣先企業に対し、労働契約に付随する秘密保持義務や競業避止義務は負っていないのです。したがって、派遣先企業が、派遣社員に対し、他の正社員と同じ意味合いで「企業秘密を保護してください」とはいえないのです。この点が、前述したアルバイト従業員のような、非正規社員であっても企業と直接労働契約を締結している者との大きな違いです。他方で、非正規社員であっても、アルバイト従業員と同様、企業秘密に接触する機会はあると考えられますので、派遣社員に対しても、何らかの形で企業秘密を保護する義務を負わせなければなりません。

(2) 管理の方法・留意点

(A) 派遣社員との間の合意

そのためには、派遣先企業と派遣社員の間で、別途秘密保持の合意を結んでもらう必要があります。もちろん、合意である以上、その締結は派遣社員の自由な意思で行ってもらう必要があり、断られる可能性もないわけではありません。しかし、派遣社員としても、その企業で働くために秘密保持の合意が必要であることは、常識としては理解できると思いますし、企業秘密をあえて漏えいしようとするのでもない限り、合意を結んだとしても特段デメリットもないと思われますので、派遣社員が秘密保持の合意締結を断ることは、考えにくいのではないかと思います（締結を拒否する場合は、かえって派遣社員による企業秘密の漏えいが懸念されます）。

(B) 派遣元企業との秘密保持契約の締結

また、間接的な手法ではありますが、派遣先企業が派遣元企業と秘密保持契約を締結し、さらに派遣元企業が派遣社員に秘密保持義務を遵守させる、という手法も考えられると思います。派遣元企業と派遣社員は労働契約を締結しており、労働契約に付随する秘密保持義務も負っていますので、派遣元企業が、派遣先企業の秘密を保持する内容の労働者派遣契約を締結すれば（いわば派遣先企業の企業秘密が、派遣元企業にとっての企業秘密ともなる）、派遣元企業に対する秘密保持義務を負う派遣社員も、結果として派遣先企業の企業秘密を保持しなければならなくなるのです。

筆者としては、実際に業務に従事する派遣社員に秘密保持についての意識をもってもらうためには、派遣先企業と派遣社員が直接秘密保持契約を締結することが望ましいと思いますが、他方で、派遣社員が企業秘密を漏えいした場合に、派遣社員自身に損害賠償請求などを行っても企業の損失を補填するような資力がないのが通常ですから、より資力があると思われる派遣元企業にも、責任を負ってもらいたいところです。その意味では、派遣社員と派遣元企業の両方に、派遣先企業との秘密保持契約を締結してもらうのがよい

と思います。

　ちなみに、経済産業省の「営業秘密管理指針（最終改訂平成25年8月16日）」では、労働者派遣制度においては、派遣先企業と派遣社員に直接の雇用関係がないことから、労働者派遣制度の本来の趣旨からすれば、このような、派遣先企業が派遣元企業と秘密保持契約を締結し、派遣元企業が派遣社員による秘密保持に関する責任を負うとすることが望ましいと述べていますが、他方で派遣先企業と派遣労働者との直接の秘密保持契約を締結することが直ちに法律違反になるわけでもないとしています。

3　請負企業の従業員に対する企業秘密管理

(1)　請負企業の従業員への管理の性質

　請負契約や業務委託契約は、発注企業から請負企業が仕事をもらい、業務を完成し（あるいは委託された業務を遂行し）、報酬をもらう契約関係です。この場合に、業務の完成や業務遂行のために、発注企業の企業秘密を開示しなければならないことがあります。そのため、発注企業としては、請負企業だけでなく、その従業員に対しても、発注企業の企業秘密を漏えいしないよう求めていかなければなりません（2014年のベネッセコーポレーション個人情報漏えい事件も、顧客情報の保守管理の委託先の会社で発生したものです）。

　この点、請負企業の従業員と発注企業は、労働者派遣のような指揮命令関係もない、全く無関係の第三者です。そのため、企業秘密の保持のためには、請負企業との秘密保持契約によって、間接的に請負企業の従業員に対しても秘密を保持してもらうほかありません。

(2)　管理の方法・留意点

　(A)　秘密保持契約の問題点

　企業が自己の企業秘密を他の企業に開示する場合の秘密保持の合意についてですが、契約書の一条項として、「請負企業は、元請企業から開示され

た、業務上のいかなる秘密についても、これを第三者に漏洩してはならない」とだけ規定されている契約書も散見されます。しかし、このような契約書では、そもそも何の情報が秘密とされるのか、請負企業の立場からはよくわかりませんし、請負企業の従業員に対してどのように対応するべきなのかも規定されていません。また、上記の規定だけでは、契約が終了した場合には、秘密保持義務も消滅してしまい、その後、請負企業が接触した発注企業の企業秘密は、誰にでも開示できることになってしまいます。

(B) 秘密保持契約時の留意点

以上の点を踏まえると、秘密保持契約を締結するにあたっては、以下の要素も必要ではないかと思われます。

(a) 企業秘密の対象

発注企業から請負企業に対して企業秘密を開示するのであれば、請負業務の処理に必要な情報のみに限定すべきことはもちろんです。そのように企業秘密の対象を特定できるのであれば、あらかじめ「秘密」と明記した情報のみを渡すことにし、規定上も、「『秘密』と銘打ったものについて、秘密として保持する義務を負う」としたほうが、わかりやすいのではないかと思います。

(b) 発注企業に対する秘密保持義務

企業秘密を開示する相手は請負企業ですので、請負企業自身に対して秘密保持義務を負わせることが、基本となります。なお、このとき、「すでに公知となっている事実」等について、企業秘密の例外として取り扱うという規定や、保持義務の例外として、法令の定めによる場合や、裁判所や行政の命令による場合などを規定することもあります。

(c) 複製の条件

発注企業の企業秘密であれば、本来であれば、複製を作成することは禁止すべきですが、仮に業務処理上、複製を作成しなければならないとすれば、その複製には事前に発注企業の書面での許可を得るようにするといった条件を付すことが適切ではないかと思います。

(d) 請負企業の従業員の秘密保持

　前述したように、発注企業の企業秘密保持のためには、実際に企業秘密に触れることになる請負企業の従業員が秘密保持義務を負うことが必須です。そのために、発注企業は、請負企業に対し、請負企業だけでなく、請負企業の役員や従業員にも、必要な指導・教育を施すなどして、この秘密を保持するよう、義務付けるべきだと思います。

(e) 契約終了時の対応

　契約が終了した場合には、当然のことながら、請負企業が発注企業の企業秘密を保持しておく理由はありませんので、直ちにこれを返却してもらうか、破棄してもらいます（当然のことながら、複製についてもこれを破棄・返却してもらいます）。ただ、企業秘密を「破棄した」といっておきながら、隠れて保持し続けられることもありますので、発注企業は、請負企業から、企業秘密はすでに返却したか破棄したので、全くもっていない旨の保証書を提出してもらうとよいと思います。こうしておけば、仮に発注企業の企業秘密を保持しており、将来これを請負企業等が使用して発注企業に損害を与えた場合でも、より責任を追及しやすくなります。

(f) 契約終了後の効力

　前述のとおり、契約が終了してしまうと、原則として、秘密保持契約も終了してしまいます。そこで、企業秘密保持の義務については、この契約が終了した後も効力を有する、といった規定を設けておくとよいでしょう。

対応策　アルバイト従業員は、正社員よりも雇用期間が短く、一般に企業に対する帰属意識も低いといえますので、企業秘密にはできる限り近づかせないようにするのが賢明です。

　派遣社員は派遣先企業と直接の労働契約関係はありませんが、企業秘密に触れる可能性がある場合には、直接の誓約書の提出や、派遣元企業を通じて派遣先企業の企業秘密を保護するように規律します。請負契約の場合も、発注企業の企業秘密を使用する場合には、請負企業だけでな

Q2 アルバイト従業員、派遣社員や請負企業の従業員に企業秘密を開示する場合の留意点

く、実際に作業を行う請負企業の従業員に対しても企業秘密の保護を徹底してもらう必要があります。こうした内容は、派遣契約や請負契約でも規定しておきます。ただ、ベネッセコーポレーション個人情報漏えい事件にみられるように、派遣元企業、請負企業といった別個の企業においてもどこまできちんと管理できるか、現実には難しいケースもありますので、企業秘密を外部に出すには、慎重な検討が必要です。

【書式14】 派遣社員に対する秘密保持誓約書例

平成○○年○○月○○日

○○株式会社
代表取締役社長　○○　○○　殿

秘密保持誓約書

（住所）
（氏名）　　　　　　㊞

　私は、○○派遣株式会社（以下、「派遣元」といいます）の派遣社員として平成○○年○○月○○日より貴社に就労するにあたり、下記事項を遵守することを誓約いたします。

記

（就業規則の遵守）
第１条　私は、派遣社員として、派遣元の就業規則を遵守するとともに、貴社の指揮命令に従い、誠実に業務に従事します。

（秘密保持）
第２条
１　私は、貴社が保有する経営、技術、営業その他貴社が機密として管理し、また機密として指定したいかなる情報（以下、「機密事項」といいま

す）について、これを秘密として保持し、貴社の許可なく第三者（派遣元を含む）に対し開示、漏えいまたは使用いたしません。
2　私は、機密事項が記録された媒体について、貴社の事前の許可なく複製したり社外に持ち出しません。
3　機密事項に該当するか明らかでない場合には、直ちに貴社に確認します。

（派遣終了後の秘密保持）
第3条　貴社への派遣が終了した後も、前条の規定を遵守いたします。また、私が貴社から開示された機密事項については、文書、電子データ等の記録媒体を問わず、また複製も含め、派遣終了時にすべて貴社に返却します。

（損害賠償）
第4条　派遣元の就業規則および本誓約書に違反した場合、貴社が被った損害を賠償いたします。

以上

【書式15】　請負契約における秘密保持条項例

（秘密情報）
第○条
1　乙（請負企業）は、甲（発注企業）によって開示され、あるいは本件業務の履行の過程で取得された甲の固有の技術上、営業上その他の業務上の情報あるいは個人情報を秘密として扱うものとする（以下、「秘密情報」という）。
2　次の各号のいずれかに該当する情報は、秘密情報に含まれないものとする。
(1)　甲による開示または提供以前に、公知となっている情報
(2)　甲による開示または提供とは無関係に、すでに乙が保有していた情報
(3)　乙の責めによらずに公知となった情報
(4)　甲から開示または提供された情報にもよらずに乙が独自に開発した

情報
(5) 乙が秘密保持義務を負うことなく第三者から合法的に取得した情報
(6) 官公庁等の公的機関からの命令、要請等により開示を求められた情報

(秘密保持義務)
第〇条
1 乙は、甲の書面による事前の承諾がない限り、前条の秘密情報を第三者に開示・漏えいせず、かつ複製を作成してはならない。
2 乙は、秘密情報を、本件業務の履行に関与する役員ないし従業員以外に開示しない。また乙は、上記開示を受けた役員および従業員に対し、甲の秘密情報を、前項の場合を除いて開示・漏えい・複製を行わないよう、厳に秘密として管理するよう指導を行うものとする。
3 甲は、前項に規定する乙の秘密情報の管理・指導状況について、必要な場合に調査を行うことができ、乙はこの調査に誠実に協力するものとする。
4 乙は、本件契約が終了したときは、秘密情報を含む資料(複製を含む)を遅滞なく甲に返還し、あるいは破棄するものとする。
5 第1項ないし4項に定める義務は、本件契約の終了後も存続するものとする。

(損害賠償)
第〇条 乙あるいは乙の役員ないし従業員によって秘密情報が漏えいした場合には、乙は甲に生じた損害を賠償するものとする。

〔第3部〕第1章　人事労務面での対応をめぐる実務

Q3 採用を行う場合の企業秘密に関する留意点

　A社は、今年度の新卒社員として、20名を採用しました。試用期間が終わり本採用になった段階で、営業や製造など、それぞれの部署に配属されることになります。彼らに対しては、入社段階で企業秘密の管理をする必要はあるのでしょうか。

　また、A社では、Bを中途採用することにしました。Bは前に在籍していたC社で営業をしており、A社としては、Bが前職企業で培った営業網を今後の販売に活かしてもらえるのではないかと期待していますが、何か問題があるでしょうか。

回答

1　新卒社員に対しても、企業の企業秘密を漏えいすることがないよう、研修を行うことや誓約書を提出させることで、企業秘密保護の必要性についてしっかりと認識してもらうことが重要です。

2　中途社員に対しては、研修や誓約書のほか、前職の企業に対して秘密保持義務や競業避止義務を負っていないか確認し、企業が他の企業の企業秘密を使用することでトラブルに巻き込まれることがないよう、留意すべきです。

解説　1　新卒社員に対する企業秘密管理

(1)　新卒社員への管理の性質

　高校や大学等を卒業して企業に入社してくる新卒採用の従業員（新卒社

員）は、企業秘密はおろか、社会一般の常識についても知識が十分ではない、いわば白紙の状態で入社してくる者がほとんどです。したがって、企業が企業秘密を管理するにあたっての関心事は、入社後に企業秘密に触れることとなる新卒社員に対して、どのような指導を行うか、ということに尽きるといえます。

こうした新卒社員は、学生時代に多少のアルバイト経験等はあったとしても、一般的に社会経験が少なく、精神的にもまだ未熟ですので、企業秘密の重要性や、企業における職業倫理に対する理解が十分でないこともしばしばみられます（ホテルでアルバイトをしていた従業員が、著名人が訪れていることをtwitterで実況中継したり、スポーツ用品メーカーに就職した従業員が、店舗を訪問したサッカー選手について誹謗中傷するようなコメントをtwitterに掲載したことが社会問題となり、企業が謝罪文を掲載する事態に発展した事例があります）。特に最近は、twitterやSNS（ソーシャル・ネットワーキング・サービス）等のソーシャルメディアを通じて、誰もが、不特定多数に対して簡単に情報発信できるようになっており、企業秘密を不特定多数に不用意に発信してしまう危険がないとはいえません。だからこそ、企業としては、新卒社員といえども、企業秘密の管理について徹底した指導を行うとともに、これに違反した場合には厳しい制裁を課していく必要があるのです。

(2) **管理の方法・留意点**

(A) 企業秘密管理に関する研修

新卒社員が入社した後は、研修を行う企業も多いと思いますが、その際に企業秘密の管理に関する研修も実施すべきです。

研修の内容については本章Q4を参照してもらいたいと思いますが、おおよそ、企業において企業秘密として扱っているものにどのような情報があるか、そうした企業秘密の管理の状態、新卒社員が遵守しなければならないルールについて説明することになると思います。企業秘密となる情報は、不正競争防止法上の営業秘密に該当するような、厳密な管理がされているもの

ばかりではありませんので、特に入社直後には、企業が扱っているどのような情報についても、基本的に外部に漏らしてはならないことを強調して指導したほうがよいと思います。

(B) 誓約書の提出

新卒社員が入社した際には、誓約書（【書式16】参照）の提出を求めることも多いと思います。誓約書を締結する目的は、労働契約を締結する以上、労働者の義務である労務提供を誠実に行うこと、これに違反した場合には懲戒処分や解雇といった制裁を受けることについて、あらかじめ理解してもらうことにありますが、誠実に行うべき具体的な内容については就業規則に規定されていますので、誓約書においても、「就業規則を遵守し、誠実に勤務します。」といった、一般的・包括的な記載の誓約を求めることが通常ではないかと思います。

しかし、企業秘密の漏えいを防止するという観点からしますと、新卒社員に対し、「企業秘密を漏えいしてはならない」と、明確に意識づけしておく必要があります。ですので、採用時の誓約書においては、仮に就業規則に企業秘密を漏えいしないといった規定が存在していても、就業規則遵守の文言とは別に、企業秘密の漏えいを行わず、漏えいした場合には、いかなる処分を受けても異議はない旨の文言を別に記載し、従業員の意識を少しでも高めるよう、努めるべきだと思います。

ただ、新卒社員が採用されたばかりのときは、まだどのような業務に配属されるのかも明確ではなく、したがってどのような企業秘密が問題になるのか、不明なケースも多いと思います。企業秘密を漏えいしないという意識をより明確にするため、また企業秘密を漏えいしないという誓約書に法律的な効力を持たせるためには、対象となる企業秘密の内容をできる限り特定しておくことが本来望ましいのですが、このように特定することが困難な場合には、採用直後ということを踏まえ、ある程度包括的な記載でもよいと思います。

2 中途社員に対する企業秘密管理

(1) 中途社員への管理の性質——新卒社員との異同——

 中途採用の従業員（中途社員）であっても、企業に採用された以上、当該企業の保有する企業秘密を保護する義務を負うことは、新卒社員と同じです。したがって、採用時に、就業規則、特に企業秘密を漏えいしない旨の誓約書を提出してもらうこともまた、新卒社員と同じです。

 これに対し、新卒社員と中途社員で異なる点は、中途社員は、すでにこれまでに、他の企業において就労しており、その結果、他の企業の企業秘密を知っている可能性があるということです。

 すなわち、中途社員の立場からすれば、転職する際に、前職で培った知識や経験、ノウハウ等を他の企業で生かし、ステップアップしていきたいと考えるのは自然なことといえます。実際に、顧客リストを持ち出すようなことまではしないにせよ、顧客と交換した名刺が自宅に保管されていたとか、私用の携帯電話を業務で使用していた結果、その携帯電話に顧客の電話番号やメールアドレスが登録されており、退職に伴いそのまま企業の顧客情報が外部に持ち出されるといったケースはしばしばみられます（さらには、頻繁に連絡していた顧客の連絡先などであれば、当該従業員の記憶に残っている場合もあります）。

 これに対し、当該従業員が退職した企業（前職企業）の立場としては、知識やノウハウ等が他企業で利用されることは回避したいと考えますので、従業員が退職する際に秘密保持契約や競業避止契約を締結しようと考えます（これについては、本章Q10で後述します）。

 このように秘密保持契約や競業避止契約を締結しているにもかかわらず、中途社員が中途社員を採用する側の企業（転職後の企業）で前職企業の顧客に電話やメールをすれば、前職企業は、中途社員が自分たちの顧客情報を勝手に利用しようとしている、さらには、（競業企業に転職した場合は特に）前

職企業の顧客を奪おうとしていると考え、転職後の企業に対してもクレームをつけるなど、トラブルに発展するおそれがあります。

(2) 管理の方法・留意点

これに対し、転職後の企業としては、どのように対処するべきでしょうか。

まず、転職後の企業としては、中途社員が、前職企業と退職後の秘密保持契約や競業避止契約を締結しているかどうか、確認すべきです。中途社員は前職企業のノウハウや経験を有するいわば即戦力ですから、中途社員が前職企業で培った技術やノウハウ等を活用し、転職後の企業の業績に貢献してもらいたいという期待を有していると思います。

しかし、中途社員が前職企業に対し、秘密保持義務や競業避止義務を負っているにもかかわらず、転職後の企業が中途社員を通して前職企業の企業秘密を利用することがあれば、前職企業が、義務違反を理由に中途社員に対して差止めや損害賠償請求をするだけでなく、転職後の企業も相手方とされて、トラブルに巻き込まれる可能性があります。

また、そもそも、各企業が培ってきた技術・ノウハウ・顧客情報などは、企業において重要な資産です。仮に中途社員が退職後の秘密保持義務や競業避止義務を負っていなかったとしても、転職後の企業が前職企業の企業秘密を無制限に使用していては、今度は自分の企業秘密が転職した労働者によって活用されてしまっても、これを非難することはできなくなってしまいます。こうした観点からは、転職後の企業としては、やはり自分の企業活動によって形成した技術・ノウハウ・顧客情報等を活用すべきであり、安易に中途社員が前職企業で得た企業秘密について使用することは、避けることが望ましいと考えます。

なお、転職後の企業は、当該中途社員が前職企業のどのような企業秘密をもっているのか、わかりませんので、ここでもあまり具体的な内容を突き詰めるわけにもいきません（突き詰めれば、かえって企業秘密の内容が明らかに

なってしまいます)。そのため、ここでも誓約書によって、中途社員に対し、他企業の企業秘密を持ち合わせていないことや、他企業の企業秘密を使用することはないこと、これに違反した場合には懲戒処分等を受けても異議を申し立てない、といった内容を約束してもらうことが適切ではないかと思います。

対応策 新卒社員は、起こりうる事態の重大性について深く理解しないまま安易に企業秘密を外部に漏えいしてしまうことがないわけではありませんので、企業秘密に触れさせる前に、しっかりと研修や指導を行い、誓約書を提出させるなどして、早期に「企業秘密は保護すべきもの」という規範意識を植えつけることが重要です。また、こうした規範意識を忘れさせないために、機会を捉えて研修を行ったり誓約書を提出させます。

これに対し中途社員は、前職企業で企業秘密を扱っていた可能性があるため、その取扱いが問題となります。企業としては、他社の企業秘密を活用することができれば利益に繋がるかもしれませんが、他方でトラブルに発展するリスクも大きいので、やはり本来的に他社の企業秘密を使うのは避け、中途社員に対しても前職企業の企業秘密を使うことがないよう、留意させるべきです。

【書式16】 入社時の誓約書例

```
                                    平成〇〇年〇〇月〇〇日
〇〇株式会社
代表取締役社長  〇〇  〇〇  殿

                    誓  約  書
                                    (住所)
```

　　　　　　　　　　　　　　　（氏名）　　　　　　　　㊞

　私は、貴社に入社するにあたり、下記事項を遵守することを誓約いたします。

記

1　貴社の就業規則および服務に関する諸規定に従い、誠実に勤務すること。
2　履歴書等に記載した内容は、事実に相違ないこと。
3　（中途採用者の場合）貴社以外の第三者に対して現在負っている秘密保持義務ないし競業避止義務の有無・内容について、貴社に申告した内容で相違ないこと。
4　貴社従業員として会社の信用・名誉を毀損するような言動を行わないこと。
5　以下の情報について、会社の許可なく、いかなる方法をもってしても開示、漏えいまたは使用しないこと。なお、このことは、私が貴社およびその関連会社の中で異動した場合、また、私が貴社を退職した後も同様とする。
　①　個人情報
　②　経営、人事、業務、マーケティング、製品開発、研究、製造、営業に関する情報
　③　顧客の信用に関する情報
　④　上記のほか、貴社が機密情報として管理し、また機密として指定した情報
6　在職中に私が預かる書類、図面、写真、サンプル等の各種資料およびパソコン、フロッピーディスク等資料の記録媒体は厳重に保管し、貴社の了承なしに複写・複製しないこと。また、これら各種資料は、貴社を退職する場合には直ちに返還すること。
7　在職中および退職後1年間、貴社と同種あるいは類似の業務を行う会社に就職し、あるいは自ら営業しないこと。
8　その他、故意または過失によって貴社に損害を及ぼしたときは、その責任を負うこと。
9　以上に違反した場合にいかなる処分を受けても異議を申立てないこと。
　　　　　　　　　　　　　　　　　　　　　　　　　　　以　　上

【書式17】 プロジェクト参画時の誓約書例

　私は、○○プロジェクト（以下、「本件プロジェクト」といいます）に参画するにあたり、会社の機密保持に関し、就業規則およびすでに提出した誓約書に基づく義務を負うことを確認し、加えて下記事項を遵守することを誓約いたします。

記

（秘密保持の誓約）
第１条　会社の許可なく、本件プロジェクトに関して会社が機密として指定した事項（以下、「機密事項」といいます）を、本件プロジェクトの参画者以外の者に対し開示したり、または本件プロジェクト遂行の目的以外に使用したりしないこと。

（プロジェクト終了後の秘密保持等）
第２条
１　機密事項は、本件プロジェクト終了後（退職後も含む）も、会社の許可なく開示、漏えい、または使用しないこと。
２　本件プロジェクト終了時、本件プロジェクトを担当しなくなったとき、または会社による要求があるときには、機密事項が記録された会社の文書または物件等であって自己の保管するものを、遅滞なくすべて会社に返還すること。

（第三者に対する守秘義務の遵守）
第３条　第三者に対して守秘義務を負っている情報については、本件プロジェクトにおいて知り得たかそれ以前から知っていたかにかかわらず、その守秘義務を遵守すること。

（損害賠償）
第４条　第１条ないし第３条に違反したときは、会社が被った損害について賠償すること。

以　上

【書式18】 管理職就任時の誓約書例

　私は、○○に就任するにあたり、会社の機密保持に関し、就業規則およびすでに提出した誓約書に基づく義務を負うことを確認し、加えて下記事項を遵守することを誓約いたします。

記

（機密保持）
第1条　会社の経営、人事、業務、マーケティング、製品開発、研究、製造、営業に関する情報その他会社が機密情報として管理し、また機密として指定した情報（以下、「機密事項」という）について、○○就任に伴い閲覧可能になる機密事項も含め、会社の許可なく第三者に開示、漏えいまたは使用しないこと。

（解任後の機密保持）
第2条　○○を解任され、または会社を退職した後も、前条の機密事項については同様に第三者に開示、漏えいまたは使用しないこと。また、解任または退職時には、機密事項が記録された会社の文書または物件等であって自己の保管するものを、遅滞なくすべて会社に返還すること。

（損害賠償）
第3条　第1条および第2条に違反したときは、会社が被った損害を賠償すること。

以　上

日常的な業務を行う前の教育・研修に関する留意点

　A社では、新入社員に対し、業務を行う前の段階として、企業秘密について研修を行うことにしました。この場合、どのような内容について研修すればよいでしょうか。

回　答

1　企業秘密を扱うのが従業員である以上、従業員を教育・指導し、企業秘密保護についての意識をもってもらう必要があります。
2　教育・研修では、企業秘密の対象、利用の手続、日常業務における取扱い、ソーシャルメディア利用における留意点などについて、指導します。
3　教育・研修は1回で終わりとするのではなく、さまざまな機会をみつけて、つねに意識づけを行うことが重要です。

1　教育・研修の目的

　企業の現場において企業秘密を扱うのは従業員です。したがって、外部の第三者が不正にアクセスして盗み出すのでない限り、企業秘密が外部に漏えいするのは、従業員の手による以外には考えられません（実際にも、漏えい事例の多くは従業員や元従業員の行為が原因となっています）。したがって、企業秘密を保護するためには、すべての従業員に対し、「企業秘密は守るべきもの」、「外部に持ち出してはならないもの」という認識を共有させ、これを遵守させなければなりません。そのために必要となるのが、教育・研修で

す。

　従業員を採用した際に教育・研修を実施することについては本章Ｑ３でも触れていますが、こうした教育・研修は１回行えば十分というものではありません。人間の記憶は時間が経過すれば鈍磨し、薄れてしまいますので、企業は不断の努力により、従業員に対して企業秘密保護の必要性を説き、つねに高い意識をもって企業秘密を取り扱ってもらわなければならないのです。

2　教育・研修の内容

(1)　企業秘密の対象および保護の必要性の理解

(A)　企業秘密の対象の周知、漏えいの影響等の認識・理解

　企業秘密保護という点からは、まずどのような情報を企業秘密といっているのか、具体的な内容について説明する必要があります。また、どうしてこうした情報を保護しなければならないのか、仮に外部に漏えいされた場合にはどのような問題、企業に対する損害が発生するおそれがあるのか、説明する必要があります。

(B)　「情報は企業の財産」・「企業の財産の私的利用の禁止」の認識・理解

　こうした企業秘密の保護を検討するにあたり、筆者として特に意識してもらいたいのが、企業の業務に関連して得た情報は、「企業が所有する財産」であるということです。

　すなわち、企業が業務を指示し、その指示に従って従業員が労働している以上、業務に関連して得た物や情報は、本来すべて企業に帰属するべきものであり、従業員個人が業務とは無関係に私的に用いてよいものではないはずです。これは何も不正競争防止法上の営業秘密のような厳重な管理を受けている情報に限りませんし、また情報に限った話でもありません。たとえば普段業務で使用しているコピー機なども、本来は企業がその業務のために使用を認めているにすぎず、自らの私的な目的に利用してよいものではありません。

しかし、こうした意識が徹底されていない場合には、「ちょっとくらいよいか」という感覚で、企業の財産を業務外の目的で使用（自分の私的な物をコピーする等）することもあるのではないかと思います。企業秘密の漏えいも、こうした企業の財産の私的利用の延長線上に位置づけられると考えられます。したがって企業は、従業員に対し、日頃から「企業の財産は私的に使用してはならない」という規範意識を植え付け、情報に限らず、企業の財産を安易に私的に利用することを戒めていく必要があると思います。

(C) 貸与パソコン等の私的利用によるリスクの認識・理解

この企業の財産を利用する場合、企業秘密保護の観点からも特に重要と思われるのが、貸与したパソコンや携帯電話等の取扱いです。これも企業が本来業務を行わせるために従業員に貸し与える物であり、業務以外に使用することは基本的に想定されていません。しかし、実際には、従業員が、業務の合間に、企業が貸与したパソコンから私的なメールを送信したり、あるいはインターネットで業務と関連していないホームページ等を閲覧することは、しばしば行われているのではないかと思われます。また、企業秘密の多くが電子データの形で保存されている今日において、企業秘密漏えいのツールとして、企業が貸与したパソコン等が利用されることもあります（大阪地判平成14・9・11労判840号62頁、東京地判平成23・6・15労判1034号29頁等）。こうした企業の貸与物の私的利用について、裁判例の中には、私的な使用の禁止が徹底されていなかったことを前提として、「日常の社会生活を営む上で通常必要な外部との連絡の着信先として会社の電話装置を用いることが許容されるのはもちろんのこと、さらに、会社における職務の遂行の妨げとならず、会社の経済的負担も極めて軽微なものである場合には、これらの外部からの連絡に適宜即応するために必要かつ合理的な限度の範囲内において」企業の電話や電子メールの送受信を私的に行うことも認められるとしたものもありますが（東京地判平成13・12・3労判826号76頁）、仮に緊急の必要性が認められたとしても、企業が貸与するパソコンや携帯電話が、業務遂行のために使用を認めているものであり、私的な連絡のために貸し与えているわけで

はないという前提は変わりません。加えて、今日ではほとんどの従業員が携帯電話をもっているでしょうから、連絡等のために企業の貸与パソコンや携帯電話を使用させる必要性にも乏しいといえます。さらに、私的な利用を許していれば、従業員が不用意に閲覧したホームページからパソコンや携帯端末がウィルスに感染することや、ファイル交換ソフト等によって企業秘密が外部に漏えいする危険もあります。したがって、企業秘密保護の観点からは、やはり貸与物の私的使用は極力行わせないようにすべきだと思います（企業によっては、こうした私的利用ができないよう、ホームページへのアクセスを制限している例もあります。）。

(2) 企業秘密の利用手続

次に、企業秘密をどのようにして利用するのか、という点についても研修であらかじめ教えておく必要があります。管理され、アクセスが制限されている企業秘密へのアクセス手続の方法を教えるのはもちろん、さほど管理されていない企業秘密についても、企業の財産である以上、むやみに外部に持ち出したりせず、注意して取り扱うよう、日ごろから徹底しておく必要があります。

また、日常の業務を遂行する過程において、新たな顧客先の情報や新技術の開発といった企業秘密を取得する場合もあります。その場合にもどのように管理するようにするか、その手法をあらかじめ確認しておくべきだと思います。

(3) 企業秘密の取扱い

この項目が従業員に対する教育・研修の内容として最も重要ではないかと思いますが、普段使用する企業秘密を、企業秘密を保護するという観点から、どのような点に気をつけたらよいか、確認します。

（参考） 従業員による企業秘密の取扱いに関し問題と考えられる具体例

① 日常業務においてパソコンのディスプレイに当該企業秘密を表示させたまま、あるいは机の上に企業秘密の含まれたファイルを開いたまま離席すること
② 携帯情報端末を用いて企業秘密を外部に持ち出した場合に、不特定多数の者が周囲にいるにもかかわらず、これを開いて閲覧すること
③ 外にいるときに、上司と雑談のついでに業務の話をし、企業秘密に該当する情報について意見交換を行うこと

①は、パソコンをスリープや休止状態にし、復帰するときにパスワードを要求する、あるいはファイルを必ず閉じるようにしてもらう、②は、閲覧場所についてあらかじめ制限を設け、守ってもらう、③は、業務に関する話をできるだけ外でしないようにする、といった対応が考えられます。もっとも、上記の対応は、いずれも物理的に漏えいを防ぐものではなく、結局、企業秘密を取り扱っている「従業員」に順守してもらうほかありません。これらの具体例だけをみても、企業秘密を保護するためには従業員の意識を高めることの重要性がおわかりいただけるかと思います。

教育・研修は、行ってすぐに効果が出るとは限りませんし、またいくら行っても完璧を期することは困難ですが、普段からこうした意識づけを行い、従業員の規範意識を高めて、企業秘密を保護していただきたいと思います。

(4) ソーシャルメディアの利用の注意点

(A) ソーシャルメディアと企業・従業員

ここで、最近特に話題になっているソーシャルメディアについて、企業秘密保護の教育・研修という観点から、一言触れておきます。

ソーシャルメディア（SNS。twitter、ブログ、ネット上の掲示板等）を活用する人は年々増加しており、平成23年の総務省「情報通信白書〔平成23年度

版］」によれば、調査を行ったうち、約42.9％がソーシャルメディアを利用しているとのことです。特に若年層に利用者が多いため、現代の20代、30代の従業員のほとんどが何らかの形で（場合によってはいくつもの）ソーシャルメディアを利用しているといってよいでしょう。この結果、個々人が世界中の不特定多数の人々に、自己の意見や情報を公開することは、ますます容易になってきています。また、企業の中には、こうしたソーシャルメディアを積極的に活用して、知名度の向上等に結びつけているところもあります。

　他方で、本章Ｑ３でも解説したように、従業員がソーシャルメディアを安易に利用し、その結果企業の信用が毀損されるという事件がしばしば発生しています。また、筆者が実際に相談を受けた事例でも、他企業に先駆けて特定の商品のキャンペーンを行おうとしたところ、従業員が準備している様子をブログにアップしてしまったというケースもありました。ほかにも、企業秘密には直接関係しませんが、2013年の夏に、コンビニエンスストアの従業員が同店の冷凍スペースに入り込み、その様子をネット上で公開したため、ネットだけでなくメディアでも騒ぎとなり、そのコンビニエンスストアが閉店する事態に発展したケースもありました（この騒ぎはさらに拡大し、各地のコンビニエンスストアやファミリーレストラン等で、冷蔵庫に入った写真等を撮影し、ネット上で公開するといういたずらが横行しました）。いずれも、こうした行為を行った従業員は、まさかここまで深刻な事態になるとは思わず、軽い気持で発信してしまったのだと思います。

　ソーシャルメディアの便利な点は、誰でも気軽に、不特定多数の人々に自分の意見や情報を発信できるところにありますが、それだけに、一度情報が出てしまうと、瞬間的に多数の人間に知られるところとなり、その情報を後から回収することは不可能です。また、ネット上での発信は、直接話すのと比べて真意が伝わりにくいため、自分が良かれと思って発信した情報でも、ネガティブに受け取られることもあります。

　本章Ｑ３で触れた事例のように、企業が秘密とすべき情報が流された場合、発信した従業員は悪いことだと思っていなくても、不特定多数の閲覧者

から一斉に企業に対する非難が殺到することになります（俗に、「炎上」と呼ばれます）。こうなった場合の企業の信用毀損による損害は計り知れません。

　(B)　ソーシャルメディア利用の管理の方法・留意点

　以上の点を踏まえると、企業秘密の保護という観点からみた場合、企業が従業員のソーシャルメディア利用についてとるべき方針としては、基本的には、できる限り業務に関する内容は掲載しないほうがよい、ということになります。もっとも、前述のように、企業によっては、ソーシャルメディアを積極的に活用したいと考えるケースもありますし、従業員のソーシャルメディアの利用自体は、本来的に個々人の自由な活動ですので、ソーシャルメディアの利用を完全に禁止するということも現実的ではありません。

　ですので、企業がとるべき対応としては、就業規則に規定して厳格に遵守を求めるというよりは、強制力はさほど強くはないですが、広く個人的なソーシャルメディアの利用までカバーできる「ガイドライン」のようなものを策定し（【書式19】参照）、従業員に周知徹底して遵守を求めていく、その意味ではここでも従業員の意識に訴えかけていくことが適切ではないかと思います。もちろん、その前提として、企業秘密が軽々しく従業員の目に触れることがないよう、管理をしておく必要はあります。そのうえで、現実的に企業の信用が毀損されるようなことがあれば、個々の事案ごとに対応し、必要に応じて懲戒処分等を検討します。

3　定期的・適宜の教育・研修の実施

　1で述べたように、企業は、不断の努力によって、つねに従業員に企業秘密保護の意識を持ち続けてもらう必要があります。そのためには、教育・研修も、機会を捉え、できれば定期的に開催することが望ましいといえます。

　また、教育・研修といえば、多くの従業員を集めて講義やワークショップを行うことが思い浮かぶかもしれませんが、何もこうした、いわゆる「研修」の場に限る必要はありません。

　たとえば、毎朝の朝礼でも折に触れて企業秘密保護について話をするなど

日常的な業務指導の場面も活用し、さらには現場で、上司が企業秘密の取扱いについて注意指導するなどして、改善を図ってもらいたいと思います。

対応策　企業秘密を保護するために、従業員に対する教育・研修は不可欠です。その際に重要なのは、企業において業務のために使用する資産・情報は、いずれも企業が業務を遂行するために、従業員に使用を認めているにすぎないこと、したがって本来業務外で使用してはならないという考えを徹底し、企業秘密漏えいのツールとなりやすい、企業が貸与するパソコンや携帯電話等の私的利用を極力行わせない企業秩序を築くことです。

　また、実際に企業における情報のどれが企業秘密に該当するのか、企業秘密を閲覧するためにはどのような手続を踏むのか、手続に違反したらどのような処分を受けるのか、といった点についても、きちんと理解してもらう必要があります。特に、ソーシャルメディアを利用して安易に企業秘密を発信してしまわないよう、注意喚起しておくべきです。

【書式19】　ソーシャルメディア利用ガイドライン例

ソーシャルメディア利用ガイドライン

1　ガイドラインの目的

　このガイドラインは、○○社の従業員、契約社員、アルバイト、派遣社員のすべてに対し、ブログ、ソーシャル・ネットワーク、その他のソーシャルメディアを利用する際、ソーシャルメディアに発信する本人のプライバシーが侵害されたり、○○社のブランドが毀損されることがないよう、発信者が責任をもち、良識のある利用をすることを求めています。

2　ソーシャルメディアの特徴

　①　ソーシャルメディアにおいて発信した内容は、瞬時に不特定多数に拡

散します。
② 一度発信され、公開された内容は、これを完全に削除することは不可能です。
③ 身元を隠して発信したとしても、発信者の氏名や所属が特定されることがあります。

3 ソーシャルメディア利用の留意事項
① つねに誠実な態度で良識ある発信を行うよう、心がけてください。
② 間違っていたら、誤りを率直に認め、すぐに訂正しましょう。
③ ○○社に関連した事柄を発信する際には、身元（氏名、必要な場合には当社での所属）を明らかにし、一人称で行ってください。また、「このサイトの掲載内容は私個人の見解であり、○○社の立場や意見を代表するものではありません」との免責文を入れてください。
④ ソーシャルメディアでの発信は、業務とプライベートの区別は明白ではありません。○○社の所属を明らかにして発信するときは、○○社の代表として受け取られることになります。
⑤ 読み手がどのような受止め方をするかを考え、内容、表現に留意してください。特に政治・宗教など意見が分かれる問題について発信するときには、より慎重に行う必要があります。
⑥ 発信してよいか迷ったら、上司や同僚に相談するか、発信しないようにしましょう。
⑦ 法令はもちろん、○○社の就業規則や各種指針等を遵守してください。

4 発信してはいけない情報
① ○○社および他社の技術上、営業上、経営上の機密情報を発信してはいけません。
※現在位置を知らせるチェックイン機能なども、機密情報に該当することがありますので、注意してください。
② ○○社はもちろん、同僚、お客様や取引先その他いわゆる他人に対する中傷は発信してはいけません。
③ 人種や宗教、性別等に関する中傷、特定の個人に対する侮辱やプライバシーを侵害する内容、わいせつな内容は発信してはいけません。
④ ○○社のロゴや商標を、○○社の許可なく使用せず、その他著作権、

商標権、肖像権など第三者の権利を尊重し、侵害してはいけません。

5 罰　則
　このガイドラインを守らなかった場合、就業規則に照らして処分することがあります。

6 問い合わせ窓口
　このガイドラインに関するご質問、違反行為の通報等につきましては、○○部（担当：○○）までご連絡ください。

Q5　技術面からの企業秘密の具体的管理

　会社が企業秘密としておきたい情報を秘密のまま管理していくためには、どのような手法があるでしょうか。管理しながらもうまく活用していきたいのですが、どの程度管理すればよいのでしょうか。

回　答

1　企業秘密を事実上管理する手法を検討するにあたっては、不正競争防止法上の「営業秘密」の定義が参考になります。
2　企業秘密を管理する前提として、企業における情報のうち、どれが企業秘密であり、どの程度保護しなければならないのか、選別する必要があります。
3　どの情報が企業秘密に該当するのかがわかるよう、表示をすることで、保護の対象を明確にします。
4　企業秘密に対しては、アクセス権限を有する者を限定し、誰でも知りうる状態に置かないようにします。
5　アクセス権限を有しない者が簡単にアクセスできないよう、鍵をかけたりパスワードを設定したりします。
6　もっとも、どんなに物理的・技術的な管理を徹底しても、従業員がルールを遵守しなければ、企業秘密の保護は期待できません。

1　はじめに──不正競争防止法の「営業秘密」と企業秘密管理──

　第1部第3章で説明したように、企業秘密を事実上管理する方法を検討するに際しては、不正競争防止法の「営業秘密」に該当するような管理手法

(「営業秘密」の判断要素の一つである「秘密管理性」を満たすような管理手法）が、企業秘密全般の管理における一つの目安になります。そこで、企業秘密を管理するにあたって、まずは、この秘密管理性を満たすような内容が何かを検討することが適切と考えられます。

「営業秘密」における秘密管理性の内容について、裁判例では、「当該営業秘密について、従業員及び外部者から認識可能な程度に客観的に秘密としての管理状態を維持していることをいい、具体的には、当該情報にアクセスできる者が制限されていること、当該情報にアクセスした者が当該情報が営業秘密であることを客観的に認識できるようにしていることなどが必要と解され、要求される情報管理の程度や態様は、秘密として管理される情報の性質、保有形態、企業の規模等に応じて決せられるものというべきである」（名古屋地判平成20・3・13判時2030号107頁）と判示しています。

さらに経済産業省「営業秘密管理指針（最終改訂平成25年8月16日）」では、不正競争防止法上の営業秘密の定義の要素となっている「秘密管理性」の判断の要素として、「物理的・技術的管理」と「人的管理」「組織的管理」に分けて考えています。そこで本設問では、「物理的・技術的管理」すなわち企業秘密を秘密として管理していく具体的な手法について、説明します（「人的管理」「組織的管理」については、本章Q6を参照）。

2 企業秘密の選別

(1) 企業秘密選別の意義

不正競争防止法の営業秘密について争われた裁判例を概観すると、問題となっている情報は、顧客情報、機械の設計図、仕入額等が記載されたプライスリストなど、一般的にみて企業における重要性が高いと思われるような情報です（前掲・名古屋地判平成20・3・13では、一般的に重要な情報であること自体が、秘密管理性を認めるための要素の一つとしてあげられています）。

ある意味、当然ではありますが、企業が保有する多種多様な情報のうち、

企業秘密として管理する情報は、管理するだけの価値がある有益な情報でなければ、そもそも管理する必要性が認められません。また、企業が保有する情報をすべて厳格に秘密として管理することは、コストがかかるだけでなく、使い勝手のよい情報が少なくなってしまい、企業活動にかえって支障が出る可能性があります。

(2) 企業秘密の選別の基準・留意点

そこで、企業秘密を秘密として管理するにあたっては、企業に存在する情報のどれを企業秘密として保護しなければならないのか、保護するとしてもどの程度保護するのかについて企業内部で選別する必要があります。この選別の基準は、当該情報が企業にとってどれくらい有益な情報か、他方で当該情報を使用する頻度はどの程度か、それぞれの企業において判断するほかありません。その結果、同じ内容の情報でも、ある企業にとっては企業秘密だが、他の企業にとっては企業秘密とはいえないということもあり得ます。

さらに、上記のようにして選別した企業秘密も、普遍的に企業秘密であり続けるわけではありません。技術はつねに発展しており、やがて陳腐化していきますし、顧客情報もつねに新しい状態に更新しておかなければ企業にとって有益な情報ではなくなってしまいます。それに、古い情報についていつまでも企業秘密として管理していても、コストがかさむだけですので、選定した企業秘密は定期的に見直し、情報の刷新に努めるべきです。

3 「企業秘密」であることの表示

(1) 表示することの意義

企業が企業秘密として選別した情報も、従業員や外部の者がみて、「企業秘密である」と認識できなければ、従業員が当該情報を企業秘密として取り扱い、管理することは不可能です。そこで、不正競争防止法の営業秘密の定義に含まれているように、企業秘密であることが客観的に認識できるような

状態にしておくことが重要です。

(2) 表示の方法・留意点

この点、前掲・名古屋地判平成20・3・13のように、情報の内容が一般的にみて重要であれば、そのこと自体が、秘密としての表示といえるかもしれません。また、パスワード等で保護された情報の場合、保護されている状態そのものが、秘密であることを推認させる要素であるともいえます。

しかし、「重要な情報」であるかどうかは人によって判断が一致しない可能性がありますし、パスワード等で保護されている中にいろいろな情報が含まれていた場合には、その中で、結局どれが重要な情報なのか、よくわかりません。

ですから、秘密として表示するのであれば、やはり明確に、「秘密である」旨を明記することが望ましいと思います。具体的によくみられるのは、「マル秘」「社外秘」「持ち出し厳禁」といったシールを貼ることや、表示することで、秘密であることを明記する方法です。データ上でも、秘密である旨明記することができます。

また、企業秘密といっても、前述のように、情報の内容によっては、秘密として管理の厳格性の程度を変えることもあるかもしれません。そのような場合には、秘密としての表示も「極秘」「マル秘」「社外秘」といった、段階的な表示を行い、企業秘密となる情報がそれぞれどの程度の管理が必要なのか分類し、その分類ごとに、異なる管理方法をとることも考えられます。

4 アクセス権限者の設定

(1) アクセス権限に差異を設ける意義

次に、企業秘密を秘密として管理する以上、従業員や外部の者が等しく見ることができるような情報は、秘密とはいえません。したがって、企業秘密として管理するには、当該企業秘密にアクセスできる従業員を限定し、他の

従業員や部外者が容易に当該企業秘密にアクセスできないような状態にしておく必要があります。

(2) アクセス権限の差異の設定方法・留意点

(A) 業務別・職位別によるアクセス制限

具体的には、企業における特定の業務に従事する従業員や特定の職位にある従業員など、企業秘密に直接アクセスする権限を有する者を限定・特定します。アクセス権限者が少なければ少ないほど、企業秘密としての管理は厳重になります。アクセス権限を有しない者は、アクセス権限者を通して間接的に企業秘密にアクセスすることになります。たとえば、ある企業秘密についてA部長にアクセス権限がある場合、部下のBはA部長に企業秘密の閲覧を申請し、A部長が許可した場合にのみ閲覧することができることになります。

また、前述のように企業秘密の管理の程度を区分けする場合には、たとえば、課長以上には「社外秘」まで、部長以上は「マル秘」まで、役員クラスは「極秘」までアクセス権限を付与する、といったように、秘密の程度によってアクセスできる権限に変化をつけることも考えられます。

〈表３〉 企業秘密の等級規定例

極　秘	これを他に漏らすことにより会社が極めて重大な損失もしくは不利益を受ける、またはそのおそれのある企業秘密であり、原則として指定された者以外には開示してはならないもの
マル秘	極秘ではないが、これを他に漏らすことにより会社が重大な損失もしくは不利益を受ける、またはそのおそれのある企業秘密であり、原則として業務上の取扱部門の者以外には開示してはならないもの
社外秘	極秘、マル秘以外の企業秘密であり、原則として社内の者以外には開示してはならないもの

もっとも、制度上アクセス権限者を限定しただけでは十分ではありません。実際にアクセス権限者のみが企業秘密に触れることができるようにする

ためには、後述する物理的・技術的なアクセス制限措置をとることが必要不可欠です。

(B) 情報別・権限範囲別によるアクセス制限

また、アクセスする従業員を限定するのではなく、アクセスする企業秘密について一部のみにアクセス権限を認めるという手法もあります。たとえば、工場作業において、各従業員が限られた工程にのみ関与し、他の工程の内容を知ることができなければ、企業秘密の一部にしかアクセスできないことになります。その結果、企業秘密の一部にのみアクセスしている従業員は、企業秘密の全体像を把握することができず、企業秘密の漏えいを防止することができます。

さらに、アクセス権限の範囲を限定するということも考えられるでしょう。たとえば企業秘密へのアクセス権限を有する従業員であっても、プリントアウトする権限までは与えず、別の責任者の許可を得なければならないなどとすることで、勝手に出力されることを抑制できます。

5 企業秘密の物理的・技術的保管方法

(1) 紙媒体等、有体物の管理

(A) 物理的な保管における企業秘密保護

企業秘密でも、紙に印刷されたものや、電子データであってもCD-ROMなどに保存されている、いわゆる有体物に化体しているものについては、物理的に保管しなければなりません。

保管にあたっては、保管する場所が問題となります。小さく、量も少ないのであれば、部署内のキャビネット、管理責任者の机の引出しなどが考えられますが、企業秘密の量が多い場合などには、企業秘密を保管する専用の部屋を設けて管理することもあります（秘密の表示として、部屋に「関係者以外立ち入り禁止」とする表示をしておくと、より明確になると思います）。

(B) 保管の方法・留意点

物理的な保管方法について、一番簡単なのは鍵をかけておくことです。この場合には、鍵をかけておくだけでなく、誰が、どこに鍵を保管するのか、スペアキーはいくつあり、それぞれ誰が保管しているのかといったことについても、把握しておく必要があります。通常はアクセス権者が鍵を預かり、スペアキーは、他の部署で保管することになるのではないかと思います。

もっとも、鍵をかけたからといって、それで安心ではありません。せっかくかけた鍵が、机の上や鍵のかかっていない引き出しなど、誰でも使えるような場所に置いてあっては意味がありません（それこそ鍵のかかった場所に保管しておけばよいのですが、それではキリがありません）。ですから、結果として、鍵の管理者が、できるだけ肌身離さず持ち歩いていることが望ましいと思います。

また、企業秘密のための部屋を設けている場合や、あるいは設けていなくても、企業秘密が保管してある部署への入室に制限をかける場合には、鍵をかける以外にも、入室する際にICカードや生体認証などを用いて入室を制限することもあります。ただ、こうした入室制限をかける場合でも、誰かが鍵を開けたときに一緒に入室してしまうという危険もあります。

(2) 電子データの管理

(A) 電子データにおける企業秘密保護

企業秘密が電子データの形で保存されている場合には、基本的にサーバか、パソコンのハードディスクに保存されることになると思いますので、管理の手法としては、もっぱらその電子データへのアクセスをどのように制限するかが主な検討課題となります。

(B) 保管の方法・留意点

(a) 外部からのアクセスへの制限

まず、ネットワークで外部と接続されているパソコンやサーバは、外部からの不正なアクセスによる漏えいの危険も考えられます。また、コンピューターウィルスなどによって、データが破壊されたり、漏えいする危険もあり

ます。これらを防ぐためには、当該企業秘密が入っているパソコン等にウィルス対策ソフトを導入しておくことは当然として、できれば企業秘密は、外部のネットワークから遮断された状態で保存することが望ましいといえます。

　　(b)　内部からのアクセスへの制限

　次に、企業内部からのアクセスについても、誰でも簡単に閲覧できるのでは意味がありませんので、企業秘密が保存されている箇所へのアクセスを制限するためには、パスワードを設定することが基本となります（さらにはソフトによって暗号化することも考えられます）。パスワードを設定する対象は、電子データそのものの場合もあれば、データが保存されているパソコン自体にパスワードをかけることも考えられます。

　また、パスワードは上記(1)における鍵と同じ役割をしますので、誰でも扱えるのでは意味がありません。パスワードを開示する対象がアクセス権限者に限られることは当然として、今度は、アクセス権限者がどのようにしてパスワードを管理するかが問題となります。一番良いのは、パスワードをアクセス権限者が記憶し、形には残さないことですが、現実には難しいでしょうから、結局、どこかに記録をしておく必要があります。

　この場合にも、記録を置いた場所に鍵をかけるなど、簡単にパスワードを見ることができない状態に置く必要があります（前掲・名古屋地判平成20・3・13では、パスワードをパソコンのディスプレイの横に貼っていたことが、秘密管理性を否定する要素として主張されています）。

　さらに、パスワード自体も、ずっと同じにするのではなく、定期的に（あるいは、アクセス権限者の一部が退職や異動等によりアクセス権限者でなくなった場合などに）変更することは、秘密保護の手法としてよく指摘されていると思います。

(3)　携帯情報端末における保管方法

　(A)　携帯情報端末における企業秘密保護

最近では、スマートフォンやタブレット PC といった携帯情報端末が普及した結果、これらにデータを保存し、社外に持ち出し、取引先などとデータを画面で見ながら商談を行うことや、メールのやりとりを行って業務を処理するケースが増えてきています。また、各従業員がもっている個人の携帯情報端末を業務に使用させることもあるそうです。こうした携帯情報端末の利用は、企業にとっての効率性を高める一方で、企業内部の情報を企業外に持ち出すため、企業秘密の漏えいリスクが高くなります。ですので、携帯情報端末に企業秘密を保存する場合には、保護の必要性が特に強いといえます。したがって、携帯情報端末には、企業秘密は保存しないか、保存するとしてもその対象を厳格に絞ることが重要です。

(B) 保管の方法・留意点

この点、携帯情報端末をネットワークから完全に遮断することは、携帯情報端末のメリットを損ねることになるので現実的ではありません。そこで、物理的・技術的管理の方法としては、基本的には前記(2)と同様、パスワード等を設定したり、ウィルス対策ソフトを導入しておく、といった対応が基本となります。

また、利用に際しては、厳格なルールを定め、当該企業情報を閲覧する場所に留意し（他の者が見ていない場所で閲覧する）、ディスプレイにはのぞき見防止のフィルターを貼る、さらには、紛失した場合に備え、遠隔操作でデータを消去できるようなシステムを導入しておく、といった対策が必要になります。

6 実際の企業秘密管理の程度

最初に説明したとおり、以上で述べた企業秘密の物理的・技術的管理の手法は、不正競争防止法上の営業秘密に該当するような厳格な管理手法といえます。

現実の実務では、企業秘密の秘密の程度に合わせ、より簡便な方法で管理していると思われます（不正競争防止法上の営業秘密においても、秘密管理性の

要件については、「要求される情報管理の程度や態様は、秘密として管理される情報の性質、保有形態、企業の規模等に応じて決せられる」としており（前掲・名古屋地判平成20・3・13）、こうした管理手法がすべてではありません）。ですので、ここで説明した内容のすべてを行わなければならないというものではなく、各企業において、企業秘密としての保護の必要性や現実的な可能性などから、適宜取捨選択して管理していただければと思います。

また、物理的・技術的な管理をしても、それを扱う従業員がきちんと管理のルールを遵守しなければ、企業秘密の保護は達成できません。やはり企業秘密の保護は、究極的には従業員をいかに管理できるか、にかかっているのです（この点は本章Q6を参照）。

対応策 企業秘密を管理するためには、まずは企業におけるどの情報を秘密として保護するのか、選別を行います。そのうえで、当該情報が企業秘密である旨を表示し、外部からも、企業秘密であることがわかるようにしておくことが肝心です。

次に、企業秘密である以上、これにアクセスできる従業員を制限しておかなければなりません。実際の方法としては、紙媒体の資料等であれば、保管場所を決めて施錠する、電子データであればデータへのアクセスにパスワードをかけるといった方法があります。

しかし、以上のような物理的な管理体制を整備しても、従業員が管理の運用をきちんと行わなければ、企業秘密の漏えいは防げません。したがって、企業秘密の保護は、究極的には、いかに従業員に管理運用を守らせるかにかかっているといえます。

Q6 企業秘密を保護するための従業員の管理

　A社では企業秘密を管理するために、パソコンのデータにパスワードをかけて保護していたのですが、今回、パスワードを知っている従業員がこれを外部に持ち出すという事件がありました。
　こうしたことを防ぐためには、従業員を管理していかなければなりませんが、どのようなことに注意すればよいでしょうか。

回　答

1　企業秘密を保護するためには、物理的・技術的な管理だけでなく、企業秘密を扱う従業員に対する管理も必要です。
2　従業員の管理にあたっては、管理責任者の選任、企業秘密にアクセスするための手続、実際にアクセスする場合のチェック等の制度設計が必要です。
3　従業員に秘密保持義務・競業避止義務を遵守してもらうため、就業規則に義務を明記し、違反した場合の懲戒規定も設けます。また、教育・研修、誓約書の提出等により、つねに義務の存在を注意喚起しておく努力が必要です。

1　はじめに――企業秘密保護における従業員の管理――

　本設問のように、企業秘密を保護するに際し、物理的・技術的にどれだけ厳重に管理を行っても、実際に企業秘密を扱う従業員がこれを悪用すれば、結局は企業秘密の漏えいを許してしまいます。これを防ぐためには、物理

的・技術的な管理に加え、企業秘密が漏えいしにくい制度の設計、および従業員自身にも、企業秘密は保護するのが当然であり、これを漏えいすることはしてはならない、ということをしっかりと理解させ、順守してもらう必要があります。そこで本設問では、こうした制度設計の仕方、および従業員への意識づけといった観点から、企業秘密管理について説明していきたいと思います（なお従業員の教育・研修については、本章Q4を参照）。

2 企業秘密管理の制度設計

(1) 管理体制の確立・管理責任者の選任

　企業秘密を管理する以上、管理責任者を選任する必要があります。経済産業省の「営業秘密管理指針（最終改訂平成25年8月16日）」では、営業秘密における管理責任として、①統括責任（企業全体の情報セキュリティ管理の責任者）、②総括責任（各事業所等における管理の責任者）、③情報管理責任（秘密の区分けやアクセス権者の指定、アクセス許可等の責任者）、④セキュリティ管理責任（実際の運用の適正を管理する責任者）という要素をあげ、①は役員等（Chief Information Security Officer = CISO）、②には各事業所等の長、③は実際の企業秘密を作成・使用する部署の責任者が、④は①から③までのすべての責任者が負うべきとしています。

　なお、上記営業秘密管理指針では、情報管理体制の例として、管理責任者の選任だけでなく、情報セキュリティ委員会といった組織を設け、統一された管理体制を敷くことも提唱しています。こうした対応ができれば管理を一元化できますので、企業にとってはより望ましいと思います（もちろん、企業規模等によっては、そこまで組織する余裕がない場合もあります）。

(2) 企業秘密をめぐるルールの設計

(A) 企業秘密にアクセスするための手続

　本章Q5で解説したように、企業秘密はその重要性に応じて区分けさ

れ、またアクセス権限者がアクセスの可否を判断することになりますが、そのアクセス権限者が権限を濫用して企業秘密を漏えいすることがあってはなりません（たとえば、東京地判平成12・10・31裁判所ホームページは、数少ないアクセス権限者が企業秘密を持ち出した事例でした）。そのためには、アクセス権限者が企業秘密にアクセスする場合にも、無制限に利用されないよう、利用のためのルールを設けておく必要があると思います。

　具体的によく行われている例としては、アクセス権限者が企業秘密にアクセスする場合に、管理責任者の許可を得るということです（東京地判平成11・7・23判時1694号138頁等）。

　通常、許可の是非を判断するのは、上記(1)の責任者の中では③の情報管理責任者ということになると思いますが、企業秘密の重要性によっては、②の総括責任者やさらに上の①の統括責任者の許可も得たうえで、ということも考えられます（秘密の度合いによって、手続の厳格性を調整します）。

　また、許可を得るにあたっては、アクセス権限者から申請書（【書式21】参照）を提出してもらい、名前、所属、閲覧を希望する日時、閲覧を希望する企業秘密の内容、保管場所から持ち出す場合には、使用する場所、返還時期などについて、あらかじめ記載させておくべきだと思います。

　(B)　実際にアクセスする方法
　　(a)　アクセスする現場の管理の意義
　管理責任者が、企業秘密にアクセスする許可を与えた場合でも、従業員が実際にアクセスする瞬間を見ていないと、本当に申請どおりの企業秘密にアクセスしているのかわかりません（たとえば、保管室にさまざまな企業秘密が保管されている場合、申請した企業秘密以外の企業秘密を持ち出し、漏えいさせてしまう場合がないとはいえません）。そのためには、閲覧する企業秘密、保管場所から持ち出す企業秘密のチェックが必要です（2014年のベネッセコーポレーション個人情報漏えい事件では、アクセスできる部屋を限定し、防犯カメラで監視していたようです）。こうしたチェックは、実際に企業秘密が漏えいした場合に、企業秘密を漏えいした人物、漏えい経路などを確認する際にも

役立つと思います。

　(b)　管理の方法・留意点

　具体的には、紙媒体の資料、データでもCD-ROM、DVD-ROM、USBメモリ等の記録媒体に保存されている場合には、保管場所から持ち出す際に、持ち出す企業秘密がアクセスを申請した企業秘密と一致しているのかどうかを確認することが望ましいといえます。また、実際に保管場所にアクセスしたことについては、アクセスの申請書とは別に記録をつけておき、いつ、誰が、何を持ち出したのか、いつ返還したのか等について、後々わかるようにしておくとよいと思います（保管場所へ入るのにICカードや生体認証を使用していれば、アクセスの記録を残すことはより容易だと思います）。

　また、パソコン等に保存されているデータであれば、パソコンにアクセスした記録、特定の企業秘密のデータにアクセスした記録を残すことは可能でしょうから、アクセス権限者個々人に異なるパスワードを割り振っておけば、当該パスワードの使用者がいつ、どのデータにアクセスしたのか、それが申請した内容と一致するのかについては、比較的容易にチェックできるのではないかと思います（もっとも、本章Q5でも説明したように、パスワードをしっかりと管理していないとアクセス権限者以外の者がアクセスできるようになってしまい、漏えいしたとしてもその経過を追うのが難しくなってしまいますので、注意が必要です）。

　(C)　企業秘密を出力する際の手続

　　(a)　企業秘密の出力管理の意義

　企業秘密をできるだけ外部に出さないようにするためには、企業秘密をコピーして配布したり、プリントアウトする等、出力することは、極力避けなければなりません。そのため、出力する場合にも管理が必要です。

　　(b)　管理の方法・留意点

　具体的な手続は、事前に管理責任者の許可を得る、実際の出力の際にチェックするという点については、上記(A)(B)と同じといえます（【書式22】参照）。ただ、出力は、より企業秘密漏えいの危険が高い行為ですので、許可

を与えるのは閲覧の場合よりも高位の責任者にすべきですし、あらかじめ出力できる事由を決めておき、それ以外の場合には認めないというルールにしてもよいと思います。

また、東京地判平成12・10・31判時1768号107頁では、企業秘密を出力できるプリンタが決められており、そのプリンタの置いてある部屋の管理者の目に触れずにプリントアウトすることが困難な事例でしたが、このように出力の作業自体も管理者の監視の下で行うことにしておけば、企業秘密が恣意的に漏えいするリスクも減らせると思います。

出力した企業秘密も、そのままにしておけば、紛失したり、誰にどの企業秘密が渡っているのか、わからなくなってしまいますので、出力した資料については、管理責任者が部数を確認したうえで、「マル秘」の印を押したり、ナンバリングし、渡した相手のリストを作成する等して、誰にどの資料が渡っているのか、チェックできるようにしておくとよいと思います。

さらに、出力した資料は、使用後には速やかに回収し、処分しておかないと、企業秘密が漏えいするリスクが高まります。こうした使用後の回収・処分も、情報管理責任者が責任をもって行うようにしておくことが望ましいと思います。

3 従業員に対する人的管理

(1) 企業秘密保護における人的管理の意義

以上が企業秘密を管理するうえでの制度設計ですが、前述のように、いくら制度を設計しても、従業員がその制度に沿って運用しなければ意味がありません。また、上記のような厳格な管理がされていない企業秘密についても、従業員が粗略に扱って漏えいすることは防がなければなりません。再三申し上げているように、企業秘密保護のための管理とは、究極的には従業員をどのように管理するかにかかっているのです。

では、企業秘密保護の意識を徹底するために企業が何をすればよいか、で

すが、結局は、従業員に、企業秘密は保護すべきものであり、企業秘密管理に関する制度は順守しなければならない、という「意識づけ」をするほかありません。したがって、企業としては、機会をみつけて「企業秘密の保護」を従業員に訴えかけていく必要があります。

(2) 規則の制定

(A) 就業規則

前項の制度設計に含まれるかもしれませんが、まずは、従業員が遵守すべき事項を規定している就業規則に、企業秘密の保護義務、競業会社への就労の禁止などを明記することが基本です。もちろん、これらの義務は労働契約に付随して、当然従業員が負っている義務なのですが（本章Q1参照）、就業規則に明記することで、従業員に義務の存在をより明確に意識づけることができます。また、懲戒処分は、通常就業規則に規定した懲戒事由でなければ処分の対象とできないと考えられておりますので（最判平成15・10・10判時1840号144頁）、懲戒事由にも規定を設け、秘密保持義務や競業避止義務に違反した場合に懲戒処分を実施できるようにしておきます。

もっとも、就業規則の規定として、どの程度具体的な内容を規定するかは、検討を要するところです。一般的な規定の仕方は、禁止事項として、「会社の機密を漏えいしないこと」と規定するケースですが、具体的な企業秘密の内容が書いてありませんので、従業員も何を保護しなければならないのか、この規定からは判断できません。その意味では、秘密の内容が具体的に規定されていることが本来的には望ましいといえます。ただ、就業規則は、ある意味包括的な規定であり、その規定の中で、企業秘密の内容だけ延々と規定するというのも、あまり現実的ではありません。そこで、企業秘密になるような内容を例示することもあります（本章Q1【書式13】参照）。

(B) 秘密管理規程

企業秘密を厳重に管理する必要性が高い場合には、企業秘密を管理するための独立の規程（【書式20】参照）を設けておいたほうがよいと思います。規

程の中身は、企業秘密の対象、企業秘密を管理する責任者、企業秘密の区分けの基準・方法、アクセス権限者の指定、アクセスするための手続、出力の手続、禁止事項、違反した場合の調査協力義務、損害賠償や懲戒等の制裁といった要素を盛り込むことになると思います。

(3) **教育・研修**

次に、就業規則等に規定しただけでは、従業員が規定の中身を見る機会はそれほど多くありません。そこで、この規定の内容を、従業員に理解してもらう必要があります。そのために、定期的に教育や研修の機会を設けます。

教育・研修では、企業秘密の対象がどのようなものか、どうして保護しなければならないのかといった基本的な知識や、企業秘密を利用できるのは誰か、どのようにして利用できるのかといった制度の内容などについて実施します（教育・研修の内容については、本章Q4を参照）。

こうした教育・研修も、従業員に企業秘密保護の重要性を意識づけるチャンスですので、1回で終わりにするのではなく、たとえば毎年1回行うとか、機会を捉えて実施することがよいと思います。また、昇進して新しい役職に就き、新たな秘密区分の企業秘密へのアクセス権限が付与された場合や、新しいプロジェクトで特定の企業秘密を活用するような場合などにも、企業秘密保護の趣旨を確認させ、遵守の徹底を試みるべきだと思います。

(4) **誓約書・契約書**

入社時の誓約書については本章Q3で説明しましたが、従業員の意識づけという観点からは、何も入社時に限らず、上記のように昇進時や特定のプロジェクトに参加するときなど、ことあるごとに提出を求めたほうがよいと思います（本章Q3【書式16】、【書式17】、【書式18】参照）。また、特に重要なのが退職時の秘密保持契約・競業避止契約です（この点については本章Q10を参照）。

対応策　従業員の管理にあたっては、まず組織としての管理体制を整備します。具体的には、当該企業秘密の管理責任者を選任し、企業秘密の開示手続など、アクセスする際のルールを設定します。また、こうした手続を踏んで企業秘密を開示する場合には、手続に則って開示が行われたことを申請書等の書面をもって記録に残しておき、万が一漏えいした場合にも、行為者や原因を確認できるようにしておきます。

　もっとも、こうしたルールづくりを行っても、従業員が実際にそのルールを守ってくれなければ効果がありません。そのためにも、就業規則の規定はもちろん、機会を捉えて研修を行ったり誓約書を提出させたりすることで、従業員に企業秘密を保護するという意識を植え付けていただきたいと思います。

【書式20】　秘密管理規程例

秘密管理規程

第1章　総　　則

（目的）
第1条　この規程は、会社の営業秘密の管理に関して必要な事項を定め、もって営業秘密の適正な管理および活用を図ることを目的とする。

（適用範囲）
第2条　この規程は、従業員（正社員、契約社員、嘱託社員、派遣社員を含む）および役員（以下、「従業員等」という）に適用されるものとする。

（定義）
第3条　この規程において各用語の定義は、次に定めるところによる。
　(1)　「営業秘密」とは、秘密として管理されている生産方法、販売方法その他の事業活動に有用な技術上または営業上の情報であって、公然と知ら

れていないものであって、第6条第1項により営業秘密として指定されたものをいう。
(2) 「文書等」とは、文書、図画、写真、図書、磁気テープ、CD-ROM、DVD-ROM、ハードディスクドライブその他情報を記載または記録するものをいう。
(3) 「電子化情報」とは、磁気テープ、CD-ROM、DVD-ROM、ハードディスクドライブその他の電子媒体に電磁的に記録された情報であって、情報システムによって処理が可能な形態にあるものをいう。
(4) 「物件」とは、物品、製品、設備その他文書等以外のものをいう。

(営業秘密の等級)
第4条　営業秘密として管理するため、次のとおり営業秘密等級を設ける。
(1) 極　秘　　他に漏らすことにより会社が極めて重大な損失もしくは不利益を受ける、またはそのおそれのある営業秘密であり、指定された者以外には開示してはならないもの。
(2) マル秘　　他に漏らすことにより会社が重大な損失もしくは不利益を受ける、またはそのおそれのある営業秘密であり、原則として業務上の取扱部門の者以外には開示してはならないもの。
(3) 社外秘　　極秘、マル秘以外の営業秘密であり、原則として社内の者以外には開示してはならないもの。

第2章　営業秘密の管理体制

(管理責任者)
第5条
1　会社の営業秘密の管理を統括するため、営業秘密管理統括責任者（以下、「統括責任者」という）を置く。統括責任者は、役員の中から取締役会の指名により決定する。
2　各部門長および各部門内の業務分掌単位の長は、それぞれ営業秘密管理責任者（以下、「管理責任者」という）として、本規程に定めるところにより、所管する部門・業務分掌単位における営業秘密の管理の任にあたる。

（指定）
第6条
1　管理責任者は、別途定めるところにより、会社が保有する情報について、営業秘密として指定するとともにその営業秘密等級を指定し、その秘密保持期間およびアクセスすることができる者（以下、「アクセス権限者」という）の範囲を特定するものとする。
2　管理責任者は、前項により指定された情報を含む文書等、電子化情報および物件に営業秘密である旨を明示する。
3　管理責任者は、第1項により指定された情報について、日時の経過等により秘密性が低くなり、または秘密性がなくなった場合においては、そのつど、営業秘密等級の変更または営業秘密指定の解除を行うものとする。

第3章　従業員等

（申告）
第7条　従業員等は、業務の過程で営業秘密として指定された情報の範囲に含まれるものを取得し、または創出した場合は、遅滞なくその内容を管理責任者に申告するものとし、管理責任者は第6条第1項に従い営業秘密として指定するものとする。

（秘密保持義務）
第8条
1　従業員等は、管理責任者の許可なく、営業秘密をアクセス権限者以外の第三者に公表、開示、漏えいまたは使用させてはならない。
2　従業員等は、管理責任者の許可なく、営業秘密を指定された業務以外の目的で使用してはならない。
3　従業員等は、会社から求められたときは、秘密保持誓約書を提出する。

（配布・持ち出し）
第9条
1　従業員等が、営業秘密が含まれる文書等を配布するときは、配布先を記録しなければならない。

2 営業秘密が含まれる文書等の送付あるいは電子化情報の電子メールによる送付にあたっては、従業員等は、親展扱いや電子化情報の暗号化等、適切な措置を講じなければならない。
3 営業秘密が含まれる文書等、あるいは営業秘密が含まれる電子化情報を社外に持ち出すには、管理責任者の許可を得なければならない。

(閲覧)
第10条
1 従業員等は、第4条第1号および第2号の営業秘密を、管理責任者が許可を与えたアクセス権限者以外の者に閲覧させてはならない。同条第3号の営業秘密については、社外の者に閲覧させてはならない。
2 管理責任者は、閲覧の許可を与えた場合、閲覧者の氏名および日時等を記録する。

(複製)
第11条
1 営業秘密の含まれる文書等は、管理責任者および管理責任者が許可を与えた者のみが複製することができる。
2 電子化情報の印刷は、管理責任者が別途指定するプリンタで、他者に読み取られないよう注意して行う。

(廃棄)
第12条 営業秘密の含まれる文書等を廃棄するときは、裁断、償却、溶解その他適切な方法で行わなければならない。電子化情報の消去にあたっては、第三者が残留情報を読み取れないよう必要な措置をとらなければならない。

(退職者)
第13条
1 従業員等は、その身分を失った後においても、第8条第1項に定める秘密保持義務を遵守しなければならない。
2 管理責任者(管理責任者が退職する場合においては、「統括責任者」と読み替えるものとする。以下、この条において同じ)は、従業員等が退職す

る際、当該従業員等が在職中に知り得た営業秘密を特定するなど、当該従業員等が負う秘密保持義務等の内容を確認するものとする。
3　従業員等は、退職時に、文書等または物件を社外に持ち出してはならず、また自己の保管する文書等または物件をすべて会社に返還しなければならない。
4　従業員等は、退職時に、自己の文書等に記録等された営業秘密を消去するとともに、消去した旨の誓約書（自己の文書等に営業秘密が記録等されていないときは、その旨の誓約書）を管理責任者に提出しなければならない。
5　従業員等は、退職後において、前2項に定める文書等、物件、または営業秘密のうちで、過失により返還または消去していないものを発見した場合には、速やかに前2項に定める措置を講じるものとする。

(教育)
第14条　管理責任者は、従業員等に対してこの規程および管理基準の内容を周知徹底させるため適切な教育を行い、従業員等の営業秘密保護意識の高揚、維持に努めるものとする。

(監査)
第15条
1　管理責任者は、この規程および管理基準に基づく秘密管理水準を確保するため、所管する部門・業務分掌単位における監査を行い、その結果を統括責任者に報告するものとする。
2　従業員等は、前項の監査に誠実に協力しなければならない。

第4章　社外対応

(第三者の秘密情報の取扱い)
第16条
1　従業員等は、第三者から情報の開示を受ける場合、当該情報が秘密情報か否か、また秘密情報であるときは、当該秘密情報の開示につき、当該第三者が正当な権限を有することの確認をしなければならない。
2　前項に定める場合において、従業員等は、当該第三者が正当な権限を有

しないときまたは正当な権限を有するか否かにつき疑義のあるときには、当該情報の開示を受けてはならない。
3　第１項により開示を受ける秘密情報については、当該第三者との間で、その使用または開示に関して会社が受ける制約条件を明確にしなければならない。
4　第１項により開示を受けた秘密情報を使用または開示する場合は、前項の会社が受ける制約条件に従うものとし、当該秘密情報は会社の営業秘密と同等に取り扱うものとする。

第５章　雑　　則

（罰則）
第17条　従業員等がこの規程に違反する場合は、就業規則の懲戒規定に基づき措置される。

【書式21】　閲覧申請書例

平成○○年○○月○○日
○○部
課長　○○　○○　殿

機密事項閲覧申請書

所属
氏名　　　　　　　　　　㊞

以下のとおり、機密事項の閲覧を申請しますので、許可願います。

1　閲覧を希望する機密事項（記録媒体の形式）

2　当該機密事項のレベル　　極秘・マル秘・社外秘

3　目　的

4　希望日時
　　平成〇〇年〇〇月〇〇日〇〇時〜平成〇〇年〇〇月〇〇日〇〇時

5　閲覧場所

以　上

部長

【書式22】　印刷・複製申請書例

平成〇〇年〇〇月〇〇日

〇〇部
部長　〇〇　〇〇　殿

機密事項印刷・複製申請書

　　　　　　　　　　　所属
　　　　　　　　　　　氏名　　　　　　　　　　㊞

　以下のとおり、機密事項の印刷・複製を申請しますので、許可願います。

1　印刷・複製を希望する機密事項（記録媒体の形式）

2　当該機密事項のレベル　　極秘・マル秘・社外秘

3　目　的

4　印刷・複製部数

5　回収期限
　平成〇〇年〇〇月〇〇日

　　　　　　　　　　　　　　　　　　　　　　　　　　　　以　上

部長

従業員に対するモニタリング（調査）の留意点

A社では、企業秘密が漏えいした可能性が判明したため、いつ、誰が企業秘密を外部に漏らしたのか、調査したいと考えています。抜き打ちで各人が使用するパソコンをチェックして、データの利用状況を確認しようと思いますが、問題があるでしょうか。また、従業員のロッカーを調べることは問題があるでしょうか。

回　答

1　企業秘密の漏えいを完全に防止することができない以上、企業秘密が漏えいしたときのことも考えておかなければなりません。そのためには、従業員が使用しているパソコンやロッカーなどの調査をする必要があります。

2　企業が貸与した物でも、従業員のプライバシーが存在している場合には一定の配慮が必要であり、必要性や調査の方法によっては、違法と判断されることもあります。

3　調査は、目的と必要性が認められる場合に、中立的な立場の者が、目的に必要な限度で実施します。こうした手続についてもあらかじめ規程を作成して周知しておくことが望まれます。

4　従業員個人が所有する携帯情報端末については、企業が貸与する物ではありませんので、調査には基本的には従業員本人の同意が必要です。

1 企業秘密漏えい発覚後の調査

(1) 発覚後対応の事前検討の重要性

　これまでみてきたように、企業としては、その保有する企業秘密をできる限り外部に漏えいせずに管理することが必要となりますが、企業秘密の内容によっては、厳格な管理を行うことが適切でない場合もありますし、仮に管理をしていたとしても、企業秘密を取り扱う従業員を完璧にコントロールすることは不可能です。そのため、企業としては、企業秘密の漏えいを防止するための管理とならんで、仮に企業秘密が漏えいした場合の対応についても、検討しておく必要があります。

(2) 初動としての調査

　企業秘密が漏えいした場合に、まず確認しなければならないのは、誰が、いつ、どうやって企業秘密を外部に漏えいしたのか、という事実関係です。
　企業秘密が電子データであれば、企業が従業員に貸与したパソコンを利用してデータを送信していることが考えられますので、従業員のパソコンのメール送信履歴等を確認する必要があります。また、紙媒体であれば、ロッカーなど、従業員が私物を保管している場所に隠していることも考えられます。
　しかし、他方で、会社が貸与しているとはいえ、従業員が専ら使用しているパソコンや、従業員の私物を収納しているロッカーなどについて、企業がどこまで強制的に調査可能なのでしょうか。

2 調査(モニタリング)の可否

(1) 企業の備品と従業員のプライバシーとの関係

　まず、パソコンもロッカーも、企業が、業務上の必要性から従業員に貸与したものであり、本来企業が所有・管理する備品です。このことからすれば、企業が、自身が管理する備品について中身を調査することも、当然認められるのではないかとも思われます。また、企業は、業務遂行の必要性から備品を貸与するのですから、基本的な姿勢として、従業員に備品を業務外で使用することを認めるべきではありません。

　しかし、企業が貸与したパソコンや携帯電話等で、私的なメールを送受信したり、業務と関係がないインターネットサイトを閲覧したりすることは、現実によくみられるところです。また、ロッカーには当然ながら、従業員の私物が収納されています。その結果、パソコンやロッカー等の企業の備品の中には、従業員のプライバシーに関する情報が含まれることになり、企業が強制的にこれらの備品を調査することによって従業員のプライバシーを侵害するおそれが出てきます。

(2) 調査をめぐる裁判例の動向

　これについて、東京地判平成14・2・26労判825号50頁は、企業が企業秩序を定立し維持する権限を有することから、企業秩序に違反する行為があった場合には、「その違反行為の内容、態様、程度等を明らかにして、乱された企業秩序の回復に必要な業務上の指示、命令を発し、又は違反者に対して制裁として懲戒処分を行うため、事実関係の調査をすることができる」として企業による調査を認めました。

　しかし他方で、「調査等の必要性を欠いたり、調査の態様等が社会的に許容しうる限界を超えていると認められる場合には労働者の精神的自由を侵害した違法な行為として不法行為を構成することがある」と判示して、企業に

よる調査には一定の限界があることを認めています。また、企業が貸与したロッカーを従業員に無断で開け、私物を撮影したケースについて、プライバシー侵害を認めた裁判例もあります（最判平成7・9・5判時1546号115頁）。

　これらの裁判例から考えると、企業が従業員に貸与した備品にも、一定の範囲で、従業員のプライバシーが存在すると考えられます。もっとも、東京地判平成13・12・3労判826号76頁では、上記と同様に電子メールの使用に従業員のプライバシー権がないとはいえないとしながらも、その電子メールが、①社内ネットワークシステムを用いた電子メールの送受信について、一定の範囲でその通信内容等が社内ネットワークシステムのサーバコンピューターや端末内に記録されるものであること、②社内ネットワークシステムには当該会社の管理者が存在し、ネットワーク全体を適宜監視しながら保守を行っているのが通常であることを踏まえ、プライバシーが存在するとしても、その保護の範囲は通常の電話装置を用いる場合よりも相当程度低減されると判示しています。

　つまり、備品における従業員のプライバシーは、あくまでも企業が管理する備品を使用していることを前提に保護の程度を考えるべきなのです。その結果、上記裁判例では、企業による従業員の電子メールの調査について、「監視の目的、手段及びその態様等を総合考慮し、監視される側に生じた不利益とを比較衡量の上、社会通念上相当な範囲を逸脱した監視がなされた場合に限り、プライバシー権の侵害となると解するのが相当である」と判示しました。

　なお、所持品検査についても、最判昭和43・8・2民集22巻8号1603頁は、①所持品検査を必要とする合理的理由、②一般的に妥当な方法と程度、③制度として職場従業員に対し画一的に実施すること、④就業規則等に根拠規定を明示すること、を条件に認めており、上記二つの裁判例と実質的に同様の考え方に立つものと思われます。

3 社内備品への調査(モニタリング)の方法

(1) 調査の要件

以上の裁判例で示された基準を前提とすれば、企業が従業員に貸与したパソコンやロッカー等を調査するにあたっては、下記の要件が必要ではないかと考えられます。

① 調査を実施する目的・必要性が存在すること
② その手段・方法が適切なものであること
③ 調査を受ける従業員のプライバシーを過度に侵害しないこと
④ 規則上、ルールを明記すること

この点、「個人情報の保護に関する法律についての経済産業分野を対象とするガイドライン」(平成21年10月9日厚生労働省・経済産業省告示第2号)では、個人情報に関してですが、モニタリングについて、以下の点に留意して行うこととされており、参考になると考えられます。

> ・モニタリングの目的、すなわち取得する個人情報の利用目的をあらかじめ特定し、社内規程に定めるとともに、従業者に明示すること。
> ・モニタリングの実施に関する責任者とその権限を定めること。
> ・モニタリングを実施する場合には、あらかじめモニタリングの実施について定めた社内規程案を策定するものとし、事前に社内に徹底すること。
> ・モニタリングの実施状況については、適正に行われているか監査または確認を行うこと。

(2) 調査の目的・必要性

調査の目的・必要性については、本設問のような、企業秘密が漏えいしたといった企業秩序違反行為が疑われる場合、あるいは、企業が禁止している

にもかかわらず、私的なメールの送受信やホームページの閲覧が問題となり、懲戒処分の検討をしなければならない場合等があり、これらの場合には調査の必要性は認められると思います。

また、上記のような企業秩序に違反する行為を防止しようと考えるのであれば、問題が起きた時だけではなく、定期的に調査することで、違反行為の抑止効果を狙うことも考えられると思います。

(3) 調査責任者

調査が多少なりとも従業員のプライバシーを侵害する以上、対象となる従業員の納得を得られるよう、調査は中立・公正に実施しなければなりません。

そのためには、直属の上司のような、対象となる従業員と利害関係が強い者ではなく、通常の業務からは離れた、中立・公平な立場の者が調査を実施することが望ましいと思います。情報セキュリティ専門の部署が設けられていればよいのですが、企業の規模等からそこまで独立した部署を設けることが難しいのであれば、人事や総務部署の者が担当するのがよいのではないかと思います。

(4) 調査の方法・手続

前述したように、パソコンやロッカー等の調査は従業員のプライバシーにもかかわるため、まずはこうしたプライバシーの問題が起きない他の手段での調査を進めたうえで、最後に実施することが望ましいと思います。また、調査の範囲もできるだけ限定できていることが望ましいので、他の手段での調査の段階で、調査対象が絞れればベターです。

調査を実施するにあたっては、対象となる従業員の断りなく実施すべきではなく、事前に予告したうえで行うべきだと思います。ただ、前記の一連の裁判例を踏まえれば、同意まで得る必要はないと思いますし、予告から実施までに時間が空いてしまうと証拠を隠滅されてしまう危険がありますので、

注意が必要です。

　また、調査の適正を担保するために、調査する側は複数名で、かつ調査の様子をカメラやビデオで記録しておくとよいと思います（対象となる従業員が調査に不満を抱いていた場合には、関係ない物まで調査された、といったクレームを付けられることも想定されます）。可能であれば、調査の現場には対象となる従業員に立会いを求めたほうが、納得が得られやすいのではないかと思います。さらには、調査を受けた従業員に不服がある場合には、その申立てを受け付けるしくみをつくっておくことができれば、より調査の適正を担保することができると思います。

(5) 社内規程の整備

　以上のような調査責任者、調査目的、調査方法・手続、不服申立手続などについて、社内規程（【書式23】参照）をもってあらかじめルール化しておき、従業員に周知します。

4 個人の携帯電話・スマートフォン・パソコン等への調査（モニタリング）の方法

　以上は企業が貸与したパソコン等への調査でしたが、実際には、従業員が自ら所有する個人の携帯電話・スマートフォン、パソコンやタブレットPC等の端末を業務に利用することもしばしばみられます。中には制度として従業員の個人端末を業務に活用しているケースもあります。

　この場合、企業秘密保護の観点からは、こうした従業員個人が所有する端末についても調査できることが望ましいですが、これらは企業が管理する備品ではありませんし、中に保存されているデータ等もほとんどが従業員のプライバシーに関するものですので、仮に調査を行う必要性が認められる場合でも、慎重に対応しなければならないと思います。

　その意味では、上記3に記載した内容に加え、個人所有の端末の調査についても規定を設け、また、事前に従業員に十分説明したうえで同意を得て行

うのが穏当ではないかと思います。しかし、同意が得られなければ、調査は難しいでしょう。この意味でも、従業員個人の端末を業務に使用することは、企業秘密が漏えいした場合のリスクが大きいといえます。

対応策 従業員が業務で使用しているパソコンやロッカーは、通常は企業が業務のために貸与しているものですが、従業員のプライバシーにかかわる情報や物が収納されていることがあるため、企業が全く無制限にその中身を確認するわけにはいきません。パソコン内のデータ等をモニタリングしたりロッカーの所持品検査を行うにしても、あらかじめ就業規則等で規定を設けておいたうえで、①調査の必要性、②調査の方法、③従業員のプライバシーへの配慮といった点に留意しつつ、必要な限度で行うべきです。

これに対し、従業員個人の携帯電話やパソコンを従業員が業務で使用していた場合には、原則として従業員の同意を得て行う必要があります。

【書式23】 社内調査規程例

社内調査規程

（目的）
第1条　会社は、会社資産の私的利用の防止、企業秘密ないし会社が管理する個人情報の漏えいを防止するためその他会社秩序を乱す行為を防止するため、あるいは会社秩序を乱す行為が判明した場合に、会社が従業員に貸与したパソコン等の備品、および従業員個人が所有し業務に使用している携帯電話、スマートフォン、パソコン、タブレットPC等を調査することができる。

（責任者）
第2条
1　本規程で定める調査については、会社は調査責任者を任命する。調査責

任者は、原則として〇〇部長とする。
2　調査責任者は、調査を実施するにあたり、調査担当者を任命し、調査責任者の指示命令の下、調査を実施させることができる。

(調査の範囲)
第3条
1　調査は、全部または一部の従業員および派遣社員を対象とし、第1条の目的の達成に必要な範囲で行う。
2　前項の調査は、定期的あるいは不定期に実施することができる。

(事前の通知)
第4条
1　調査を実施する場合には、調査責任者は、調査対象となる従業員（以下、「調査対象従業員」という）に、調査目的、調査対象となる物件（以下、「調査対象物件」という）および調査の範囲、調査の実施日時について通知したうえで行う。
2　調査対象物件が調査対象従業員個人の所有物である場合には、調査責任者は、調査にあたり、特に調査対象従業員のプライバシーに配慮し、調査目的に必要な範囲に限定して調査するよう、留意しなければならない。
3　調査対象従業員は、調査対象物件に保存されたデータを消去あるいは破壊し、あるいは調査対象物件を撤去する等調査を妨害し、あるいは証拠を隠滅するような一切の行為をしてはならない。

(調査の実施)
第5条
1　調査は、調査責任者および1名以上の調査担当者の立会いの下実施する。また、調査責任者は、調査対象従業員を調査に立ち会わせることができる。
2　調査責任者は、調査の状況をビデオで録画する。
3　調査責任者および調査担当者は、調査実施後、速やかに調査報告書を作成し、代表取締役に報告するものとする。

(懲戒処分)

第6条　本規程に違反した者は、就業規則第○章に規定する懲戒の対象とする。

（不服申立て）
第7条
1　調査対象従業員は、調査に不服がある場合、○○部長に不服を申し立てることができる。
2　不服申立てを受けた○○部長は、速やかに調査を実施し、その結果を代表取締役に報告する。

Q8 在職中に秘密保持義務・競業避止義務に違反した者への懲戒処分の留意点

　ある日突然、従業員が退職届をもってきました。最初は通常の自己都合退職と思っていたのですが、実は同従業員が在職中から競業会社の設立を準備し、企業秘密の技術も持ち出していることがわかりました。

　企業としては、退職届を受け取ってしまったものの、このような従業員をみすみす退職させるわけにもいかず、今のうちに懲戒解雇してしまいたいと考えているのですが、可能でしょうか。

回答

1　懲戒処分に処するためには、就業規則に懲戒事由と規定されていること、弁解の機会を付与すること、処分の内容が行為の重大性に照らして相当な内容であることが必要です。

2　退職届は、法律的には意思表示が到達した後2週間で効果が発生してしまいますので、懲戒解雇をするのであれば、効果が発生する前にしなければなりません。ただし、時間がない中で処分することになれば、事実の確認が不十分な状態で解雇することにもなりかねず、その場合は争いになれば不利になります。

3　企業としては、従業員による在職中の競業行為を許してはならないことは当然ですが、訴訟等に発展したときのリスクも踏まえて判断する必要があります。

 **1 懲戒処分の一般的要件**

(1) 秘密保持義務や競業避止義務に違反した退職予定者への対応策

これまでの設問で解説しているように、企業秘密の管理については、最終的に従業員個々人の良識に委ねざるを得ない面があり、またすべての従業員が企業のルールをきちんと順守するとは限らない以上、従業員が企業秘密を外部に持ち出したり、あるいは企業秘密をもったまま別の企業を設立して技術を転用したり取引先を奪ったりするといった事件は、残念ながら全くないとはいえません。

企業としてこれを放置するわけにはいきませんので、従業員が秘密保持義務や競業避止義務に違反したときは、懲戒処分を検討することになります。特に、漏えいした企業秘密が重要なものであったり、競業による企業への影響が大きければ、懲戒解雇も検討しなければなりません。なお、懲戒処分以外にも、従業員に対しては損害賠償の請求や退職金の減額・不支給が考えられますが、これらについては本章Q11、第3部第2章Q5で解説します。

(2) 就業規則上の規定

懲戒処分の一般的な要件としては、まず懲戒処分の内容が就業規則に規定され、かつ事業場内で周知されていることが必要ですので（最判平成15・10・10判時1840号144頁）、就業規則の「懲戒」の項に、企業秘密の漏えい禁止や競業の禁止について、懲戒事由として規定しておかなければなりません。懲戒の項に明確に規定されていなくても、たとえば就業規則中の「服務規律」の項などに、従業員の順守事項として、企業秘密の漏えい禁止や競業の禁止等を規定しておけば、大きな括りとしての「就業規則違反」として処分することは可能ですが（通常は懲戒規定に、「就業規則その他の会社の規定に

違反したとき」が懲戒事由として規定されていると思います）、企業秘密の重要性に鑑みるならば、できれば「懲戒」の項において明確に規定しておいたほうが望ましいといえます。

　また懲戒処分をするからには、処分の理由が明確である必要があります。特に企業秘密の漏えい禁止については、就業規則にも「営業秘密」「機密事項」といった抽象的な記載しかしていない企業が多く、いざ企業秘密が漏えいしたといっても、それが就業規則に規定されている「営業秘密」等に該当するのかどうかがわからなければ、処分の対象とすることが難しくなります。その意味では、「マル秘」と表示するなど、企業秘密であることを客観的に認識できるようにすることは、義務の対象を明確にし、懲戒処分を行ううえでも重要と思います（この点については本章Ｑ５も参照）。

(3) 弁解の機会の付与

　法律上規定されているわけではありませんが、一般に懲戒処分を行う際には、懲戒処分の対象者に弁解の機会を付与することが望ましいと考えられます（規則に規定されていた弁明の機会を与えなかったことを理由に、懲戒解雇を無効とした事例として、東京高判平成16・6・16労判886号93頁）。懲戒処分は企業における制裁ですので、刑事手続と同様、対象者に防御の機会を与えることは、手続の適正を担保するうえでも重要です。

(4) 処分の相当性

　懲戒処分には、最も厳しい懲戒解雇のほか、降格、出勤停止、減給、けん責等、その行為の重大性に応じていくつかの種類の処分が設けられているのが通常です。これらの処分のうち、どの処分を科すのかについては、行為の悪質性や結果の重大性に応じて判断するのはもちろんですが、当該企業における過去の事例との均衡も考慮する必要があります。特段の理由もないのに過去の同種の事例よりも重い処分を科すことは、不公平と判断される可能性もありますので、注意が必要です。

2　退職届提出後の懲戒解雇

(1)　退職届の効力

　企業秘密との関連で問題になりやすい事例として、従業員が退職届を提出した後になって、従業員が企業秘密を持ち出した、あるいは競業企業に就職する（さらには他の従業員を引き抜いて一緒に退職する）といった事実が判明したため、企業があわてて従業員が退職してしまう前に解雇することがあります。

　退職届は、就業規則では、引継ぎの期間等も踏まえ、1カ月程度の期間を空けて提出するように規定することもありますが、法律的には、期間の定めのない従業員の退職の意思表示は、使用者に到達した後、2週間が経過すれば有効となり、雇用契約が終了してしまいます（民法627条）。企業を退職されてしまえば、後から懲戒解雇することはできませんから（東京地判平成18・1・25判時1943号150頁）、退職届を受け取った企業としては、競業行為など企業にとって重大な背信行為を行った従業員に対して懲戒解雇等を行おうとする場合、わずか2週間の間に判断しなければなりません。

　また、懲戒解雇されることは、従業員にとっては経歴に傷がつく不名誉な事態ですし、懲戒解雇の場合に退職金が支給されないといった不利益な処遇が規定されている場合もあります。そのため、懲戒解雇した場合には、退職者から、懲戒解雇の無効や退職金の支払いについて裁判が起こされることもあります。しかし、上記のように短い期間で、準備が不十分なまま解雇せざるを得なかった場合には、企業としても苦しい戦いを強いられることになります。

(2)　懲戒解雇後の懲戒事由の補強の可否

　この点、企業としては、解雇にはただでさえ高いハードルが課せられていますので（労働契約法16条のいわゆる解雇権濫用法理）、退職者の退職届提出を

受けて、調査が不十分なまま急いで懲戒解雇を行ってしまったものの、その後の調査で退職者の問題行動がより明確になってくれば、裁判でその事実を懲戒解雇事由に追加して主張し、少しでも懲戒解雇が有効になるように進めたいと考えるのではないかと思います。

　しかし、懲戒処分は、「労働者の企業秩序違反行為を理由として、一種の秩序罰を課するものであるから、具体的な懲戒の適否は、その理由とされた非違行為との関係において判断されるべきものである。したがって、懲戒当時に使用者が認識していなかった非違行為は、特段の事情のない限り、当該懲戒の理由とされたものではないことが明らかであるから、その存在をもって当該懲戒の有効性を根拠付けることはできないものというべきである」とされています（最判平成8・9・26判時1582号131頁）。したがって原則として、懲戒処分通知書に記載されていない事項は、後から事由として付け加えて主張しても懲戒処分の効力の判断に利用できないのです。

　他方で、懲戒解雇の際に当該従業員の非違行為のすべてを認識し、かつこれらを懲戒解雇事由とする意思だったが、これが多岐にわたるため、懲戒解雇を最終的に決定する契機となった直近の職場離脱のみを通告書に記載したケースにおいて、「懲戒当時に使用者が認識していた非違行為については、それが、たとえ懲戒解雇の際に告知されなかったとしても、告知された非違行為と実質的に同一性を有し、あるいは同種若しくは同じ類型に属すると認められるもの又は密接な関連性を有するものである場合には、それをもって当該懲戒の有効性を根拠付けることができると解するのが相当である」として、例外となる「特段の事情」が認められる場合について判示した裁判例もないわけではありません（東京高判平成13・9・12労判816号11頁）。

　しかし、これは懲戒処分前に、幾度も同じような非違行為を繰り返し、注意指導を行っていたという過去のいきさつがあったケースですので、本設問のように退職届の提出で突然競業行為を知ったような場合に当然に適用できるものではありません。実際にも、懲戒解雇通知書に、個人の会社を無断で当該企業のドバイ店内に設立した等の理由を記載していたケースにおいて、

当該企業側は、上記理由を当該企業の了解を取らずにC社（別の会社）の業務を行い、資金を流用したことと読み取るべきと主張しましたが、裁判所は、上記の懲戒解雇通知書記載の理由と当該企業の主張の間には実質的に同一性を有し、あるいは同種もしくは同じ類型に属すると認められるものまたは密接な関連性を有するものと解することはできないとして、懲戒解雇通知書記載の理由から懲戒事由該当性を判断し、結論として懲戒解雇を無効と判断しています（東京地判平成24・10・11労判1067号63頁）。

3　企業の判断の難しさ

　このように、従業員の競業行為等により従業員が退職するに至った場合、時間のない中で行う懲戒処分には、法律的なリスクが伴います。

　しかし、企業としては、仮に法律的な理由としては十分とはいえない状況であっても、周囲の従業員の手前、懲戒解雇せざるを得ないこともあるでしょうから、必ずしも法律のとおりに事を運べばよいというものでもありません。このあたりが、企業の経営判断としても、非常に難しいところではないかと思います（この点でも、企業秘密の漏えいはリスクが高く、できるだけ漏えいする前の段階の予防措置によって対処するべきといえます）。なお、本章Q11で解説するように、懲戒解雇した場合には、退職金を不支給と規定する企業は多いと思いますが、これも、懲戒解雇前に退職されてしまえば、原則としては規定通り支給せざるを得ません。しかし、事例によっては、懲戒解雇相当として、退職金請求が権利の濫用とされることもあります（大阪地判平成21・3・30労判987号60頁）。

　従業員が退職届を提出した場合、法律上は2週間が経過すればその効力が発生してしまいますので、企業秘密を漏えいした従業員が退職届を提出した場合、従業員が退職する前に懲戒処分を行おうとすれば、2週間が経過する前に行わなければなりません。しかし、2週間という限られた期間では、調査が十分に行

えない可能性があり、不十分な調査で得られた事実のみをもとに懲戒処分（特に懲戒解雇といった重い処分）を行った場合、争われると処分の効力が否定されてしまうリスクがあります。企業の立場からすれば、企業秘密を漏えいしたような従業員は放置しておくべきでなく、懲戒処分をもって厳正に対処したいという考えもあると思いますが、上記のリスクも念頭に置いて、方針を検討する必要があります。

【書式24】　懲戒解雇通知書例

平成〇〇年〇〇月〇〇日

懲戒解雇通知書

〇〇部　〇〇課
　　　　　　　殿

　　　　　　　　　　　　　　　　　Ａ株式会社
　　　　　　　　　　　　　　　　　人事部長　　　　　　㊞

　貴殿は、平成〇〇年〇〇月〇〇日、当社の機密情報であるＸ技術に関するデータを、当社のサーバーから自身のＵＳＢメモリに保存してこれを持ち出しました。

　この点について当社が同年〇〇月〇〇日に貴殿に確認したところ、貴殿はこの事実を認め、またすでにＢ社を設立して、当社と競業する事業を行っていることも認めました。

　上記行為は、当社就業規則第〇条に違反し、当社に対する著しい背信行為です。

　したがって、当社は、就業規則第〇条に従い、本書面をもって貴殿を本日付で懲戒解雇いたします。

　なお、上記懲戒解雇処分に伴い、当社は貴殿に対し、平均賃金の３０日分〇〇〇〇円の解雇予告手当を、本日付で貴殿の給与口座に振り込んで支払います。また、退職金規程第〇条に従い、退職金は支給されません。

以　上

退職者が他の従業員を勧誘して競業会社に引抜きをした場合の対応策

　ある日、チームリーダーのBが退職したのですが、その後数日して、今度はBのチームに所属する従業員8名が一斉に退職届を提出し、翌日から仕事に出てこなくなりました。どうやら、Bが競業会社のC社に転職したらしく、在職中からチームの従業員にも声をかけて、チーム全員で転職したようです。このため、それまでBのチームが担当していた業務が回らなくなり、Bのチームが担当していた顧客はC社に取られてしまいました。これに対し、Bやチームの従業員、さらにはC社に対して、何かすることができないのでしょうか。

回答

1　従業員の働きかけにより、一度に多くの従業員が退職して競業企業に移る引抜き行為が発生すると、企業にとっては、多くの人材が流出するだけでなく、取引先を奪われるなど、大きな損害を受けます。

2　引抜き行為も、単なる転職の勧誘にとどまる限りは、違法とはいえません。

3　ですが、社会的相当性を逸脱した背信的な方法によって行われた場合には、引抜き行為を行った従業員等に対する責任を問うことができます。

4　引き抜いた先の企業は、原則として責任は負いませんが、引抜き行為を共謀している場合などには、不法行為責任を負う場合があります。

5　引抜き行為を防ぐには、企業に対する忠誠心を高めることが重要ですが、他方ですべての従業員の引抜き行為を完全に防ぐことは困難です。そのためにも、日ごろの企業秘密の管理は重要といえます。

1 従業員の引抜き行為とは

従業員の競業行為においては、時として、当該従業員が競業行為を行うにあたり、自分だけでなく同僚や部下を勧誘し、自身が転職したり、立ち上げる競業企業に転職させるといった行動（いわゆる「引抜き」）をとることがあります。引抜きが行われて一度に多くの退職者が出れば、企業は、突然抜けた退職者のフォロー体制をとることもできず、取引先との業務にも支障が生じます。そうなれば取引先も、退職者の移った先の競業企業と取引を開始することになります。したがって、人的な被害だけでなく、営業活動にも支障が出ることとなり、損害が大きくなります。企業にとっては、こうした引抜き行為を許すわけにはいきません。

他方で、従業員には、職業選択の自由が保障されており、その結果として企業を退職することも自由に行えます（ただし、期間の定めのある労働者については、期間途中での一方的な退職は、「やむを得ない事由」が必要です。民法628条）。そして、実際にも転職するにあたって、転職先の知人等から誘われて転職するケースもしばしばみられるところです。そのため、こうした引抜き行為がどこまで許容されるべきものなのか、問題となります。

2 裁判所の基準

裁判例では、「個人の転職の自由は最大限に保障されなければならないから、従業員の引抜行為のうち単なる転職の勧誘に留まるものは違法とはいえず、したがって、右転職の勧誘が引き抜かれる側の会社の幹部従業員によって行われたとしても、右行為を直ちに雇用契約上の誠実義務に違反した行為と評価することはできないというべきである」として、転職の自由の原則を指摘しつつ、「しかしながら、その場合でも、退職時期を考慮し、あるいは事前の予告を行う等、会社の正当な利益を侵害しないよう配慮すべきであり……、これをしないばかりか会社に内密に移籍の計画を立て一斉、かつ、大量に従業員を引き抜く等、その引抜きが単なる転職の勧誘の域を越え、社会

的相当性を逸脱し極めて背信的方法で行われた場合には、それを実行した会社の幹部従業員は雇用契約上の誠実義務に違反したものとして、債務不履行あるいは不法行為責任を負うというべきである」とし、さらに、「社会的相当性を逸脱した引抜行為であるか否かは、転職する従業員のその会社に占める地位、会社内部における待遇及び人数、従業員の転職が会社に及ぼす影響、転職の勧誘に用いた方法（退職時期の予告の有無、秘密性、計画性等）等諸般の事情を総合考慮して判断すべき」と判示しています（東京地判平成3・2・25判時1399号69頁）。他の事例でも、おおよそこうした基準の下で、引抜き行為に対する責任の是非を判断していると見受けられます。

　裁判例上、引抜き行為が問題となっている主な類型には、引抜き行為によって企業に大きな損害が発生した場合に、退職者および競業会社に対して損害賠償を請求するケースや、引抜き行為が行われたことを理由に、企業が退職者に対する退職金の支払いを拒否したため、退職者が退職金の請求を求めるといったケースがあります。損害賠償や退職金の不支給の問題に関しては、本章Q11や第3部第2章Q5でも解説していますので、以下では引抜き行為の違法性について、裁判例をみながら検討したいと思います。

3　引抜き行為の方法・態様

(1)　在職中か退職後の実施か

　すでに本章Q1でも解説しているとおり、従業員は、労働契約に付随して誠実義務を負っています（取締役は忠実義務・善管注意義務を負っています）。いくら従業員に転職の自由があるといっても、これらの義務の程度が軽減されるわけではありません（大阪地判平成17・11・4労経速1935号3頁）。また、在職中に引抜きを行うというからには、行為を行う従業員自身が、在職中からあらかじめ競業企業に話を通し、引き抜いた従業員たちを受け入れてもらうよう、話をつけていなければなりません（あるいは在職中から競業企業の設立の準備をしていなければなりません）。その点でも、在職中に

引抜きを行うことは、企業に対する誠実義務違反（忠実義務・善管注意義務違反）であり、背信性が強いといえます。

これに対し、従業員が退職後に競業企業に就職し、元いた企業の従業員を勧誘して転職させる場合がありますが、この場合、退職者には元いた企業に対する誠実義務等の問題は生じません。ただ、この場合でも、引き抜く従業員が大量、かつ一斉に退職を申し出させるような場合など、社会的相当性を著しく欠くような方法・態様で行われれば、やはり違法性が認められることがあります（大阪地判平成14・9・11労判840号62頁）。

(2) 引抜きを行う従業員（取締役）の地位

引抜きを行う側の立場からすれば、引抜きを行うことによって、人材だけでなく業務も一緒にもってきたいと考えるのはある意味当然といえます。そのため、引抜きまでして多くの従業員を転職させようとするケースでは、その従業員達を統括する立場の者が首謀者となることが多いといえます（金利商品営業部長で日本国債取引チームを統括していた者が引抜きを行ったとされた東京地判平成20・10・28労判971号27頁など）。逆に、立場の低い従業員が引抜き行為に関与していても、その役割は限定されざるを得ず、結果として懲戒解雇等を行うほどの違法性は認められないと判断されることがあります（引抜き行為を主導した課長の部下に対する懲戒解雇が、その役割が小さいことを理由に無効とされた事例として、東京地判平成23・5・12労判1032号5頁）。

(3) 積極的な勧誘行為

前述したように、単なる転職の勧誘を行うこと自体は違法ではありませんので、勧誘された従業員が競業企業に転職したとしても、勧誘者の勧誘が積極的な態様でない限り、引抜きを行われた企業としても問題視することは難しくなります。裁判例では、派遣スタッフの引抜きについて、派遣先企業に赴いて勧誘を行ったり、派遣スタッフの会合を開き転職についての説明会を実施したり（前掲・大阪地判平成14・9・11）、在職中にチームミーティング

の場で新会社への転職を表明し、部下を勧誘した場合（東京地判平成23・5・12労判1032号5頁）などに積極的な勧誘行為があったと認めています。さらには、慰安旅行を装い、旅行先で部下に転職の勧誘を行ったケースもありました（前掲・東京地判平成3・2・25）。こうした勧誘行為は、いずれも企業の経営幹部の知らないところで秘密裏に、しかも多数の従業員を対象として行われているという点に「単なる転職」を越えた要素があると考えられます。前記の基準に照らしても、違法性の度合いが強いといえます。

これに対し、大阪地判平成12・9・22労判794号37頁では、自身が退職後数カ月経過してから、元いた企業の従業員に対し、競合する新会社での条件を示して転職を持ちかけたという程度であり、また従業員が元いた企業の労働条件に不満を抱いていたことからも、その手段・態様において社会的相当性を逸脱するほどのものではなかったと判断されています。

(4) 当該企業の被った損失

前述したように、競業企業への引抜き行為は、往々にして、従業員の引抜きだけでなく、従業員が担当していた取引先等の引抜きも目的として行われ、その結果として、企業の売上げに対する影響は大きなものといえます。たとえば、引抜き行為によって、前年度との比較で合計約2億6000万円あった取引先2社からの売上げが0円となってしまった事例（前掲・東京地判平成23・5・12）、同じく前年度との比較で売上げが約50〜60％に落ち込んだ事例もあります（前掲・大阪地判平成17・11・4）。

もっとも、こうした損失も、いつまでも損失が継続するわけではありません。通常は、引抜きを行われた企業は、人員体制を見直す等して、フォローを行うからです。そのため、裁判所としても、人員の補充等が速やかに行える環境にあった場合には、損害額もその限度にとどめられることとなります（コンピュータ要員の人材派遣業では元々定着率が低く、人材の代替性と企業間流動性が著しく高いことから、引抜き行為と相当因果関係のある損害は、2カ月分の逸失利益にとどまるとした事例として、東京地判平成8・12・27判時1619号85

頁）。

4　引き抜いた先の企業の責任

　従業員を引抜かれた企業としては、引抜きを行った従業員（元従業員）はもちろん、転職先の企業についても何らかの責任を負わせたいと考えると思います。しかし、転職先の企業は、企業の従業員のように誠実義務を負っているわけではありませんし、引き抜かれた従業員を受け入れること自体は、法的に違法となるものでもありません。したがって、基本的に転職先の企業にまで引抜き行為の責任を負わせるのは困難といえるでしょう（引抜き行為は元従業員ら個人の行為であって、新会社の行為とはいえないこと、行為時に新会社がまだ設立されていなかったこと等から、新会社の責任を否定した事例として、大阪高判平成10・5・29判時1686号117頁）。

　もっとも、こうした転職先の企業が、企業の従業員と共謀し、一体となって引抜きを行った場合には、責任を負う場合があります（転職先の企業が、元従業員の引抜き行為を認識し、引き抜いた派遣スタッフの取り込み、派遣スタッフに対する利益供与の費用を負担し、賃金のベースアップを約束するなどして引抜き行為に関与したものとして、引抜きを行った従業員との共謀を認め、不法行為責任を認めた事例として、前掲・大阪地判平成14・9・11）。

5　引抜き行為の予防策

　引抜き行為は、自身が所属している（していた）企業から人材や取引先を奪おうとするものですので、多少の後ろめたさもありますし、こうした行動が経営陣に知られれば責任をとらされることにもなりますので、どうしても秘密裏に行われる傾向があります。

　したがって、引抜き行為が計画されている場合、企業の側で実際に事前にこれを察知、阻止することは通常は困難であり、突然多数の従業員から退職届を提出された段階になって、初めて事態を把握する、というのが実際のところではないかと思われます。事実を知ってあわてて引きとどめたとして

も、そのときにはすでに手遅れ、という事態になりかねません。

　こうしたことからすれば、現実問題として、引抜きを事前に阻止するためには、結局は、企業としての価値を高め続け、従業員がよりこの企業にとどまりたい（競業会社に転職してもメリットがない）という意識、つまり企業に対するロイヤリティをもってもらうよう、日々努めるしかないのではないかと思います。もっとも、もちろんこうした努力がつねに報われる保証はありませんので、一定の確率で引抜き行為が行われるリスクは踏まえる必要があります。そのためにも、仮に引抜き行為が発生したとしても企業に対する影響が大きくならないよう、企業秘密についても管理が重要になるのです。

対応策

　人材の引抜き行為は企業にとって容認できない事態ですが、当の従業員には職業選択の自由が認められていますので、従業員が企業を退職すること自体は止められませんし、引き抜くといっても、単に転職を勧誘する程度であれば、違法とまではいえません。しかし、一斉かつ大量に退職するなど、企業に損害を与えるような背信的な方法で行われた場合には、引抜きを行った者は企業に対して損害賠償責任を負うことになります。競業企業への引抜き行為で、競業企業も引抜き行為に積極的に関与した場合には、競業企業に対する損害賠償請求が認められることもあります。

　こうした従業員の退職による企業秘密の外部流出等を防ぐためには、企業秘密の管理体制の構築はもちろんのこと、従業員の企業に対する忠誠心を高めていくことが重要です。

Q10 退職者による競業行為に対する留意点

　A社では、B部長が退職することになりました。本人はどこへ転職するのか言おうとしないのですが、どうやらライバル企業のC社に移るつもりのようです。B部長は有能な社員でしたので、A社のノウハウにも詳しく、A社の企業秘密にも精通しています。C社に移籍されたらA社にとって大きな脅威となるのですが、これを阻止する方法はないでしょうか。

回答

1　退職者は、労働契約上の秘密保持義務や競業避止義務を負わないため、企業秘密保護の点からは、企業は従業員と、退職後の秘密保持義務や競業避止義務を負わせるための契約を締結する必要があります。

2　退職者には、職業選択の自由が保障されているため、退職後に秘密保持義務・競業避止義務を負わせるにも無制限に課することはできません。

3　退職後の競業避止義務の契約の効力は、①競業避止によって守られる企業の利益の性質、②従業員の地位、③代償措置の有無、④競業が禁止される業務内容、⑤禁止行為の範囲や、⑥禁止期間等を総合的に考慮して判断されます。

4　退職後の秘密保持・競業避止契約を従業員と締結するには、普段から企業秘密保護の意識を植え付け、締結に対する心理的な抵抗感を減らしておくことが望ましいです。

1 退職後の秘密保持義務・競業避止義務

　企業秘密が外部に流れるケースとしてトラブルになりやすいのが、本設問のような、退職者が企業秘密を持ち出し、その企業秘密を活用しやすい企業、つまり競業企業に就職したり、あるいは競業企業を設立したりする場合です。すでに繰り返し説明しているとおり、企業秘密が外部に持ち出されてしまうと、企業は大きな損害を受けてしまいますので、企業としては何としてもこれを防ぎたいところです。

　この点、従業員が在職している間であれば、本章Ｑ１でみたように、労働契約に付随する秘密保持義務・競業避止義務が認められるため、企業が従業員に企業秘密の保護や競業行為の禁止を求めることは容易です。しかし、従業員が退職した場合、労働契約が終了してしまうので、労働契約に付随する義務を負わせることはできません。その結果、企業が退職者に対し、企業秘密の保護や競業行為の禁止を求めることは当然にはできなくなってしまいます（大阪地判平成12・９・22労判794号37頁）。しかし、いくら何でも、退職したからといって直ちに、退職者が企業秘密を他に漏えいすることや、競業行為を行えるようでは、企業秘密を保護することなどできません。そこで企業としては、退職者に対しても、一定の範囲で秘密保持義務・競業避止義務を負ってもらうために、退職後の秘密保持・競業避止契約を結ぶことで、企業秘密を保護する必要があります（なお、退職後の企業秘密の保護が問題となるのは、主として本設問のように企業秘密を保持している従業員が競業行為を行い、在職中の企業秘密を用いようとするケースですので、以下では、競業避止義務を中心に解説します）。

2　退職後の秘密保持義務・競業避止義務の効力の範囲

　前述のとおり、退職者に対して秘密保持義務や競業避止義務を負わせるた

めには、特別な契約を結ぶ必要がありますが、この点で問題となるのが、従業員の職業選択の自由との関係です。すなわち、退職者は、憲法22条において、職業選択の自由や営業の自由が保障されています。

これに対し、企業が退職者に対し、退職後の秘密保持・競業避止を義務づけることは、退職後の選択肢を狭めることになり、従業員の職業選択の自由を侵害することになるのです。また、実際上も、退職者は、在職中に得た知識・経験等を生かして新たな職に就いて生活していかざるを得ないのが通常ですので（東京地判平成20・11・18労判980号56頁）、在職中に得た技術やノウハウを一切使うことができないという契約を結ぶことは、退職後の職業選択に対する大きな制約になります。

そのため、裁判例では、退職者の秘密保持義務について、秘密の性質・範囲、価値、従業員の退職前の地位に照らし合理性が認められる場合に有効とし（東京地判平成14・8・30労判838号32頁）、競業避止義務も、主として、①競業避止によって守られる企業の利益の性質、②従業員の地位、③代償措置の有無、④競業が禁止される業務等を考慮し、⑤禁止行為の範囲や、⑥禁止期間が適切に限定されているかを考慮したうえで、競業避止義務が認められるか否かが決せられると判断しています（前掲・東京地判平成14・8・30、東京地決平成16・9・22判時1887号149頁、前掲・東京地判平成20・11・18、東京地判平成24・1・13労判1041号82頁）。また、各要素についても、その内容が確定できないと職業選択の自由の制限の範囲が確定できないため（大阪高決平成18・10・5労判927号23頁）、各要素の内容は、具体的かつ明確なものでなければならないとしています。

3 退職後の競業避止義務における各要素の検討

(1) 企業の利益

従業員に競業避止義務を課すことで企業が守らなければならない利益とは、すでにお伝えしているように、企業秘密です。内容は、企業独自の技術

であるとか、顧客情報などが多いと思います（前掲・東京地決平成16・9・22）。技術の独自性には、稀少性や習得の難易度なども考慮され、必ずしも当該企業のみの技術でなければならないというわけではありません（前掲・東京地判平成20・11・18）。他方で、従業員が企業の業務を遂行する過程で得た人脈、交渉術、業務上の視点、手法等は、当該従業員がその能力と努力によって獲得したものであり、この程度のノウハウの流出防止を目的とすることは正当な目的であるとはいえないとしたケースもあります（前掲・東京地判平成24・1・13）。こうしたノウハウは、本来、企業の業務遂行の過程で得られるものですので、すべてが労働者の努力や能力のみによって獲得されたとまではいえないのではないかと思いますが、上記の職業選択の自由の点からは、こうした事実上のノウハウについても退職後も使用を制限することは、厳しく判断されるようです。

また、競業他社への転職の阻止自体を目的とすることは、従業員の職業選択の自由を正面から侵害するものですから、そもそも正当性が認められません（前掲・東京地判平成24・1・13）。

(2) 従業員の地位

一般的には、従業員の地位が高ければ高いほど、企業秘密に触れる機会が高まりますので、競業避止義務違反が認められやすい傾向にはあると思います（企画・制作部門の責任者について肯定した裁判例として、前掲・東京地決平成16・9・22）。他方で、地位が高いとしても、企業秘密に触れる機会がなかったとして、当該要素について否定した事例もあります（生命保険会社の金融法人本部長・執行役員について否定した裁判例として、前掲・東京地判平成24・1・13）。

(3) 代償措置

代償措置の内容は、退職にあたり、秘密保持手当のような付加的な手当を支給する例もありますが、多くのケースで考慮されているのは、年収の高さ

です(年収660万円を肯定的な要素と判断した裁判例として、大阪地決平成21・10・23労判1000号50頁等)。もっとも、一般的にみて高いと思われる年収を得ていたとしても、あくまでも相対的な評価ですので、業界の基準や企業全体の収入構造が高い設定であれば、必ずしも高いとはいえません(1000万円以上の年収があっても、代償措置として不十分と判断した裁判例として、前掲・東京地判平成24・1・13)。また、変わった事例としては、競業する代わりにフランチャイジーとして契約を結ぶ提案をしたことが、代償措置として相当と判断したケースもあります(前掲・東京地判平成20・11・18)。

(4) 禁止される業務内容

前記の職業選択の自由の観点からすれば、競業を禁止するとしても、その対象業務を限定することができれば、侵害の度合いが少なくなり、より有効と判断される可能性が高まることになります(生命保険会社のバンク・インシュアランスという業務に従事していた社員に対し、生命保険会社への就業自体を禁止したことが制限が広すぎると判断された裁判例として、前掲・東京地判平成24・1・13)。

(5) 禁止行為の範囲(場所)

企業が事業を展開している地域が限定されており、当該地域外で競業行為が行われても企業に直接的な損害は発生しないのに、広く競業行為そのものを禁止している場合には、従業員の職業選択の自由の侵害の度合いが必要以上に大きすぎると判断される要素になると考えられます(範囲を元の職場と限定したことを肯定的な要素と捉えた裁判例として、大阪地判平成12・6・19労判791号8頁)。他方で、企業が全国的に展開する家電量販店チェーンであることから、地理的な制限がなかったとしても、過度に広範であるということはできないと判断した裁判例もあります(東京地判平成19・4・24労判942号39頁)。

(6) 禁止期間

　競業禁止の期間は、企業によってまちまちですが、おおよそ1年から3年程度とする企業が多いように思います。期間が長い方が企業にとってはありがたいですが、これも長くなりすぎると従業員の職業選択の自由を過度に侵害するものと判断される要素となります。もっとも、長すぎるかどうかは、業態や企業秘密の内容等にも関係すると思われ、一律にどのくらいだったら問題ない、というものではありません（同じ2年間でも、過大とした事例として前掲・東京地判平成24・1・13、過大とはいえないとした事例として前掲・東京地決平成16・9・22）。時間が経過するにつれて技術や情報は陳腐化し、企業にとっての重要性は低下していくと思われますので、企業秘密の更新のスピード等を考慮して判断する必要があります。

4　退職後の秘密保持・競業避止契約の締結

(1)　「契約」としての秘密保持・競業避止契約

　上記のとおり企業秘密保護の観点からは、企業としては、退職者に対し、退職後の秘密保持・競業避止契約をぜひとも締結してもらわなければなりません。しかし他方で、秘密保持・競業避止契約は「契約」である以上、退職者が自由な意思表示の下で締結しないと有効な契約になりません（転職が懸念される従業員を個別に呼び出し、あらかじめ作成した書面に署名させた誓約書の効力を否定した事例として、前掲・大阪地判平成12・9・22）。すなわち、企業としては、従業員が、退職後の自らの転職の選択肢を狭めるような不利益な内容の契約を、（内心はともかくとして）納得したうえで締結してもらえるように働きかけなければならないのです。このためには、いくつかの方策が考えられます。

(2) 契約締結に向けた対策

(A) 就業規則に規定する

　就業規則にあらかじめ規定しておけば、労働条件の内容となりますので、従業員本人の明示の同意がない場合でも、契約したことにすることはできます（一般論として、労働契約終了後であるからといって就業規則の規律の対象となること自体を否定するものではないと判示した裁判例として、東京地決平成7・10・16判時1556号83頁）。従業員に契約の締結をお願いする際にも、「就業規則に規定している内容と同じものをあらためて合意してもらう」と言えば、従業員としても、拒否しにくいのではないかと思います。

　ただ、就業規則の規定ですので、その内容はおのずと一般的・抽象的な内容にならざるを得ません。実際にその従業員がどのような立場に就き、どのような企業秘密にアクセスしているかはケースバイケースですので、当該規定が効力を有するかどうかは、具体的な事情に即して判断する必要があります（就業規則に退職後の競業避止義務を規定することを有効としつつも、使用者の権利濫用となる場合があると指摘した裁判例として、前掲・大阪地決平成21・10・23）。

(B) 在職中の誓約書

　もう一つの方策として考えられるのが、誓約書（【書式25】参照）です。誓約書は、本章Ｑ３などにおいて、機会を捉えて提出してもらうよう解説していますが、こうした在職中の誓約書提出を日常的に行ってもらうことで、従業員に対し、企業秘密保護の意識を植え付けることができれば、退職時に改めて契約を締結する際にも、従業員の心理的な抵抗感が少なく、納得を得られやすくなるのではないかと思います（逆に、こうした誓約書の提出もないのに、退職時に突然、秘密保持や競業避止の契約を結べと言われた場合、従業員の中には抵抗する者が出てくる可能性があります）。また、こうした誓約書に、退職後の秘密保持や競業避止を規定しておけば、その効果が認められる場合もあると思われます（もっとも、就業規則と同様、直ちに退職後の秘密保持義務

や競業避止義務が認定されるとは限りません。雇用契約の締結時に提出された誓約書を、従業員としての注意を喚起する趣旨の文書にとどまるとした事例として、前掲・大阪高決平成18・10・5）。

(3) おわりに

　以上のように、従業員に退職後の秘密保持・競業避止の契約を締結してもらうためには、むしろ日頃からどのようにして従業員に秘密保持・競業避止の意識を植え付けているかが、重要になります。
　もっとも、以上の対応はどの従業員に対しても絶対的に効果があるものではなく、こうした契約の締結を拒否する従業員に対しては、企業として秘密保持義務・競業避止義務を課すことはできません。その意味では、どの情報をどの従業員にアクセスさせるか、といった企業秘密の管理が重要であることはいうまでもありません。

対応策

　退職者は企業との労働契約関係も終了しており、就業規則の拘束力も及びません。そのうえ、退職者には職業選択の自由が保障され、競業企業に就職したり競業企業を設立したりすることも原則自由です。そのため、企業が退職者の競業行為を抑止するためには、退職後の秘密保持・競業避止に関する合意をしておく必要があります。しかし、この合意も、上記の職業選択の自由の観点に鑑み厳格に判断されており、①守られる企業の利益、②退職者の地位、③代償措置の有無、④禁止される業務内容、⑤禁止行為の範囲、⑥禁止期間等から、総合的にその効果が判断されますので、合意内容に注意する必要があります。また、こうした合意は退職者が任意に締結する必要がありますので、「締結したくない」と言われてしまったらそれまでです。普段から折りに触れて企業秘密保護の意識を植え付け、合意を拒否されないようにしましょう。

【書式25】 退職時の秘密保持・競業避止誓約書例

誓　約　書

平成〇〇年〇〇月〇〇日

株式会社〇〇
代表取締役社長　〇〇　〇〇　殿

　　　　　　　　　　　　　　　　　（住所）
　　　　　　　　　　　　　　　　　（氏名）　　　　　　㊞

　私は、平成〇〇年〇〇月〇〇日に貴社を退職するにあたり、下記事項を遵守することを誓約いたします。

記

（秘密保持）
第１条　私は、退職後においても、貴社就業規則およびこれまで提出した誓約書に記載されているとおり、次に示された貴社の機密事項の一切について、これを秘密として保持し、第三者に開示、漏えいまたは使用しません。
　(1)　製品開発に関する技術資料、製造原価および販売における価格決定等の貴社製品に関する情報
　(2)（以下略）

（物品の返却）
第２条　私は、貴社に対し、退職するにあたり、貴社から貸与されたパソコン、携帯電話を返却したことを確認します。また貴社の在職中に業務遂行上の必要から交付を受けた業務上の資料、および顧客から交付を受けた資料について、紙、電子データおよびそれらが保存されている媒体（ファイル、USBメモリ、CD-ROM等）の一切（コピー等の複製物を含む。）を当社に返還したことを誓約します。

（退職後競業避止義務）

第3条　私は、貴社を退職後1年間は、私が勤務していた市町村において、貴社と競業する会社に就職し、あるいは競業する会社を設立し、または競業する業務を行いません。

（違約金）
第4条　私は、前3条に違反した場合には、貴社に対し、違約金として、貴社より受領した退職金の半額および退職日の給与額の3カ月分をお支払いします。

以　上

Q11 競業避止契約に違反した場合の退職金の減額または返還の可否

　A社では、従業員が退職して競業企業に就職するのを防ぐため、競業企業に移籍した場合には、退職金の半額を支給しないという規定を設けています。

　今回、ある従業員が、退職した後に競業企業に就職することが判明したため、規定どおり退職金を通常の半分だけ支払ったところ、退職金の残りを支払えという要求がありました。規定どおりに対応しただけですが、問題があるのでしょうか。

回答

1　退職金は賃金の後払い的な性格と功労報償的な性格を併せもっており、退職金の全額を不支給とするには、永年の勤続の功労を抹消してしまうほどの不信行為があったといえることが必要です。

2　競業行為における退職金の不支給については、懲戒解雇した結果不支給となる場合と、退職金規程に競業行為に対する不支給規定が設けられている場合がありますが、どちらの場合も不支給が認められるには、競業行為の背信性の度合いが重要といえます。

3　退職金規程に不支給に関する規定が設けられていなくても、権利濫用の法理により、退職金の不支給が認められるケースもあります。

4　退職金規程には、1を踏まえ、企業としてのリスクを検討しながら、柔軟な規定を設けることが望ましいです。

 **1 退職金とは**

(1) 退職金制度と企業の思惑

　最近では、退職金制度自体を設けていない企業も増えてきていますが、大多数の企業では、従業員が退職した場合に、退職金を支給すると規定しているのではないでしょうか。しかし他方で、企業としては、問題行為による懲戒解雇の場合や、競業企業に転職するような、いわば企業に対して損害を与える危険がある場合にまで、退職金を支払いたくないというのも正直なところではないかと思います。そこで多くの企業では、懲戒解雇の場合には退職金を支給しないといった規定を設けています。しかし、退職金も一般的には賃金の一種ですから、企業の判断で減額したり支給しなかったりすることが許されるのか、問題となります。

(2) 退職金の性格

　この問題は、退職金の性格と関係します。一般に退職金は、算定基礎となる賃金に勤続年数別に一定の支給率を乗じて算出する等、裁量判断の余地が少なく、退職日に支給額がほぼ確定しますので、賃金の後払い的な性格を有するとされています。他方で、自己都合退職と会社都合退職で支給率が異なったり、懲戒解雇の場合に支給しないと規定されるなど、長年の功労に対する報償としての性格も有しているとされます。

　この二つの性格のうち、賃金の後払い的な性格を重視すれば、退職金もそれまでの労働の対価として支払われることになりますので、支給しないという判断には簡単には至りませんが、功労報償的な性格に注目すれば、懲戒事由に該当するなど、長年の功労に対する評価を減殺するような行為を行った場合には、その評価の減殺に応じて退職金を減額することも許されることに

なります（最判昭和52・8・9労経速958号25頁）。

(3) 退職金不支給・減額の可否

以上の二つの性格を考慮した結果、現在の裁判例では、退職金不支給の可否を判断するについては、その退職者が行った行為が「永年の勤続の功労を抹消してしまうほどの不信行為と言えるか」を検討すべきとされ、ほぼ確立した判断基準となっています（大阪高判昭和59・11・29労民集35巻6号641頁、名古屋高判平成2・8・31判時1368号130頁等）。この基準の結果、競業行為における退職金の減額・不支給規定においては、全額を不支給とするのはハードルが高いですが、半分程度に減額する場合には、二つの性質を併せもつという観点からすれば、認められやすいのではないかと思います（退職金の半分を不支給、あるいは損害額とする規定が有効と判断された事例として、前掲・最判昭和52・8・9、東京地判平成19・4・24労判942号39頁等）。

2 競業行為と退職金の不支給・減額規定

(1) 概 要

以下では本設問に関連し、競業行為との関連で退職金の不支給・減額規定についてみていきたいと思います。もっとも、不支給といっても、大まかに分けて、競業行為に対し懲戒解雇を行った結果、退職金が支払われなかった場合と、懲戒解雇をせず、競業行為そのものを理由に退職金を支払わなかった（あるいは減額した）場合とがあります。

(2) 退職金の不支給・減額をめぐる裁判例

(A) 懲戒解雇の結果、退職金を不支給・減額とした裁判例（東京地判平成18・1・25）

この裁判例（東京地判平成18・1・25判時1943号150頁）は、ある営業所に所属する社員全員が、事前に連絡なく一斉に退職し、営業部や支店の機能を麻

痺させたばかりか、事務の引き継ぎもせず、在庫商品や顧客台帳・リース台帳のデータを持ち出したうえ、パソコンのデータを消去するなどして、企業に多大な損害を与えたものです。当該企業は、退職者の退職を認めず懲戒解雇し、退職金を支給しなかったため、退職者から退職金を請求されました。

　裁判所は、「懲戒解雇といえども、情状の重いものから中程度のものまで濃淡があり、懲戒解雇が有効であることの一事を捉え、退職金不支給条項を適用することはいささか短絡すぎるというべきである」と、「懲戒解雇＝退職金不支給」ではないと判断しつつも、懲戒解雇が有効とされている場合には原則として従業員のそれまでの勤続の功を抹消してしまうほどの著しく信義に反する行為があったということが「事実上推定」されると判示し、従業員からこうした評価を障害する事実の主張・立証がなされなかったことを理由に、退職金の不支給を認めています。したがって、退職金の不支給が認められるか否かは、実質的な懲戒解雇事由の重さに大きく左右されるといえます（なお、懲戒解雇は有効としながらも、退職金については3割の割合で請求を認めた事例として、東京高判平成15・12・11判時1853号145頁）。

　(B)　懲戒解雇を経ずに退職金を不支給とした裁判例（東京地判平成24・1・13）

　この裁判例（東京地判平成24・1・13労判1041号82頁）は、退職するに際し、競業避止義務を課したうえ、退社後2年以内の雇用先が競合他社に該当しないこと等を満たしたときに、退社2年以内に退職金を支払う旨を通知したところ、従業員が競合他社の役員に就任したため、退職金を支払わない旨通知し、退職者が退職金の支払いを求めて裁判を起こした事件です。

　裁判所は、退職者に対する競業避止条項自体が、目的が正当な利益の保護とはいえないこと、禁止される業務の範囲、期間、地域が広すぎること、代償措置も十分ではないことなどから、合理性を欠き公序良俗に反して無効と判断し、それに伴い競業避止義務を前提とする不支給条項も無効と判断しました。

(3) 小　括

　以上のように、いずれの場合でも、懲戒解雇の理由となる行為や競業行為の内容がどの程度企業に対する背信性が高いのか、実質的に判断しているといえます。したがって、実際にどれだけ不支給とすべきなのかどうかは、ケースバイケースで判断していくほかありません。

3　退職金請求権不支給規定の不存在と権利濫用

　それでは、仮にこうした不支給規定がない場合には、いかなる事情があろうとも退職金は全額支払わなければならないのでしょうか。

　これについて、東京地判平成12・12・18労判803号74頁では、退職金請求権は、賃金支払請求権に関する労働基準法上の保護と同様の保護を受けるため、より厳格な判断が行われなければならないとしつつも、「権利の濫用に当たる場合があることを否定する理由もない」として、一般の支払請求権と同様、権利の濫用にあたる場合があることを認めました。そして、権利の濫用に該当するかどうかは、退職金の功労報償的性質に鑑み、労働者の背信的行状等の程度次第であり、懲戒解雇事由に該当するか否かや、退職金支給に至る経緯などが判断事情になるとしています。なお、この裁判例では、退職者が退職時に転職先として提示していた企業とは別の企業に転職し、また退職前に当該企業の顧客データを転職先に移動し、かつ当該企業の顧客データを消去する等の措置をとった結果、電子計算機損壊等業務妨害罪で有罪判決を受けた裁判例で、裁判所は権利濫用に該当するとして退職者の退職金請求権を棄却したものです。

　懲戒解雇事由に該当するような背信的行状等があるにもかかわらず、就業規則等に不支給規定が存在しないというだけで、退職金を支給しなければならないのは不合理であり、妥当な判断であると思います。もっとも、上記裁判例が指摘しているように、権利の濫用に該当するかどうかはさまざまな事情を総合的に考慮した結果判断されますので、これだけを頼りに不支給を実

施することはリスクがあります。やはり、退職金の不支給に関する規定をあらかじめ設けておくことが適切と思います。

4 退職金規程作成の際の留意点

(1) 退職金の不支給規定による抑止効果

　以上のように、つねに退職金の不支給が認められるとは限りませんが、だからといって退職金の減額、不支給に関する規定がなくてよいということにはなりません。また、このような規定があること自体、より制裁の度合いが強くなるため、従業員に対する競業行為等への抑止効果があるのではないかと思います。

(2) 個別規定作成の留意点

　　(A) 懲戒解雇の場合

　懲戒解雇の場合には、原則として退職金を支給しないという規定でよいと思います。そもそも懲戒解雇自体が、企業に対する背信性が高い行為に対して行われる処分ですから、それにもかかわらず退職金を支給するのでは、企業自体が当該従業員の背信性を高くないと判断していると受け取られるおそれもあります。ただ、上記のような裁判例からすれば、すべての懲戒解雇に対して退職金の全額不支給が認められるとは限りません。

　そのため、実際の紛争のリスク等も踏まえると、全部または一部を支給することがありうる、という留保規定を設けておくとよいと思います。なお、退職金規程に、いわゆる賃金の後払い的な性格を有する、支払額が算定可能な退職金と、企業が裁量的に支払う退職金の二つの退職金制度を設けている企業もあります。この場合、前者は賃金として取り扱われる可能性が高いですが、後者は、いわば功労報償的な性格しかありませんので、懲戒解雇時や競業行為時に不支給とすることは容易になります（通常の退職金のほか、業績に応じて毎年一定額を積み立て、退職時に支給する追加退職金が設けられていた

場合に、追加退職金が会社全体の業績等によって定められ、あらかじめ定められた支給基準に従って会社に支払義務が定められているわけではないことから、労働の対償である賃金ではなく、任意的恩恵的給付であると判断した裁判例として、東京地判平成20・10・28労判971号27頁)。

(B) 競業行為の場合

競業行為の場合の規定の仕方は、まず退職後の競業禁止の合意に違反することが前提ですので、そうした「競業避止の合意に違反したとき」、が要件となります。

また、減額する程度は、退職金が賃金の後払い的な性格と功労報償的な性格の両方を兼ね備えていること、一度に全額不支給とすることのリスクからすると、前掲・最判昭和52・8・9のように、半分を支給しないというのも一つの選択肢ではないかと思います。

(C) 退職金支給後の返還請求

競業行為は、退職までは企業に隠しておき、退職した後に企業に判明することもしばしばみられます。そこで、退職金を支給した後に競業避止義務違反が発覚した場合に、本来であれば支給されなかったはずの退職金(一部または全部)を返還請求できる旨も規定しておくべきと思います(退職金規則に、退職金を支払った後、懲戒解雇または退職後2年以内に会社の許可なく同業他社に就職したことが発見された場合には、支払った退職金の返還請求をすることができると規定されていたところ、従業員が退職後同業他社に就職したため、会社が行った退職金の返還請求を認めた裁判例として、東京地判平成23・5・12労判1032号5頁)。

対応策 退職金は、功労報償的な性格だけでなく、賃金の後払い的な性格も有するとされますので、退職金の不支給が認められるのは、永年の勤続の功労を抹消してしまうほどの背信的行為を行ったといえるかどうかで判断され、競業行為や懲戒解雇の事実だけでは直ちに退職金の不支給が認められるとは限りません。退職

金不支給の規定を設ける場合でも、ケースバイケースに対応できるよう、柔軟性をもたせた規定（【書式26】参照）を設け、事案によっては一部でも支給を行うことで、不支給に対するトラブルを抑止することができます。また、退職金を支給した後に競業行為が発覚したときに、退職金の返還を求めることができる規定も設けておくとよいでしょう。

【書式26】 退職金規程例

（退職金の不支給・減額）
第○条
1　就業規則第○条に基づき懲戒解雇された者、あるいは懲戒解雇に相当する行為を行ったときは、退職金を支給しない。ただし、情状により、一部を減額して支給することがある。
2　退職者が、退職後1年以内に競業会社に就職し、あるいは会社を設立する等により自ら競業行為を行うときは、退職金の全額または半額を支給しない。

（退職金の返還）
第○条
1　退職者が在職中に懲戒解雇に相当する行為を行ったことが判明したときは、会社はすでに支給した退職金の全額の返還を求めることができる。
2　退職者が、在職中および退職後1年以内に、競業会社に就職し、あるいは会社を設立する等により自ら競業行為を行ったことが判明したときは、会社はすでに支給した退職金の全額または半額の返還を求めることができる。

〔第3部〕第1章 人事労務面での対応をめぐる実務

Q12 フランチャイズ・システムにおける競業避止義務

　弁当宅配店舗をチェーン展開するA社は、個人事業主のBとフランチャイズ契約を締結しました。BはA社のブランドを用い、A社の指導や助言に従って店舗を運営していたのですが、契約期間が満了したところで契約更新を拒否し、その後は自分で弁当の宅配業を始めました。
　しかし、契約書には、「Bは、Aとの契約終了後も、A社と同種の事業をしてはならない」という規定があります。A社は、この規定を根拠にBの行動を止めることはできるでしょうか。また、Bが宅配業をすることで、A社の宅配業を展開することが困難になり、新しいフランチャイジーは思うように売上げを伸ばせていないのですが、この分は損害として請求できないでしょうか。

回答

1　フランチャイズ・システムにおいては、フランチャイザーは、自身が提供する経営ノウハウ等の企業秘密を提供することが契約の本質的な要素となっているため、この企業秘密をフランチャイジーに勝手に使用されないよう、保護する必要があります。
2　フランチャイズ契約においては、契約期間中には、当然にフランチャイジーが秘密保持義務・競業避止義務を負っていると考えられます。
3　フランチャイズ契約が終了した場合、フランチャイジーはフランチャイザーに対し、速やかに企業秘密を返還するよう、あらかじめ契約書に規定しておくべきです。
4　契約終了後のフランチャイジーに対する競業避止義務は、①競業避止規定による制限の範囲、②競業避止規定の実効性を担保するた

めの手段の有無・態様、③競業に至った背景等から総合的に判断されます。
5 競業避止義務に違反したフランチャイジーに対しては、損害賠償請求や差止請求を行うことが考えられます。

 1 フランチャイズ・システムと秘密保持・競業避止義務

(1) フランチャイズ・システムとは

　フランチャイズ・システムとは、フランチャイザー（本部）がフランチャイジー（加盟者）に特定の商標、商号等を使用する権利を与えるとともに、店舗の設計、加盟者の物品販売、サービス提供その他の事業・経営について、統一的な方法で統制、指導、援助を行い、これらの対価として加盟者が本部に金銭を支払う事業形態とされています（公正取引委員会「フランチャイズ・システムに関する独占禁止法上の考え方について」）。
　全国的にチェーン店を展開するコンビニエンスストアなどでよくみられる形態で、フランチャイザーはフランチャイジーに対し、自身の商標、つまりブランド名を使用させ、また経営の仕方、商品の選択や仕入れ、従業員の採用や管理などについて助言・指導を行い、また営業中にも定期的に店舗をチェックし、売上げ向上のために助言・指導を行います。これに対し、フランチャイジーはフランチャイザーに対し、売上げの一部を加盟金やロイヤリティとして支払います。
　フランチャイズ・システムによって、フランチャイザーは、自身が設備投資や管理等を行わなくても、自己の商圏の拡大を図ることができますし、フランチャイジーは、店舗経営の経験がなくても事業を行い、収入を得ることができます。フランチャイザーがフランチャイジーに助言・指導する店舗経

営のノウハウは、フランチャイザーが時間と費用をかけて作り上げてきた、いわばフランチャイザーの企業秘密です。このようにフランチャイズ・システムは、フランチャイザーが自らの企業秘密を独立した事業主であるフランチャイジーに提供する点に特徴があるといえます。

(2) フランチャイズ契約と情報管理・競業避止

　当然のことながらフランチャイザーとしては、フランチャイジーに提供した経営ノウハウ等の企業秘密が他に流出しないよう、これを保護する必要があります。しかし、本設問のように、フランチャイズ契約を締結したフランチャイジーが、フランチャイザーのノウハウを習得した後、契約を解約して、同種あるいは類似の事業を独自に始めることがあります。

　フランチャイザーとしては、フランチャイジーに契約終了後も自分の経営ノウハウ等の企業秘密を使われては、企業秘密が流出するばかりか、それまでそのフランチャイジーに店舗経営を任せていた地域では、商圏を拡大させることができなくなってしまいます。したがって、フランチャイザーとしては、契約期間中はもとより、特に契約が終了した後になっても、フランチャイジーに企業秘密を使われることや、あるいは競業行為をされないよう、フランチャイジーにあらかじめ秘密保持義務や、競業避止義務を課する必要が出てきます。

　この点、フランチャイジーは、フランチャイザーからは独立した事業主ですが（法人のこともあります）、実際には個人事業主がフランチャイジーになるケースが多いこと、またフランチャイザーがフランチャイジーに対し、自身の企業秘密を提供することで経営を行わせるという点において、企業と労働者の関係にも似た部分があると思います。そのため、本設問でフランチャイズ・システムにおける競業避止義務・秘密保持義務について触れておきたいと思います。

2 契約期間中の秘密保持義務・競業避止義務

　前述したように、フランチャイズ契約においてフランチャイザーがフランチャイジーに提供する経営ノウハウは、フランチャイザーの企業秘密です。こうした企業秘密を提供することがフランチャイズ契約の重要な要素となっている以上、フランチャイズ契約においては、こうした企業秘密を第三者に漏らさないことが当然の前提条件になっていると考えられます（西口元＝木村久也＝奈良輝久＝清水健成『フランチャイズ契約の法律相談〔第3版〕』162頁）。

3 契約終了後の秘密保持義務

　フランチャイズ契約が終了すれば、フランチャイザーがフランチャイジーに提供していた経営ノウハウ等の企業秘密は、当然フランチャイザーに返還してもらわなければなりません。そのためには、フランチャイズ契約終了によって、①フランチャイザーが使用させていた商標等の権利、貸与物、経営ノウハウをフランチャイジーが使用する権限がなくなること、②フランチャイジーはマニュアルや資料等、フランチャイザーがフランチャイジーに提供した物の一切をフランチャイザーに返還することについては、規定しておくべきだと思います。

4 契約終了後の競業避止義務

(1) 特約による競業避止義務

　フランチャイズ契約が終了した後は、特段の合意がない限り、フランチャイジーに義務を負わせることはできませんので、契約終了後もフランチャイジーに競業避止義務を課すためには、フランチャイズ契約において競業避止に関する条項を規定しておくしかありません。もっとも、競業避止特約が規定されていない場合にも、信義則上フランチャイズ契約に付随して競業避止

義務を認めた裁判例もありますが（東京高決平成20・9・17判時2049号21頁）、信義則上の競業避止義務がつねに認められる保証はありませんので、やはりあらかじめ契約書で、契約終了後のフランチャイジーの競業避止義務を規定（【書式27】参照）しておくべきだと思います。

　なお、こうした特約の効力は、当該特約に合意した当事者（フランチャイズ契約の当事者）本人にしか効力を及ぼさないことが原則です。しかし、実際には契約上の当事者とは別の者が店長として経営し、フランチャイザーとの交渉もその者が行っていたような場合に、競業避止義務の趣旨を考慮し、信義則上、実質上の店長にも競業避止義務が及ぶとした裁判例があります（東京地判平成17・1・25判タ1217号283頁）。

(2) 競業避止義務の限界

　フランチャイズ・システムにおける契約終了後の競業避止義務においても、企業の従業員に対する退職後の競業避止義務と同じ問題が発生します。すなわち、フランチャイジーも独立の事業主ですので、職業選択の自由ないし営業の自由（憲法22条）が保障されています。したがって、ここでも、フランチャイザーがフランチャイジーに課す競業避止義務と、フランチャイジーの職業選択の自由との調整が問題となります。裁判例でも、「フランチャイズ契約において、フランチャイザーの保有する、①一定の地域内において築き上げられた商圏（顧客）、②商標等に表象される当該フランチャイズの統一的なイメージ、③経営ノウハウはいずれも保護に値する」としながら、他方で「旧フランチャイジーは、独立の事業者であるところ、競業避止規定によって、①職業選択の自由及び営業の自由が直接的に制限されるだけでなく、②所有権等（店舗ないし事務所及びこれに付随する什器備品等）の物権的権利の利用が制限され、さらに、③投下資本の回収上の不利益を被ることがある」と判示しています（東京地判平成21・3・9判時2037号35頁）。

　そのうえで上記裁判例は、フランチャイズ契約における契約終了後の競業避止規定について、

① 競業避止規定による制限の範囲（禁止の対象となる期間、地域・場所、営業の種類）が制限目的との関係で合理的といえるか
② 競業避止規定の実効性を担保するための手段の有無・態様（違約金・損害賠償の予定、フランチャイザーの先買権など）
③ 競業に至った背景（契約の終了の原因に対する帰責の有無）

等を総合的に考慮し、競業禁止により保護されるフランチャイザーの利益が、競業禁止によって被る旧フランチャイジーの不利益との対比において、社会通念上是認しがたい場合には、民法90条により無効と解すべきであると判断しました（ちなみに上記裁判例では、競業避止義務が課せられる期間が2年間と限定されていたものの、対象地域の限定がなく、また営業の種類が同種・類似の事業全部にわたるものであること、契約解除の原因がフランチャイザー側にあったこと等より、競業避止規定を無効と判断しています）。

その他の裁判例として、造花の賃貸業のフランチャイズ契約において、契約終了後2年間、同一都道府県および隣接都道府県においてフランチャイザーの事業に類似あるいは競合する業種への従事を禁止したのを有効とした東京地八王子支判昭和63・1・26判時1285号75頁、高齢者向け弁当宅配事業において、契約終了後3年間、同種の事業に限定し、また差止請求の対象地域を当該フランチャイズが行われていた市内に限定したことから、競業避止規定を有効とした大阪地判平成22・1・25判時2080号46頁などがあります。

5 競業避止義務違反に基づく損害賠償・差止請求

(1) 損害賠償請求

あるフランチャイジーとのフランチャイズ契約が終了すれば、フランチャイザーとしては、引き続きフランチャイズとしての商圏を確保するために新しいフランチャイジーを募る必要があります。しかし、契約を終了した旧フランチャイジーがそのまま競業行為を行うと、新しいフランチャイジーは売上げを伸ばすことができませんし、それはそのままフランチャイザーへのロ

イヤリティの減少にもつながります。したがって、旧フランチャイジーに競業避止義務違反が認められた場合、フランチャイザーは損害賠償を請求することになります。

　この点、仮に旧フランチャイジーの競業行為が不正競争防止法上の営業秘密侵害行為に該当する場合には、旧フランチャイジーが競業行為によって上げた利益が損害であると推定することができますが（同法5条2項）、そうでない場合には、実際にフランチャイザーがどれだけの利益を得ているのか、立証する必要があります。しかし、従業員の競業避止義務違反に対する企業の損害賠償請求の場合と同様、フランチャイザーが旧フランチャイジーの競業行為と因果関係のある損害賠償を立証するのは容易ではありません。

　そこで、フランチャイズ契約でも、違約金（損害賠償額の予定）の規定を定めていることがあります（フランチャイズ契約における損害賠償額の予定を定めることに一定の合理性があると認めた裁判例として、東京高判平成8・3・28判時1573号29頁）。その場合、フランチャイザーとしての損害は新たなフランチャイジーから得られたはずであるロイヤリティの損害ともいえますので（高知地判昭和60・11・21判タ603号65頁、前掲・東京地判平成17・1・25等）、ロイヤリティを基準とすることが多いようです（ロイヤリティの36カ月分とした前掲・大阪地判平成22・1・25、当初60カ月分とし、後に30カ月分に変更した神戸地判平成4・7・20判タ805号124頁）。もっとも、この損害賠償の予定も、事案によっては、予定する額が過大であるとして、縮減されることがあります（前掲・東京高判平成8・3・28は、ロイヤリティの120カ月相当分とする損害賠償額の予定が著しく過大であるとして、30カ月分に限り損害として認定しました）。

(2)　差止請求

　また、フランチャイザーとしては、損害の賠償を受けたとしても、旧フランチャイジーが引き続き同じ場所で競業行為を続けていては、結局商圏を確保できません。そこでさらに、競業行為の差止請求も行うことが考えられま

す（前掲・東京地八王子支判昭和63・1・26、前掲・神戸地判平成4・7・20、前掲・東京地判平成17・1・25、前掲・大阪地判平成22・1・25等）。

(3) 権利の濫用

なお、こうした競業避止義務違反に基づく損害賠償請求や差止請求も、無制限に認められるものではなく、請求すること自体が信義則に反するような場合には、権利の濫用として請求自体が認められません。東京高判平成21・12・25判時2068号41頁では、フランチャイズ契約を締結したものの、詐欺的行為によってフランチャイジーを勧誘し、かつフランチャイザーとしての経営指導を行わず、よって企業秘密たるノウハウがフランチャイジーにほとんど伝わっていないようなケースであり、競業避止義務の履行を求めて差止請求や違約金請求を行うことは権利の濫用であって許されないとしています。

対応策 フランチャイズ契約終了後のフランチャイジーによるノウハウの流出や競業行為を防ぐためには、秘密保持義務・競業避止義務を契約上明確にしておく必要があります。もっとも、フランチャイジーにも営業の自由が認められていますので、退職者に対するものと同様、無制限な競業避止義務等が認められるわけではありません。したがって、競業を禁止する地域や期間等の条件は必要最小限にとどめておきましょう。また、実際に競業行為を行ったフランチャイジーに対しては、損害賠償請求や差止請求を行っていくことになりますが、損害額の算定の便宜のために、あらかじめ契約書上に損害賠償額の予定を規定しておくとよいでしょう。

【書式27】 フランチャイズ契約における秘密保持義務・競業避止義務の規定例

（秘密保持義務）
第○条
1 フランチャイジー（以下、「乙」という）は、本事業を行うにあたりフランチャイザー（以下、「甲」という）から提供を受けた営業秘密、ノウハウ等本事業に関連する秘密事項について、第三者に漏えいしてはならない。
2 乙は甲に対し、前項の義務を、乙の役員および従業員に対しても徹底させることを確約する。
3 本条の規定は、本契約終了後もその効力を失わないものとする。

（競業避止義務）
第○条
1 本契約期間中において、乙は、本事業と同種あるいは類似の事業の部類に属する取引を行い、あるいは第三者に行わせてはならない。ただし、甲による事前の書面による承諾がある場合には、この限りでない。
2 乙は、本契約終了後3年間、本事業を行っている市町村およびそれに隣接する市町村において、本事業と同種あるいは類似の事業の部類に属する取引を行い、あるいは第三者に行わせてはならない。

（契約終了時の機密情報の取扱い等）
第○条
1 本契約が終了したときは、乙は甲の保有する商標・サービスマーク等の営業シンボルを使用する権利、営業秘密を利用する権利、甲から貸与された貸与物を使用する等の権利を失う。
2 本契約が終了したとき、乙は、甲の保有する商標・サービスマーク等の営業シンボルを直ちに撤去する。また乙は、甲から提供された貸与物や甲の営業秘密やノウハウが記載されたマニュアル等の一切を、コピーを含め速やかに甲に返還する。
3 本契約が終了したとき、乙は、甲が提供したシステム・ネットワークのいずれについても甲が管理し、処分できることを確認する。この管理および処分の費用は、乙が負担する。

4 乙は、本契約が終了した後も、本事業を損ねることがないよう、甲ないし新たなフランチャイジーに対し、十分な引き継ぎを行うこととする。

(損害賠償)
第○条 乙は、前3条の規定のいずれかに違反した場合、甲に対し、ロイヤリティー相当分の○○カ月分を支払う。

Q1 自社の営業秘密が他社により勝手に利用されていることが発覚した場合の対応策

　工作機械の製造メーカーであるA社の技術開発部長であるX氏は、同社を退職するに際し、自身が関わっていた製造装置αに関する資料一式をコピーして自宅に持ち帰っていました。その後、X氏は、A社の競合他社であるB社からの強い要請により、B社に就職し、同社の技術開発部長に就任しました。

　X氏は、自宅に持ち出していた資料を用い、B社内で研究を進め、製造装置αより性能を向上させた製造装置βを完成させ、B社はその製造販売を開始しました。

　A社は、X氏およびB社に対してどのような請求が可能でしょうか。

回答

1　不正競争防止法は、他人の「営業秘密」の不正な開示や、取得、使用を禁止しています。「営業秘密」とは、秘密として管理されている生産方法、販売方法その他の事業活動に有用な技術上または営業上の情報であって、公然と知られていないものを指します。

2　X氏がコピーして持ち帰った製造装置αに関する資料が、不正競争防止法2条6項の「営業秘密」に該当する場合、X氏およびB社に対する損害賠償請求、B社に対する同資料の使用禁止（製造装置βの製造中止）を請求できる可能性があります。

3　また、不正競争防止法の要件を満たせば、X氏およびB社を刑事告訴できる可能性もあります。

4　さらに、A社が、X氏から、退職後も効力を有する守秘義務や競業禁止に関する誓約書の提出を受けていた場合には、誓約書を根拠として損害賠償等を請求しうる可能性があります。

1 不正競争防止法上の「営業秘密」

(1) 概　要

　不正競争防止法上の「営業秘密」とは、①秘密として管理されていること（秘密管理性）、②事業活動に有用な情報であること（有用性）、③公然と知られていないこと（非公知性）の三要件を満たす技術上または営業上の情報を指します。この要件のすべてを充足することが、不正競争防止法により営業秘密の保護を図る際の条件となります。

　本事案では、このうち、①の「秘密管理性」と③の「非公知性」が問題となります。

(2) 「秘密管理性」該当性

　まず、「秘密管理性」が認められるためには、一般に、①情報にアクセスできる者を特定すること（アクセス制限）、②情報にアクセスした者が、それを秘密であると認識できること（客観的認識可能性）、の二つが必要であると解されています。

　具体的には、営業秘密の管理にあたっては、「物理的・技術的管理」、「人的管理」、「組織的管理」により、①秘密情報とその他の情報、アクセスできる者とできない者とをそれぞれ区分し、②権限に基づきアクセスした者がそれを秘密であると認識して取り扱うために必要な措置を講じるとともに、③権限のない者がアクセスすることができないような措置を講じることが必要です。

(3) 「非公知性」該当性

　「非公知性」が認められるためには、当該情報が、保有者の管理下以外で

は一般に入手できないことが必要です。そこで、同じ情報を複数の人が保有していても各自が秘密にしており業界で一般に知られていない場合には、非公知であり、また、当該情報の内容が公知情報を組み合わせたに過ぎない場合については、それらの公知情報の組合せ方や適用の仕方に独自の価値を見出すことができるならば、その点に非公知性(および有用性)が認められることになります(鎌田薫「営業秘密の保護」判タ793号57頁)。他方、特許出願等で公開され公知となった情報は「営業秘密」の対象でなくなります。

2 営業秘密の民事的保護

(1) 不正競争防止法における民事的責任

不正競争防止法では、営業秘密の不正な取得・使用・開示行為を類型ごとに「不正競争行為」として列挙し、不正競争行為によって不利益を被った事業者に、差止め、損害賠償、(裁判所の裁量による)信用回復措置の請求を認めています。

(2) 漏えい者の責任

まず、X氏の行為は、不正競争防止法2条1項4号ないし7号の不正競争行為に該当する可能性があります。

不正競争防止法2条1項
四 窃取、詐欺、強迫その他の不正の手段により営業秘密を取得する行為(以下「不正取得行為」という。)又は不正取得行為により取得した営業秘密を使用し、若しくは開示する行為(秘密を保持しつつ特定の者に示すことを含む。以下同じ。)
……
七 営業秘密を保有する事業者(以下「保有者」という。)からその営業秘密を示された場合において、不正の利益を得る目的で、又はその保有者に損害を加える目的で、その営業秘密を使用し、又は開示する行為

---

(3) 利用企業の責任

次に、B社の行為については、X氏に不正競争防止法2条1項4号の行為が成立する場合には同5号、X氏に同7号の行為が成立する場合には、同8号の不正競争行為に該当する可能性があります。

不正競争防止法2条1項

五　その営業秘密について不正取得行為が介在したことを知って、若しくは重大な過失により知らないで営業秘密を取得し、又はその取得した営業秘密を使用し、若しくは開示する行為

……

八　その営業秘密について不正開示行為（前号に規定する場合において同号に規定する目的でその営業秘密を開示する行為又は秘密を守る法律上の義務に違反してその営業秘密を開示する行為をいう。以下同じ。）であること若しくはその営業秘密について不正開示行為が介在したことを知って、若しくは重大な過失により知らないで営業秘密を取得し、又はその取得した営業秘密を使用し、若しくは開示する行為

3　営業秘密の刑事的保護

(1) 不正競争防止法における刑事罰規定

不正競争防止法は、営業秘密の不正取得・領得・不正使用・不正開示のうち、一定の行為について、10年以下の懲役または1000万円以下の罰金（またはその両方）を科すこととしています（同法21条。営業秘密侵害罪）。いずれの行為も、図利加害目的（「不正の利益を得る目的」または「営業秘密の保有者に損害を加える目的」）が必要です。また、犯罪被害者保護の見地から、刑事訴追には被害者の告訴が必要である親告罪とされています。

(2) 漏えい者の責任

まず、X氏によるコピーの作成およびB社での使用・開示行為は、不正競争防止法21条1項1号および2号（ないし同3号および4号）の行為に該当する可能性があります。

不正競争防止法21条1項

一　不正の利益を得る目的で、又はその保有者に損害を加える目的で、詐欺等行為（人を欺き、人に暴行を加え、又は人を脅迫する行為をいう。以下この条において同じ。）又は管理侵害行為（財物の窃取、施設への侵入、不正アクセス行為（不正アクセス行為の禁止等に関する法律（平成11年法律第128号）第2条第4項に規定する不正アクセス行為をいう。）その他の保有者の管理を害する行為をいう。以下この条において同じ。）により、営業秘密を取得した者

二　詐欺等行為又は管理侵害行為により取得した営業秘密を、不正の利益を得る目的で、又はその保有者に損害を加える目的で、使用し、又は開示した者

三　営業秘密を保有者から示された者であって、不正の利益を得る目的で、又はその保有者に損害を加える目的で、その営業秘密の管理に係る任務に背き、次のいずれかに掲げる方法でその営業秘密を領得した者

　イ　営業秘密記録媒体等（営業秘密が記載され、又は記録された文書、図画又は記録媒体をいう。以下この号において同じ。）又は営業秘密が化体された物件を横領すること。

　ロ　営業秘密記録媒体等の記載若しくは記録について、又は営業秘密が化体された物件について、その複製を作成すること。

　ハ　営業秘密記録媒体等の記載又は記録であって、消去すべきものを消去せず、かつ、当該記載又は記録を消去したように仮装すること。

四　営業秘密を保有者から示された者であって、その営業秘密の管理に係る任務に背いて前号イからハまでに掲げる方法により領得した営業秘密を、不正の利益を得る目的で、またはその保有者に損害を加える目的で、その営業秘密の管理に係る任務に背き、使用し、または開示した者

(3) 利用企業の責任

次に、B社については、故意で情報を受領し、使用した場合には、不正競争防止法21条1項7号の行為に該当する可能性があります。

不正競争防止法21条1項
七　不正の利益を得る目的で、又はその保有者に損害を加える目的で、第2号又は前3号の罪に当たる開示によって営業秘密を取得して、その営業秘密を使用し、又は開示した者

対応策　X氏がコピーして持ち帰った製造装置aに関する資料が、不正競争防止法2条6項の「営業秘密」に該当する場合、X氏およびB社に対する損害賠償請求、B社に対する同資料の使用禁止（製造装置βの製造中止）を請求できる可能性があります。

また、不正競争防止法の要件を満たせば、X氏およびB社を刑事告訴できる可能性もあります。さらに、A社が、X氏から、退職後も効力を有する守秘義務や競業禁止に関する誓約書の提出を受けていた場合には、それらの誓約書を根拠としてX氏に損害賠償請求しうる可能性があります。

ただし、不正競争防止法上の権利行使のためには、A社の情報が、不正競争防止法上の「営業秘密」の要件を充足していることに加え、上述した不正競争防止法上の各不正競争行為をX氏およびB社が行ったことを立証する必要があります。

なお、A社の情報が、個人情報にかかわる場合には、再発防止のための漏えい事実の公表、監督官庁への報告を行う必要があります（「個人情報の保護に関する法律についての経済産業分野を対象とするガイドライン」参照）。

Q1　自社の営業秘密が他社により勝手に利用されていることが発覚した場合の対応策

　　　　　　　上述のとおり、自社の技術情報が不正競争防止法による保護を受けるには、同法上の「営業秘密」の要件に該当する必要があり、特に、秘密管理に対する普段からの努力が求められることに留意する必要があります。

　また、技術流出は多くは従業員によるものであり、単に就業規則に抽象的・一般的な守秘義務を規定するだけでは歯止めにはなりにくいと考えられます。そこで、就業規則上の規定に加え、採用時・プロジェクト参画時・退職時に誓約書（第3部第1章Q3参照）を受領することが望ましいといえるでしょう。また、そのような誓約書を実効ならしめるためには、従業員に対して日頃から企業秘密の重要性とそのペナルティー（不正競争防止法違反に基づく民事・刑事責任等）の重さについて理解させることが重要でしょう。

自社の知的財産権が侵害されていることが発覚した場合の対応策

　ランドセルの製造・販売会社である A 社は、競合他社である B 社が、A 社の保有する防犯ブザー機能付きランドセルに関する特許の実施品と思われる製品 a を販売していることを知りました。A 社の知的財産部員が、製品 a を入手して性能を確認したところ、A 社の特許の実施である可能性が高いことが判明しました。
　この場合の A 社の対応として、どのようなことが考えられるでしょうか。

回答

1　まず、製品を入手し、特許が侵害されているのかどうか、調査検討します。
2　また、それと同時に、相手方からなされる可能性のある反論（特許の有効性、先使用権の成否等）についても確認を行い、最終的に権利主張が認められる可能性がどの程度高いか判断します。
3　公知文献調査等を実施し、必要な場合には、訂正審判という特許庁の手続によって特許請求の範囲を訂正するなどして、相手方の防御に備えることも有用です。
4　そして、相手方による侵害の態様や相手方との関係、当方の最終的な目標（相手方に販売を止めさせるのか、それとも継続を認めたうえで実施料を受け取るのか）等を踏まえて、どのような対応をとるかを判断します。

1　被疑侵害品の調査

(1)　概　要

まず、侵害品と思われる製品（被疑侵害品）を入手します。商品そのものを市場で入手できない場合には、そのカタログや取扱説明書などを、取引先などを通じて取得することも考えられます。

(2)　自社特許の権利範囲の確認、侵害製品との比較

特許侵害といえるためには、被疑侵害品が、自社特許の権利範囲（特許請求の範囲、いわゆるクレーム）のすべての構成を備えている必要があります[1]（例外として、間接侵害、均等侵害があります[2]）。

そこで、自社特許のクレームを把握・解釈したうえで、クレームに記載された特許発明の構成要件の一つひとつを、他社製品が充足しているか検討します。

このクレーム解釈と構成要件充足性の判断は、専門性を要するので、弁護士・弁理士の助言を得ることも考えられます。

2　想定される反論への準備

また、想定される反論に備えるため、一定の調査をしておくことが必要な場合もあります。実務上は、相手方が特許の有効性を争ってくる場合が多い

---

[1]　たとえば、特許発明がa、b、cという技術的構成からなる場合、a、b、cという構成のすべてを備えている製品が、当該特許の侵害品に該当することになります。

[2]　特許侵害品そのものでなく、その生産にのみ用いる物等を生産、譲渡等すること（間接侵害。特許法101条各号）や、発明の本質的な部分を実施するなど、発明の均等物を生産、譲渡等すること（均等侵害。最判平成10・2・24（無限摺動ボールスプライン軸受事件）民集52巻1号113頁）も、侵害行為であるとみなされます。

ので、事前に公知文献調査等を実施し、必要な場合には、訂正審判という特許庁の手続によって特許請求の範囲を訂正するなどして、相手方の防御に備えることもあります。また、「先使用の抗弁」（特許出願の際、発明の実施にかかる事業ないしその準備を行っていた第三者は、特許権者の許諾なくして当該発明を使用し続けることが可能であり（特許法79条）、これを先使用権の抗弁といいます）を主張されることもあるので、その可能性も検討することが必要な場合もあります。

3　自社が相手方の権利を侵害していないかどうかの調査

さらに、当方が、相手方の知的財産権侵害を行っていないかどうかも確認すべきです。調査の結果、複数の相手方の権利を当方が侵害している可能性がみつかることもあります。先方の侵害の程度より当方の侵害の程度が甚大である場合には、権利行使を行うかどうか、また行うとしてどのように行うか、再考すべきでしょう。ただ、そのような場合でも、相手方の権利に瑕疵（無効理由）が存在する場合もあるので、外部の専門家の意見を聞くなど、慎重に検討する必要があるでしょう。

4　権利行使の方法

前記の調査の結果、他社製品が自社特許に抵触している可能性が高いと判断した場合、いきなり法的手続（仮処分申立て、特許侵害訴訟の提起、税関の水際差止め）をとるのではなく、まずは当該他社に対し、書面で警告するのが一般的です。通常のビジネスレターとして普通郵便で送付する場合もあれば内容証明郵便で送付する場合もあります。

なお、被疑侵害者である競合他社の取引先に対して警告を行った後、実は侵害ではないことが判明した場合、その警告の行為が不正競争防止法上の不正競争にあたるとされ、自社が逆に損害賠償請求を受ける恐れがあります（同法2条1項14号）。したがって、このような方法をとるかどうかは相当慎重に判断すべきです。

Q2　自社の知的財産権が侵害されていることが発覚した場合の対応策

対応策　自社の特許権が侵害されている可能性を知った場合、特許権者の対応としては、まず、事実関係を正確に把握する必要があります。すなわち、製品を入手し、特許発明を侵害しているのかどうか、調査検討します。また、それが、いつから、どれくらいの数量販売されているのかを、公開情報から知りうる限りの調査を行う必要があるでしょう。また、同時に、相手方からなされる可能性のある反論についても確認を行い、最終的に権利主張が認められる可能性がどの程度高いか判断します。

さらに、当方が、相手方の知的財産権侵害を行っていないかどうかも確認すべきです。そして、重大な権利侵害がみつかった場合には、権利行使をするかどうかは、十分慎重に判断する必要があります。

それらの調査の結果、権利行使が認められる可能性があり、また権利行使によりデメリットも少ないと判断できる場合には、相手方に対して、権利行使を行っていくことになります。

そして、相手方による侵害の態様や相手方との関係、当方の最終的な目標（相手方に販売を止めさせるのか、それとも継続を認めたうえで実施料を受け取るのか）等を踏まえて、どのような権利行使を行うかを判断します。

たとえば、相手方の侵害の態様が悪質で、侵害の可能性が高く、したがって、差止めの必要性が高く、かつ、相手方と別段取引関係がなく、また、当方が相手方の権利を侵害している可能性も認められないような場合には、代理人弁護士名での配達証明付き内容証明郵便で、厳しいトーンで権利侵害の停止を求める警告書（【書式28】参照）を送付し、相手方が誠意ある態度をとらない場合には、直ちに法的措置をとることも準備すべきでしょう。これに対し、当方が相手方の権利を侵害している事実が明白であるような場合には、権利行使は控えるか、あるいは、クロスライセンス契約の締結に持ち込むために、警告書の発送という形をとらずに、紳士的に話し合いを行うことが得策である場合もあるでしょう（【書式29】参照）。

予防策

　優れた技術であっても、特許権等の知的財産権を取得していない限り、他者に真似されても、それを法的に止めさせることは原則としてできません。ですから、優れた技術が開発された場合には、知的財産権の取得を考えるべきです。

　しかし、第三者が知的財産権侵害を行っていても、誰かがそれを止めさせてくれるわけではなく、知的財産権者自身が、侵害行為に気づき、自ら警告書を送付するなどの行動を起こしてはじめて侵害行為を止めさせることができます。

　そこで、競合他社の動向を、他社による特許出願、展示会等への出展状況、市場に出た製品やカタログ等の入手、調査を通じて把握しておくことが重要です。

【書式28】　特許権侵害の警告書例

```
                                              平成〇〇年〇〇月〇〇日
〇〇株式会社
代表取締役　〇〇〇〇殿

                                              株式会社〇〇
                                              代表取締役　〇〇〇〇

                          警　告　書

冠省　弊社は、以下の特許権（以下、「本件特許権」という）を保有しております。
　①　発明の名称：〇〇〇〇の製造法
　②　特許番号：特許第〇〇〇〇〇〇〇号
　③　登録日：平成〇〇年〇〇月〇〇日
　今般、貴社が製造販売している〇〇製品（以下、「貴社製品」という）が、本件特許権に抵触していることが判明しました。
　ついては、直ちに、貴社製品の製造販売を中止するとともに、本書到達後
```

１週間以内に、本件特許権の登録日以降今日までの貴社製品の販売数量、総売上げ、総利益、並びに、在庫数量およびその保管場所を明らかにするよう要求いたします。

　なお、本書到達後１週間以内に何ら回答をいただけず、また、誠実なご対応をいただけない場合には、法的措置を採らざるを得ないと考えておりますので、その旨合わせてご通知いたします。

草々

【書式29】　特許権侵害が疑われる場合の通知書例

ご　連　絡

拝啓　時下ますますご清祥の段、お慶び申し上げます。平素は格別のご高配を賜り、厚くお礼申し上げます。

　さて、弊社は、以下の特許権（以下、「本件特許権」といいます）を保有しております。

① 　発明の名称：○○○○の製造法
② 　特許番号：特許第○○○○○○○号
③ 　登録日：平成○○年○○月○○日

　貴社は、○○製品（以下、「貴社製品」といいます）を製造・販売されておられますが、本件特許権と貴社製品との関係について、どのようにお考えでしょうか。貴社のご見解を、本書到達後１カ月以内にお示しくださいますようお願いいたします。

敬具

［弊社連絡窓口］
　　○○○○本部○○○部○○課（担当者：○○○○）
　　電話　03-○○○○-○○○○（直通）

Q3 他社から営業秘密侵害の警告を受けた場合の留意点

　工作機械の製造メーカーであるA社の技術開発部員であるX氏は、同社を自己都合退職し、B社に就職しました。B社は、X氏が、A社で培った知識や能力を発揮してもらうため、X氏を技術開発部門長に就任させました。

　これに気がついたA社は、B社に対して、A社の営業秘密が開示されていることは明らかであるから、直ちに部門長の任を解くよう警告しました。B社は、この警告にどのように対処すべきでしょうか。

回答

1　不正競争防止法は、他人の「営業秘密」を勝手に「開示」「取得」「利用」等する行為を「不正競争行為」と定め、被害者に民事上の救済（差止請求、損害賠償請求）を与えるとともに、刑事罰を科すものとしています（ただし、刑事罰は親告罪）。

2　競合他社の元従業員を採用するに際しては、上記の観点から、不正競争防止法違反とならないよう、十分に留意する必要があります。できれば、採用に関するマニュアルを作成し、同マニュアルに従った採用活動を行うべきでしょう。

3　他社から営業秘密を侵害したとの警告書を受け取った場合、①事実関係を早急に確認し、②弁護士などの専門家の意見を求めつつ、「営業秘密」の「侵害行為」が行われたのか法的評価を行ったうえで、③警告者に対する対応の仕方を決定します。また、④関係者の処分も含めた再発防止策を講じることも重要です。

解説　1　営業秘密侵害による不正競争防止法違反

　不正競争防止法は、他人の「営業秘密」を勝手に「開示」「取得」「利用」等する一定の行為を「不正競争行為」と定め、被害者に民事上の救済（差止請求、損害賠償請求）を与えるとともに、刑事罰を科すものとしています（ただし、刑事罰は親告罪）。

　「営業秘密」とは、①秘密として管理されていること（秘密管理性）、②事業活動に有用な情報であること（有用性）、③公然と知られていないこと（非公知性）の三要件を満たす技術上または営業上の情報を指します。この要件のすべてを充足することが、不正競争防止法により営業秘密の保護を図る際の条件となります。本事例でも、たとえば、A社の主張する情報が公然と知られたものである場合には、不正競争防止法違反の問題とはなりません。

　また、従業員の頭の中にある情報や、身に付いたノウハウは、それが職務活動を通じて得られたものであっても、直ちに企業の営業秘密となるものではなく、たとえば、頭の中にある情報を具体的に書面等に具現化して、企業がそれを管理する場合に初めて営業秘密となりうると考えられています。

2　競合他社の元従業員を雇い入れる際の留意点

　競合他社の元従業員を雇い入れる際には、不正競争防止法違反やその責任追及の可能性を考慮し、以下のような点に留意すべきでしょう。

① 不正をほのめかすような者の雇入れを避ける

　まず、新しい就職先に対し、前職の営業秘密を開示することを条件に高額の給与を要求するような者の雇入れは、トラブルとなる可能性が高いため、避けるべきでしょう。

② 転職者が前職で負っていた義務・業務内容を確認する

　採用面接等の際に、前職で行っていた業務内容および前職に対する秘

密保持義務や競業避止義務の有無や内容等を確認すべきです。
③　採用の際に前職の営業秘密等に関する事項につき誓約させる

　　さらに、採用することが決定した場合、ⓐ前職の営業秘密を使用または開示しないこと、ⓑ前職との関係で義務違反を生じる業務を行わないこと等を書面により誓約する誓約書を書かせるとともに、必要に応じて、営業秘密に関する不正競争防止法の規定の内容を説明し、不当に前職の情報を開示しないように意識づけすべきです。

④　配属先に留意する

　　転入者の配属について、転入者が転入前の会社に対して負っている競業避止義務や秘密保持義務に反しないよう、留意する必要があります。最終的には前職で培った技能を活かすことを期待して採用したとしても、少なくとも一定期間はそれとは関係のない部署に配属させることも検討すべきでしょう。

⑤　前職の資料やデータの持込みをさせない

　　前職の資料やデータの持込みが発覚した場合には、不正競争防止法違反が成立する可能性が高くなります。したがって、前職の資料やデータの持込みは一切させないように十分留意する必要があります。

3　警告書を受け取ったときの対応

他社から、同社の営業秘密を侵害したとの警告書を受け取った場合、以下の対応をとることが考えられます。

①　事実関係を早急に確認する

　　まず、警告書に記載されている内容が事実かどうかを、関係者のヒアリングを実施するなどして早急に確認します。

②　「営業秘密」の「侵害行為」が行われたのか、法的評価を行う

　　次に、警告者が侵害されたと主張する情報が、不正競争防止法上の「営業秘密」（同法2条6項）に該当するかどうか、同法が規定する「不正競争行為」（同法2条1項4号ないし9号）が行われているか、さら

に、同法の規定する抗弁（善意・無重過失の転得者の保護規定（同法19条1項6号）、消滅時効（同法15条）等）が成立しないかどうかを確認します。この作業は、法的な評価を含むので、弁護士などの専門家に依頼することも検討すべきでしょう。

③ 法的評価を踏まえた対応策を決定する

上記②の結果、警告者の主張するとおりである可能性が高い場合には、警告者に対する謝罪・補償等の措置を講じることになります。また、ガイドライン等に基づき外部に開示する必要がある事案においては、速やかに行う必要があります。他方、警告書に記載されている内容が事実でなく、営業秘密侵害の外形的事実は存在しないということであれば、その旨の反論の回答書（【書式30】、【書式31】、【書式32】参照）を警告者に送付することになります。

④ （関係者の処分も含めた）再発防止策を講じる

問題が生じた原因（たとえば、競合他社の元従業員を採用する場合のルールが存在していなかった）を調査し、その原因に応じた再発防止策（たとえば、競業他社の元従業員を採用する場合のルールを定め、人事部にそれを徹底する）を講じます。

また、懲戒処分を含む、関係者の処分を実施します。

そして、講じた是正措置や再発防止措置を記録化しておくとともに、当該事案を参考事例として社内で共有し、再発防止に努めるようにします。

対応策 不正競争防止法は、他人の「営業秘密」を勝手に「開示」「取得」「利用」等する一定の行為を「不正競争行為」と定め、被害者に民事上の救済（差止請求、損害賠償請求）を与えるとともに、刑事罰を科すものとしています（ただし、刑事罰は親告罪とされています）。

競合他社の元従業員を採用するに際しては、上記の観点から、不正競争防

止法違反とならないよう、十分に留意する必要があります。

　本設問では、特に、採用前の面接等で、X氏から話を聞き、X氏がA社保有の情報にかかる媒体を所持していないか、また、X氏がA社の技術情報を紙媒体やデータで保有している場合には、返還ないし廃棄させるなどの処置をとるべきでしょう。また、X氏に期待していた開発業務内容と、X氏がA社において行っていた業務が同一ないし近接している場合には、少なくとも一定期間開発業務を行わせず、別の部署で勤務するようにすべきでしょう。

　　　　　　　　　　上記のとおり、競合他社の元従業員を採用するに際しては、不正競争防止法違反とならないよう、十分に留意する必要があります。できれば、マニュアルを作成し、マニュアルに従った採用活動を行うべきでしょう。

【書式30】　特許権侵害の通知書への回答書例

　　　　　　　　　　　ご　回　答

　拝啓　時下ますますご清祥の段、お慶び申し上げます。平素は格別のご高配を賜り、厚くお礼申し上げます。
　平成○○年○○月○○日付け貴信、拝受致しました。
　現在、貴社特許権と弊社製品の関係を確認中ですが、回答までしばらくお時間を頂戴したく存じます。確認が済みましたら、弊社担当者よりご連絡させていただきます。
　どうぞよろしくお願い致します。

　　　　　　　　　　　　　　　　　　　　　　　　　　　　　　　敬具

　［弊社連絡窓口］
　　　○○○本部○○○部○○課（担当者：○○○○）
　　　電話　03-0000-0000（直通）

【書式31】 企業担当者が回答する場合の特許権侵害の警告書への回答書例

平成〇〇年〇〇月〇〇日

〇〇株式会社
代表取締役　〇〇〇〇殿

株式会社〇〇
代表取締役　〇〇〇〇

回　答　書

冠省　平成〇〇年〇〇月〇〇日付け警告書（以下、「警告書」という）に対し、以下のとおり回答致します。

　警告書において、貴社は、弊社製品が貴社特許に抵触していると主張されておりますが、何らその具体的な根拠を示されておりません。どのような根拠により侵害とお考えになるのかを、まず明らかにしていただけますでしょうか。具体的な根拠をお示しいただいた後に、それに対する弊社の回答をさせていただきたく存じます。

　どうぞよろしくお願いいたします。

草々

【書式32】 代理人が回答する場合の特許権侵害の警告書への回答書例

平成〇〇年〇〇月〇〇日

〇〇株式会社
代表取締役　〇〇〇〇殿

東京都〇〇区〇〇町〇丁目〇番〇号
株式会社〇〇
代表取締役　〇〇〇〇
東京都〇〇区〇〇町〇丁目〇番〇号
電話　03-0000-0000
FAX　03-0000-0000
代理人弁護士　〇〇〇〇

回　答　書

　冠省　当職らは、株式会社○○（以下、「当社」という）の代理人として、平成○○年○○月○○日付け警告書（以下、「警告書」という）に対し、以下のとおり回答いたします。

　警告書において、貴社は、当社製品が貴社特許に抵触していると主張されております。しかし、以下のとおり、当社製品は、貴社特許に係る発明の技術的範囲に属するものではありません。

　まず、当社製品は、○○○○であることからして、貴社特許の「○○」という構成を充足しておりません。

　また、当社製品は、○○○○であることからして、貴社特許の「○○○」という構成を充足しておりません。

　よって、当社製品は、少なくとも、貴社特許に係る発明の構成のうち、「○○」と「○○○」の構成を充足しておらず、よって、当社製品が貴社特許に係る発明の技術的範囲に属しないことは明らかです。

　さらに、貴社特許は、特開○○○○－○○○○○号にその構成のすべてが開示されており、新規性を欠き無効であるといわざるを得ません。

　以上より、弊社としては、貴社の請求には理由がないものと考えておりますが、もし何か反論があるようでしたら、書面にてご主張くださいますようお願いいたします。

　　　　　　　　　　　　　　　　　　　　　　　　　　　　　　　草々

 他社の知的財産権を侵害しないための留意点

　アパレルメーカーであるA社は、外注したデザインを用いた新製品のブラウス α について、競合他社であるB社から、ブラウス α の形状は、B社の販売する製品に類似しており、不正競争防止法2条1項3号に違反するため、即刻販売を停止されたいとの警告を受けました。交渉の結果、A社は、ブラウス α の製造販売を中止し、B社に解決金を支払うこととなりました。

　このような事態を未然に防ぐためのA社の再発防止策として、どのようことが考えられるでしょうか。

回答

1　不正競争防止法2条1項3号は、他人の商品形態を模倣した商品の譲渡等を禁止しています。

2　また、新規の物品のデザインについては、特許庁に出願し、登録を受けることで、当該デザインの独占権（意匠権）を取得することができるため、商品販売を行うに際しては、不正競争防止法だけでなく、意匠法に違反しないように留意する必要があります。

3　知的財産権侵害を防止する対策としては、デザインの製作を行う業者との契約において、他人の知的財産権を侵害しないことを表明保証させ、侵害した場合の責任をデザイン業者に課すような条項を置くことが考えられます。もっとも、知的財産管理体制が整っていない会社である場合には、表明保証等の契約上の手当てだけでは十分ではなく、より積極的に、知的財産を侵害しないことの事前の確認、検証を自ら行ったほうが安全です。

1 不正競争防止法に基づく請求の成立要件

　本設問では、不正競争防止法2条1項3号違反が問題となっていますので、まず同号について解説します。同号の成立要件は次のとおりです。

① 形態模倣商品の形態が他人の商品形態を模倣したものであること
② 「当該商品の機能を確保するために不可欠な形態」でないこと
③ （模倣されている商品が）最初に販売された日から3年を経過していないこと
④ 形態模倣商品を譲渡し、貸し渡し、譲渡もしくは貸渡しのために展示し、輸出し、もしくは輸入する行為を行っていること

　このうち、上記①の「他人」とは、当該商品を開発、商品化した者を指し、「形態」とは、「需要者が通常の用法に従った使用に際して知覚によって認識することができる商品の外部及び内部の形状並びにその形状に結合した模様、色彩、光沢及び質感」を指します（不正競争防止法2条4項）。そして、「模倣する」とは、「他人の商品の形態に依拠して、これと実質的に同一の形態の商品を作り出す」ことをいい（同条5項）、客観的要件としての形態の同一性と主観的要件としての模倣の意図が必要であると理解されています。このように、先行商品の形態をあえて真似をする場合に、同号違反が成立しうることになります。

　上記のとおり、同号によるデザインの保護期間は販売から3年であり、かつ、実質同一性が要件とされるので、意匠権に比べると保護範囲は狭いですが、早期に簡便な保護が可能であり、意匠の出願から登録までの期間が無権利状態となる点を補完できることになります。

2　意匠権侵害しないための留意点

　物品のデザインについて、他人の知的財産権を侵害しないためには、上記

の不正競争防止法だけでなく、意匠法にも留意する必要があります。

意匠法には出願公開制度がないため、競合他社の意匠・デザインは意匠登録公報が発行されるまではオープンになりません。したがって、意匠調査は、意匠登録公報調査のほか、市場に出ている他社の製品の意匠・デザインを製品自体やカタログ等で調査すること、さらに重要商品であれば、複数回調査を実施することが必要になります。これにより、出願されているであろう他社の意匠をある程度回避できると同時に、不正競争防止法違反もある程度回避することができます。

なお、調査の結果、先登録出願がみつかった場合、当該先登録出願を譲り受ける、あるいは、ライセンスを受ける、当該先登録出願の無効または取消理由を探して、審判請求をする、あきらめる（全面的にあきらめる、権利侵害とならないよう一部デザイン変更する）といった対応をとることが考えられます。

3　外注先の管理

知的財産権侵害が商品開発の外注先の判断により生じたとしても、知的財産権を侵害する製品を自ら製造、販売する以上、その責任を免れることはできません。

そこで、商品開発の全部ないし一部を外注する場合、当該外注先が他人の知的財産権を侵害するような商品開発を行わないよう、事案に応じて確認、監督を行うべきでしょう。

外注先による知的財産権侵害を防止する対策としては、委託契約において、他人の知的財産権を侵害しないことを表明保証させ、侵害した場合の責任を受託者に課すような条項を置くことが考えられますが、特に、外注先が、知的財産管理体制が整っていないような会社である場合には、そのような契約上の手当てだけでは必ずしも十分ではなく、より積極的に、知的財産権を侵害しないことの事前の確認、検証を自ら行った方がよいと考えられます。

対応策 以上により、本設問におけるA社の再犯防止策としては、上記の観点から外注先との契約内容を見直すとともに、外注先の知的財産管理体制を確認し、不十分であれば、外注先を変更するか、あるいは、個々の案件ごとに、他人の知的財産権侵害を行っていないか、調査、確認することが考えられます。

　たとえば、デザイン開発において、参考にした第三者のデザインがあるのであれば、その内容を確認し、不正競争防止法2条1項3号の模倣品に該当しないかどうか、また、当該他人のデザインが意匠権で保護されているものであれば、当該意匠権に類似しているおそれがないかどうか検討したうえで、デザインを採用するかどうかを判断することが望ましいでしょう。なお、①個性的な特徴を有しており、②宣伝広告、販売実績などの事情により、需要者の間においてその形態を有する商品が特定の事業者の商品であるとの認識が浸透している商品の形態を模倣する行為は、不正競争防止法2条1項1号の禁止する周知表示混同惹起行為として、禁止の対象となることがあります（東京地決平成11・9・20（iMac事件）判時1696号76頁等）。その場合には、同法2条1項3号のような期間による制限はありません。

予防策 デザイン開発においては、意匠法や不正競争防止法が問題となり得るということを、社内の開発担当者にも知ってもらうように、社内の知的財産教育を行うことが重要です。

　また、商品開発を外注する場合の留意点としても、知的財産権侵害問題があるということを、知的財産担当者だけでなく、開発担当者にも知ってもらい、外注先の決定や外注先の成果物を確認する際に注意をはらってもらうことが、侵害の予防という観点から重要でしょう。

Q5 競業行為を行った者に対して、損害賠償請求・競業行為差止請求を行う際の留意点

　A社の社員B氏が、A社を退職した後、新たに競業会社を設立し、A社の顧客を奪いました。A社としては、この損害をB氏とB氏が設立した会社に償ってもらいたいと考えているのですが、どのような点に注意したらよいでしょうか。

　また、B氏の競業行為そのものを行わせないよう、差し止めることはできるでしょうか。

回答

1　企業秘密が外部に漏えいすれば、企業は独自性や競争力を削がれ、大きな損失を被ります。不正競争防止法において保護される営業秘密に対しては、同法上損害賠償請求や差止請求が認められますが、同法の対象とならない企業秘密についても、損害の回復や予防をしておきたいところです。
2　企業秘密を漏えいされた場合の損害賠償請求については損害の認定が難しいこともあります（損害賠償額の予定の合意があっても、その全額が認められるとは限りません）。また、損害が認められても、従業員や退職者は資力に乏しく、結局損害の填補に至らないこともあります。
3　差止めを行うことができるのは、現に得意先が奪われているなど、現実的に企業の存立が危ぶまれるような状態であることが必要です。

 **1 秘密漏えい・競業行為による企業の損害への対応**

(1) はじめに

　企業に所属していた従業員が、企業が長年の努力によって開発した技術やノウハウ、さらには顧客と形成した人間関係を活用して競業行為を行えば、当該企業の技術の独自性や競争力が失われるだけでなく、直接的に取引先を奪われるなど、大きな損害を被ることになります。そのため、企業としては、その損害を補填しなければなりません。また、競業行為を行われている限りは、企業の損害は拡大し続けることにもなりますので、企業としては競業行為そのものをやめさせたいというのが正直なところだと思います。

(2) 不正競争防止法違反による損害賠償・差止め

　この点、不正競争防止法上は、営業秘密の侵害行為に対し、明文で損害賠償請求と差止請求が認められると規定しています（同法3条、4条）。また、同法に基づく損害賠償請求の場合には、営業秘密の侵害行為によって侵害者が得た利益が被侵害者の被った損害と推定されます（同法5条）ので、立証の点でも有利です。しかし、すでに解説しているとおり、同法の「営業秘密」として認定されるための要件は厳格なうえ、侵害行為の態様も限定されていますので、本書でいう企業秘密の漏えいや競業行為のすべてが該当するわけではありません。

2　損害賠償請求

(1) 概　要

　そこで、不正競争防止法上の営業秘密侵害行為以外の秘密漏えい・競業に

対する企業の損害の填補の手段としては、まずは在職中の従業員、退職者に対する債務不履行あるいは不法行為に基づく損害賠償請求を検討することになります。

このうち在職中の従業員の企業秘密漏えいや競業行為は、労働契約に付随して従業員に課せられている秘密保持義務・競業避止義務違反ですので、労働契約上の債務不履行、あるいは一般的な不法行為に基づき請求することになります。これに対し、退職者は、すでに労働契約が終了してしまっており、別途の秘密保持や競業避止に関する合意がない限り、企業に対して義務を負いませんので、上記の合意がなければ、不法行為に基づく損害賠償請求を行うことになります。もっとも、退職者は基本的に職業選択の自由が保障されていますので、競業行為をしたからといって、直ちに不法行為が成立するわけではありません（退職後の競業行為が不法行為となるのは、著しく社会的相当性を欠く手段、態様において行われた場合等に限られるとした裁判例として、大阪地判平成12・9・22労判794号37頁。退職後の競業避止条項違反の債務不履行について、同じく競業行為が相当性を欠くなどの特段の事情がある場合に限り債務不履行責任を負うと判断した裁判例として、東京地判平成17・9・27労判909号56頁）。実際にも、退職者に対する企業の損害賠償請求が認容されている裁判例は、当該退職者が在職中から競業行為を行っており労働契約上の債務不履行も存在するケースが多いように見受けられます。

(2) 損害額の算定

競業避止義務違反等で特に判断が困難と思われるのが、損害額の認定です。

たとえば、名古屋地判昭和61・9・29判時1224号66頁は、在職中の従業員が海外出張中に、現地の同業者に対して技術指導を行い、その現地の同業者が現地の受注を獲得した事例ですが、判決では、従業員の不法行為の成立は認めつつも、従業員の違法行為がなかったならば当該企業において仕事の全部または一部を受注し得たとは直ちに認められないとして、損害額が立証不

明であることを理由に請求を棄却しています（同様に、競業会社が得た受注について、そもそも当該企業が積極的に受注のために動いていなかったことを理由に損害と認めなかった事例として、東京高判平成21・10・21労判995号39頁）。

また、東京地判昭和51・12・22判タ354号290頁では、一斉に退職した従業員らの企業に対する不法行為責任は認めたものの、他方で当該企業が損害を最小限に食い止めるための打開策を何ら講じていなかったことから、損害額は、引抜き行為による人員不足等により当該企業の営業が一時停止することが止むを得ないと認められる期間における損害に限られるとして、当該企業の3カ月分の純利益（前年度の3カ月間の売上げと利益率から推定）のみを損害として認めました。このように、競業行為によって企業が損害を被ったとしても、企業努力により損害回復が可能な場合には、競業行為直後の損害に限定して認められることになります（東京地判平成2・4・17判時1369号112頁も、退職後3カ月の利益についてのみ損害として認定しました）。

さらに、競業行為の存在は認めることができても、それが企業にとっての損害になるか、損害になるとしてもどこまで損害と判断されるかは、実務上、立証が困難なことが少なくなく、当該企業が主張する損害額をそのまま裁判所が認定してくれるとは限りませんので、注意する必要があります（なお裁判例の中には、こうした立証の困難から、民事訴訟法248条により損害額を認定したケースもあります。大阪高判平成10・5・29判時1686号117頁）。

(3) **損害賠償額の予定**

このように、競業避止義務違反等による損害額の立証は困難であることが予想されるため、次に企業としては、あらかじめ従業員と競業避止義務に違反したときの違約金条項を定めておき（いわゆる損害賠償額の予定）、競業避止義務違反の事実が判明した場合には、この違約金条項に基づいて損害賠償を請求することが考えられます。この点、労働基準法16条は、労働契約の不履行に対する違約金や損害賠償額を予定する契約を禁止していますが、退職後の競業避止義務の特約、およびそれに伴う違約金条項は、労働契約そのも

Q5　競業行為を行った者に対して、損害賠償請求・競業行為差止請求を行う際の留意点

のではありませんので、こうした損害賠償額の予定も、同条違反にはならないと考えられます（東京地判平成19・4・24労判942号39頁、東京地判平成20・11・18労判980号56頁など）。もっとも、このように損害賠償額の予定条項をあらかじめ定めていた場合でも、裁判所の判断で損害額が限定されることがあります。前掲・東京地判平成19・4・24では、競業行為に対する違約金として、退職金の半額の減額と直近の給与6カ月分と規定されていたところ、裁判所は、退職金の半額については認めたものの、直近の給与6カ月分については、具体的な立証がないことから、その全額を損害とするのは相当でないとし、結論としては1カ月分に限って損害を認めました。前掲・東京地判平成20・11・18でも、営業秘密の技術を当該企業が独占しているわけではないことを理由に、予定額の7割の限度で損害を認定しています。

(4)　請求の相手方

　損害賠償請求の相手方としては、秘密保持義務や競業避止義務を負っている在職中の従業員や退職後の秘密保持や競業避止の特約を結んだ退職者であるのが通常です。

　しかし、こうした個々の労働者は企業の損失を補填できるほどの資力がないことも多く、裁判を起こしても結局損害の補填には至らないこともあります。そこで、企業としては、在職中の従業員・退職者だけでなく、退職者が入社したり設立した競業企業に対しても損害賠償請求を行い、その企業から損害を補填したいところです。

　しかし、実際に企業に対して秘密保持義務や競業避止義務を負っているのは在職中の従業員や退職者個人であり、競業企業が負っているわけではありませんし、職業選択の自由や営業の自由の観点からは、競業企業が競業行為を行うこと自体は違法性をもちません。したがって、競業会社に対する不法行為は、それが引抜き行為の共謀など、特段の事情でもない限り、認められないのが通常です（大阪高判平成10・5・29判時1686号117頁。なお、第3部第1章Q10を参照）。

(5) 企業秘密の漏えいがはらむ問題点

　以上のとおり、従業員に企業秘密を漏えいされたり競業行為を行われてしまった場合、企業としては、企業秘密の漏えいという問題だけでなく、企業秘密の漏えい行為や競業行為による損害を填補するにあたっても、大きな障害を乗り越えなければなりません。しかも、一度漏えいしてしまった以上、企業秘密が秘密に戻ることはありません。すなわち、企業秘密が漏えいした時点で、企業にとっては取り返しがつかなくなっていることが多いのです。したがって、企業秘密の保護においては、漏えいした後の対処よりも、いかに漏えいしないようにするかという予防の観点をより重視すべきだといえます。

3　競業行為の差止請求

　前記のとおり、企業が従業員の企業秘密漏えいや競業行為によって被った損害を填補するには、損害賠償請求を行うのが通常ですが、従業員が競業行為を行い続ける以上、企業の損害発生は止まりません。そこで、企業としては、できれば競業行為そのものを差し止めたいところです。もっとも、競業行為の差止めは退職者の職業選択の自由を直接制限するものである以上、差止請求が認められるためには、競業行為により、使用者が営業上の利益を現に侵害され、または侵害される具体的なおそれがあることを要し、その要件を備えているときに限り、競業行為の差止めを請求することができるとされており（東京地決平成7・10・16労判690号75頁）、実際に差止請求が認められるためには、かなりハードルが高いといえます。

　奈良地判昭和45・10・23判時624号78頁では、退職後の秘密保持義務および競業避止義務に関する特約が有効であることを前提として、退職者が技術的秘密を知り、知るべき地位にあったこと、退職者の有する知識が競業会社において大きな役割を果たしていることから、上記特約に基づいて差止めを求める被保全権利の存在を認め、また退職者の競業行為によって、現に競業

会社が得意先を蚕食しつつあったことから、保全の必要性があると判断しました。また大阪地判平成3・10・15労判596号21頁では、営業部長で営業の全般を掌握していた者が、退職と同時に競業行為を開始し、また顧客情報を企業に渡さず、さらに従業員3名中2名を引き抜き、企業の在庫品の無断搬出等を行ったのに対し、これも競業避止の特約の有効性を認めて被保全権利の存在を認め、また得意先のうち重要なもののほぼすべてを奪われたことから保全の必要性が認められるとしました。

このように、差止請求が認められるのは、実際に企業の得意先が奪われるなど、その存立が脅かされるような状態にあることが必要と考えられます。

対応策 在籍中の従業員の企業秘密漏えいや競業行為に対しては、労働契約上の債務不履行責任を問うことができますが、退職者に対しては、退職後の秘密保持・競業禁止の合意をしていない限り、責任追及は困難です。また、従業員・退職者が競業行為を行ったことによって当該企業がどのような損害を被ったのかを立証することは、意外と難しいですし、仮に損害賠償責任が認められても、従業員・退職者に資力がなければ、企業が損害を回復することはできません。競業行為の差止請求も、企業の営業上の利益が直接に侵害される具体的なおそれがあるときに限って認められます。

このように、企業秘密が漏えいし、競業行為によって企業に損害が発生するおそれがある場合でも、損害を防止・回復するのは容易なことではありません。したがって、企業秘密の保護においては、企業秘密の漏えい自体をできる限り防ぐ手立てを検討することが最優先課題となるのです。

【書式33】 損害賠償請求の訴状例

訴　　状

平成〇〇年〇〇月〇〇日

○○地方裁判所　御中

　　　　　　　　　　　　　　原告訴訟代理人弁護士　○　○　○　○　㊞

当事者の表示

別紙当事者目録記載のとおり（省略）

損害賠償請求事件
訴訟物の価額　　○○○万円
貼用印紙額　　　○○○○円

第1　請求の趣旨
　1　被告は、原告に対し、金○○○万円およびこれに対する平成○○年○月○日から支払済みまで年5分の割合による金員を支払え
　2　訴訟費用は、被告の負担とする
　との判決および仮執行宣言を求める。

第2　請求の原因
　1　当事者
　(1)　原告は、コンビニエンスストアや飲食店の経営等を目的とする株式会社であり、○○県○○市に本店を置き、同県内や隣接する××県において、Aのブランドで5店舗のコンビニエンスストアを経営している。
　(2)　被告は、昭和○○年○月○日生まれで、平成○年○月○日、原告に入社し、平成×年には、原告が経営する店舗のうちのB店において、店長に就任したが、平成△△年△月△日に、原告を退職した。

　2　就業規則および誓約書
　(1)　原告の就業規則第○条第○項には、以下の規定がある（甲第1号証）。
　「在職中及び退職後2年間は、会社の店舗が所在する県内において、競業行為を行ってはならない。」
　また被告は、原告に入社する際、就業規則の規定を遵守し誠実に勤務する旨の誓約書を提出している（甲第2号証）。
　(2)　また被告は、平成△△年に原告を退職する際、上記就業規則の規定

Q5 競業行為を行った者に対して、損害賠償請求・競業行為差止請求を行う際の留意点

と同内容が記載された誓約書を提出した（甲第3号証）。

3　被告の競業行為
　　前記のとおり、被告は平成△△年△月△日に原告を退職したが、遅くともその6カ月後である同年〇〇月〇〇日、Aのライバルのブランドである X とフランチャイズ契約を締結し、B店と同じ市町村内の、わずか数百メートルの範囲内に Y 店をオープンさせ、店長として Y 店を経営するに至った。被告の上記行動が、前記2の就業規則の規定および被告が提出した誓約書の文言に違反することは明白である。

4　原告の損害
　　原告においては、被告が退職した後、別の者を店長にしてB店の経営を続けていたが、被告が Y 店をオープンさせた結果、B店の利益は、Y 店のオープン後1年間で〇〇〇万円減少し、原告は同額の損害を被った。

5　よって、原告は被告に対し、債務不履行および不法行為に基づき、損害賠償金〇〇〇万円ならびに平成〇〇年〇月〇日より支払済みまで年5分の損害賠償金を求める。

以　上

【書式34】　不正競業行為の差止めを求める仮処分命令申立書例

不正競業行為差止め仮処分命令申立書

平成〇〇年〇月〇日

〇〇地方裁判所　御中

債権者訴訟代理人弁護士　〇　〇　〇　〇　㊞

当事者の表示

別紙当事者目録記載のとおり（省略）

保全すべき権利関係
不正競業行為に対する差止請求権

第1 申立ての趣旨
1 債務者は、別紙目録記載の資材の製造販売業務に従事してはならない
2 申立て費用は債務者の負担とする
 との裁判を求める。

第2 被保全権利
 1 当事者
  (1) 債権者は、金属鋳造の際に使用する冶金資材の製造販売を目的とする株式会社である。
  (2) 債務者は、昭和〇〇年〇〇月に債権者に入社し、以来平成〇〇年〇〇月〇〇日に退職するまでの間、債権者の研究部門に所属して債権者の技術の中枢部に直接関与していたほか、顧客と直接接触し、顧客の要望を踏まえた修正等を行っていた。

 2 債権者の製造する機械
  債権者が製造販売している製品は、金属の鋳造に際して使用され、それらの多くは高熱下で直ちに反応するものであり、微妙な差が重大な結果をもたらすという性質のものであるため、その製造には多くの技術的秘密が存在する。

 3 秘密保持・競業避止契約
  債権者は、前項の技術的秘密を保持するため、債務者と、昭和×年×月×日と平成×年×月××日の2回にわたり、以下の内容の契約を締結した（以下「本件特約」という）。
            記
  1 債務者は、雇用契約の存続期間中および終了後を問わず、業務上知り得た秘密を他に漏えいしないこと。
  2 債務者は雇用契約終了後2年間債権者と競業関係にある一切の企業に直接にも間接にも関与しないこと。

4　秘密保持手当

　債権者では、研究部門に所属する従業員に対しては秘密保持手当を支給しており、債務者もその支給を受けていた。

5　債務者の競業行為

　債務者は、平成○○年○○月○○日に債権者を退職した後、同年△月△日にＡ社を設立してその取締役に就任した。Ａ社では、債権者と同じく金属の鋳造に使用される資材を製造販売しているが、その資材の組成は債権者と同じであり、類似の効果を示すものである。

　したがって債務者は、本件特約に違反して債権者と競業関係にある企業に関与しており、またＡ社の資材の製造販売は債権者において債務者が得た知識経験に基づいて行われていることも明らかであり、債務者は債権者の技術的秘密をＡ社に漏えいしている。

　よって、債権者は、債務者に対し、本件特約に基づいて、同人の本件特約違反行為の差止めを請求するものである。

第3　保全の必要性

　Ａ社は、設立以来、債権者製品と類似する製品見本をもって債権者の顧客数十社に対して取引を申し入れ、現時点において少なくとも3社に対して製品の納入を取り付け、その結果債権者の製品納入が断られるなど、実際に顧客を奪いつつある。多額の投資と技術開発を行った結果、多くの技術的秘密を保有するようになった債権者の製品と比較して、上記のような技術開発の費用を必要とせずに債権者の技術的秘密を取得したＡ社の製品の製造コストが安価で済むのは当然のことであり、このままＡ社の行為を放置しておけば、債権者がさらに顧客を失い、回復しがたい損害を被ることは明らかである。

　以上の次第で、債権者には、本案訴訟を提起して判決が出るのを待っていては、仮に勝訴したとしても多大な損害を被ることが明らかであるため、本件仮処分申立てに及んだ次第である。

以　上

Q6 自社の知的財産権を侵害する者を刑事告訴する場合の留意点

電子機器の製造メーカーであるA社の技術開発部員であるX氏は、同社を退職するに際し、自分が関わっていた製造装置αの開発に関する資料一式をコピーして自宅に持ち帰っていました。

その後、X氏は、B社に就職しました。そして、自宅に持ち出していた資料を用いて、製造装置αと同等の製品を開発しました。B社が、同製品の販売を開始したことにより、A社は、X氏が、X社の営業秘密を勝手に持ち出し、B社に開示したことを知りました。A社は、X氏を刑事告訴することを検討しています。この場合、A社は、どのような点に留意する必要があるでしょうか。

回答

1 　営業秘密侵害罪は、被害者の告訴があって初めて公訴提起がなされる親告罪です。親告罪の場合、犯罪事実を知ってから6カ月以内に告訴を行う必要があるので、注意する必要があります。告訴にあたっては、犯罪の日時、場所、態様、被害の内容等を詳細に特定するように努めるとともに、捜査手続において営業秘密が外部に漏えいしないよう、捜査官に留意してもらう必要があります。

2 　また、公訴提起がなされた後は、平成23年不正競争防止法改正で導入された刑事手続における営業秘密の保護規定を活用し、裁判公開原則の下、営業秘密の秘匿性を保持するよう手続に関与することが求められます。

1 営業秘密侵害罪に対する刑事上の請求

(1) 概　要

不正競争防止法は、「不正の利益を得る目的」または「営業秘密の保有者に損害を与える目的」で行った営業秘密の不正取得・領得・不正使用・不正開示のうちの一定の行為を刑事罰の対象とし、行為者には10年以下の懲役または1000万円以下の罰金（またはその両方）を科すものとしています（不正競争防止法21条）。

また、一部の営業秘密侵害罪については、法人の業務として行われた場合、行為者が処罰されるほか、法人にも3億円以下の罰金が科されます（不正競争防止法22条）。

ただ、被害者保護の見地から、刑事訴追（公訴提起）には被害者の告訴が必要であるとされています（親告罪）。

(2) 刑事告訴

(A) 告訴とは

告訴とは、犯罪の被害者その他の一定の者（被害者の親権者や相続人など）が、捜査機関に対して犯罪事実を申告して犯人の処罰を求める意思表示のことです。告訴は告訴権者本人がするほか、弁護士その他の代理人によってもすることができます。

告訴と類似する手続として、告発、被害届の提出があります。告発とは、告訴権者と犯人を除く第三者が、捜査機関に対して犯罪事実を申告し、その犯人の処罰を求める意思表示のことであり、被害届は、犯罪事実の申告はされますが、犯人の処罰を求める意思表示が含まれていないことから告訴、告発と区別されています。

親告罪の場合、告訴期間は原則として犯人を知った日から6カ月以内に制限されているので（刑事訴訟法235条1項）、注意が必要です。また、告訴は、公訴の提起があるまでこれを取り消すことができるとされています（同法237条）。

　なお、親告罪の場合、告訴前の段階でも、捜査機関が捜査を行いうるかどうかについて、犯罪捜査規範は、「直ちにその捜査を行わなければ証拠の収集その他事後における捜査が著しく困難となるおそれがあるときは、未だ告訴がない場合においても、捜査しなければならない。この場合においては、被害者またはその家族の名誉、信用等を傷つけることのないよう、特に注意しなければならない」としています（同規範70条）。

(B)　告訴の内容

　告訴は、犯罪事実を申告して犯人の処罰を求める意思表示ですから、いかなる犯罪によりどのような被害を受けたのか特定できる程度の申告がなければなりません。もっとも、犯罪の日時、場所、態様、被害の内容等は、それにより犯罪が特定できる程度のものであれば、その詳細において不特定な部分や幅のある内容であってもよいとされています。ただし、告訴を行う者は可能な範囲で犯罪の日時、場所、態様、被害の内容等を詳細に特定するように努めるのが通例であり、告訴の受理をスムーズにし、捜査を促進するうえでも大切です（経営刑事法研究会編（編集代表：井窪保彦）『書式・告訴告発の実務〔第4版〕』9頁）。また、捜査員から資料の追加や告訴状の訂正等を求められる場合がありますが、それらの指示にはできるだけ従い、担当の捜査官がどこにポイントを絞っているのかを見極め、そのポイントに沿った資料の提出をすることが告訴を受理してもらう近道となります。

　また、本設問のように営業秘密侵害罪の場合には、捜査官に、捜査の過程においてA社の営業秘密が外部に漏えいしないように留意してもらうべきことを要請すべきでしょう。

2 刑事手続における営業秘密の保護

営業秘密の内容が公判審理の過程で公開されることにより、被害者である営業秘密の保有者の利益が損なわれるおそれが否定できないことから、営業秘密侵害罪は、親告罪とされています。

かつては、刑事訴訟手続においては、営業秘密の内容が公判審理の過程で公にされることを防ぐための特別の措置は設けられておらず、検察官による立証方法の工夫、裁判所の訴訟指揮による対処、既存の各種手続を活用するといった運用に頼らざるを得なかったため、被害企業が告訴を躊躇する事態が生じているとの指摘がありました。こうした状況に対処すべく、平成23年不正競争防止法改正により、営業秘密侵害罪に係る刑事訴訟手続において、営業秘密を保護するために次のような措置が導入されました（経済産業省「営業秘密管理指針（最終改訂平成25年8月16日）」27頁）。

---

① 秘匿決定（不正競争防止法23条1項〜3項）

裁判所は、被害企業等の申出に応じて、営業秘密の内容を特定させることとなる事項を公開の法廷で明らかにしない旨の決定をすることができる。

なお、不正競争防止法23条1項に基づき被害企業等が当該事件に係る営業秘密について申出を行う場合は、検察官を通じて行わなければならない。

② 呼称等の決定（同法23条4項）

裁判所は、秘匿決定をした場合には、秘匿決定の対象となった営業秘密の内容を特定させることとなる事項（営業秘密構成情報特定事項）に係る名称等に代わる呼称等を定めることができる。

③ 尋問等の制限（同法25条）

裁判長は、秘匿決定があった場合において、訴訟関係人のする尋問等が営業秘密構成情報特定事項にわたるときは、これを制限すること

ができる。
④　公判期日外の証人尋問等（同法26条）
　裁判所は、秘匿決定をした場合において、一定の要件が認められるときは、公判期日外において証人等の尋問または被告人質問を行うことができる。
⑤　要領記載書面の提示命令（同法27条）
　裁判所は、呼称等の決定や、公判期日外の証人尋問等をするにあたり、検察官および被告人または弁護人に対し、訴訟関係人のすべき尋問等に係る事項の要領を記載した書面の提示を命ずることができる。
⑤　証拠開示の際の営業秘密の秘匿要請（同法30条）
　検察官または弁護人は、取調べを請求した証拠書類等を相手方に開示するにあたり、その相手方に対し、営業秘密の内容を特定させることとなる事項を、被告人を含む関係者に知られないようにすることを求めることができる。

対応策　営業秘密侵害罪は、被害者の告訴があって初めて公訴提起がなされる親告罪です。親告罪の場合、犯罪事実を知ってから6カ月以内に告訴を行う必要があるので、その点留意が必要です。告訴にあたっては、犯罪の日時、場所、態様、被害の内容等を詳細に特定することが必要です。本件であれば、X氏が、どのような資料を、いつ、どのようにして持ち出したのか、その資料が不正競争防止法上の「営業秘密」の要件を満たすものであること、当該資料がA社の保有に係るものであること、さらに、B社の製品とA社の保有していた情報との関係（B社の製品ないし製品開発にA社の情報が使用されたこと、あるいは、A社の情報がなければB社が製品開発をできなかったと考えられる根拠）等を、具体的な根拠資料を用いて特定すべきでしょう。また、その過程で、捜査手続において営業秘密が外部に漏えいしないよう、捜査官に留意しても

らう必要があります。

　公訴提起がなされた後は、平成23年不正競争防止法改正で導入された刑事手続における営業秘密の保護規定を活用し、自社の営業秘密の秘匿性が保持されるようにするために、検察官による訴追活動に積極的に関与、協力すべきでしょう。

予防策　不正競争防止法により営業秘密の保護を図るためには、普段から情報管理を適切に行い、同法が要求している水準の秘密管理を行うことが必要です（同法2条6項、第2部第3章Q3参照）。

　そのためには、どのような情報を秘密管理すべきかを特定し、その対象にとってどのような漏えいリスクがあるのかを考えたうえで、望ましい管理（物理的・技術的管理、人的管理）を組織的管理として行うことが大切です。

　ポイントは、①秘密情報とその他の情報、アクセスできる者とできない者とをそれぞれ区分し、②権限に基づきアクセスした者がそれを秘密であると認識して取り扱うために必要な措置を講じるとともに、③権限のない者がアクセスすることができないような措置を講じることです。企業情報の管理に関する規則を制定することは重要ですが、それだけでは不十分であり、その実施をいかに実効的、効率的・継続的に行うかが重要でしょう。

　また、営業秘密が漏えいした場合に備え、証拠確保のための措置を講じることも重要です。たとえば、営業秘密が記載・記録されている書面、記録媒体等を、閲覧や複製や持ち出した者を台帳に記録する、営業秘密を取り扱っている従業員等のパソコンの利用状況や通信の記録を保存する（利用者のプライバシー等を考慮して労働組合等と合意することも考えられます）、営業秘密を管理している施設への入退出者を記録する等が考えられます。

【書式35】 告訴状例

平成〇〇年〇〇月〇〇日

東京地方検察庁
　検事正　〇〇〇〇殿

告　訴　状

　　　　　　東京都〇〇区〇〇町〇丁目〇番〇号
　　　　　　　告訴人　　〇〇株式会社
　　　　　　　　代表取締役　〇〇〇〇
　　　　　　東京都△△区△△町△丁目△番△号△△ビル
　　　　　　　電話　（03）0000-0000
　　　　　　　FAX　（03）0000-0000
　　　　　　　告訴人代理人弁護士　△△△△　㊞
　　　　　　東京都××区××町×丁目×番×号
　　　　　　　被告訴人　　××××

　　　　　告訴の趣旨
　被告訴人の下記所為は、不正競争防止法第21条1項1号の営業秘密侵害罪に該当するので、被告訴人の処罰を求めるために告訴をする。
　　　　　告訴の事実
　被告訴人は、告訴人会社の販売部長の職にあった者であるが、不正の利益を得る目的で、〇〇年〇〇月〇〇日午後20時30分頃、東京都〇〇区〇〇町〇丁目〇番〇号所在の告訴人会社の営業秘密管理責任者である取締役〇〇の役員室に無断で浸入し、同役員室に設置し同取締役が管理する金庫を無断で開錠し、同金庫の中に告訴人会社が営業秘密として保管中の新作ベビー用衣類の特殊加工SSS繊維についての特許申請書類一式を、自己の持参したカメラで接写撮影して、営業秘密を取得したものである。
　　　　　事　情
　告訴人会社は、ベビー用高級衣類を製造・販売する会社であり、被告訴人は、同社の販売部長の職にあった者であるが、遊興費欲しさに、競争関係にあるA社に告訴人会社が最近発明したSSS繊維の特許申請書類に記載された

営業秘密を売却することを決意し、上記日時場所において、告訴人会社の営業秘密をカメラのフィルムに収め、3日後の〇〇日10時頃、東京都〇〇区〇〇町〇丁目〇番〇号所在のA社の販売部長Cに対して、営業秘密記録媒体である写真フィルムを金500万円で売却したものである。

立 証 方 法

1．告訴人会社代表者〇〇〇〇の陳述書
2．参考人B、Cの陳述書
3．告訴人会社の時間外出退社管理簿
4．告訴人会社の防犯カメラ撮影フィルム

以　上

（長内健『企業秘密防衛の理論と実務〔第5版〕』407頁）

■事項索引■

[英数字]

AG ……………………………………92
BWC …………………………………92
COSO レポート ……………………… 4
CSR ……………………………40、44
CWC …………………………………92
FCPA ……………………………… 108
M&A に関する情報…………………14
MTCR ………………………………92
NPT …………………………………92
NSG …………………………………92
NTT 電話帳事件……………………61
PL（製造物責任法）訴訟 ………… 8
SNS ……………………………123、295
SOX 法 ……………………… 6、42、75
SRI ……………………………………47
USB メモリ ……………………122、314
WA ……………………………………92

[あ行]

アクセス権限……………………304、313
アルバイト従業員 ………………… 273
　――の管理 ………………………… 273
安全保障貿易管理…………91、94、96
委員会等設置会社……………………15
意見の聴取の状況 ………………… 173
意匠権………………………………… 155
意匠出願……………………………… 234
意匠登録公報………………………… 401
意匠登録出願……………………155、401
意匠法…………………147、155、234、401
委託契約……………………………… 401
一意匠一出願………………………… 236
違約金条項…………………………… 406
インサイダー取引………12、14、43、78
　――規制 ……………………………78
請負企業の従業員の管理………… 276

請負契約……………………………… 276
宇治市住民基本台帳漏えい事件……61
営業情報………………………………38
営業の自由……………………137、352
営業秘密……………… 3、115、129、
　　　　　　　　　　254、301、380
　――管理チェックシート 196
　――侵害罪……………………222、415
　――の刑事的保護………221、382
　――の複製……………………………63
　――の保護……… 221、381、417
営業秘密管理指針
　………………130、196、276、302
英国贈収賄禁止法…………………… 108
エンロン事件………………………… 6
汚職防止法（韓）……………………76
オーストラリアグループ……………92

[か行]

海外技術移転……………………… 141
外国公務員贈賂罪………………… 107
外国公務員贈賄防止指針………… 107
外国公務員贈賄防止条約………… 107
外国政府の公務員………………… 105
解雇権濫用法理…………………… 339
開示の状況………………………… 173
開示保護法（南ア）…………………76
会社法…………………………………41
海賊版……………………………… 140
外為法…………………………………92
外為令…………………………………92
外注先の管理……………………… 401
回答書……………………………… 395
該非確認責任者………………………95
価格協定………………………………85
化学兵器禁止条約……………………92
核兵器不拡散条約……………………92

課徴金減免制度……………………88
課徴金納付命令…………………86、87
仮処分申立て……………………… 388
監査委員会……………………………15
監査役等委員会設置会社……………18
間接侵害…………………………… 387
管理責任者………………………… 312
管理方法………………………………11
企業…………………………………… 2
　──の財産の私的利用の禁止… 292
　──の社会的責任………………40、44
　──の利益………………………… 352
企業改革法（米）………… 6 、42、75
企業価値……………………………… 3
企業情報………………………… 2 、19
企業秩序…………………………… 328
企業秘密…………………………113、265
　──管理の制度設計……………… 312
　──選別…………………………… 302
　──漏えい………………………119、327
　──を出力する際の手続……… 314
記者会見………………………………31
技術移転…………………………… 139
技術内容…………………………… 218
キャッチオール規制………………92、93
教育………………………………… 291
協議の状況………………………… 172
供給拒絶………………………………85
競業行為の差止請求……………… 408
競業避止義務……………………264、351
　──に違反した場合の退職金… 361
共同研究開発……………………… 182
　──ガイドライン………………… 186
　──契約…………………………… 182
共同発明者………………………… 188
業務委託契約……………………… 276
禁止権……………………………… 227
均等侵害…………………………… 387
金融商品取引法………………… 8 、41

経営情報………………………… 11、37
　──の開示……………………………38
　──の公表……………………………38
経営統合………………………………14
警告書………………… 162、389、390、394
刑事告発………………………………86
刑事罰……………………………… 393
携帯情報端末………………… 63、122、308
軽微基準…………………………79、82
決算情報………………………………80
決定事実………………………………79
研究委託…………………………… 195
　──契約…………………………… 195
研究ノート………………………… 185
研修………………………… 20、29、283、291
原子力供給国グループ………………92
権利の濫用………………………… 231
権利付与法………………………… 148
行為規整法………………………… 148
公益開示法（英）……………………76
公益通報者保護法………… 70、75、117
神戸製鋼所株主代表訴訟…………… 6
公募増資インサイダー取引事案……81
公務員に対する賄賂・便宜供与
　………………………… 12、105、107
コーポレート・ガバナンス…………15
顧客情報…………………………120、140
告訴………………………………382、415
個人情報………………………… 60、120
個人情報取扱事業者…………………62
個人情報の保護に関する法律につい
　ての経済産業分野を対象とするガ
　イドライン……………………………62
個人情報保護規程……………………65
個人情報保護法………………………60
コンタミネーション……………… 185
コンプライアンス…………………… 8
　──委員会……………………20、28
　──違反情報……………… 2 、12、56

──基本方針…………………9
──経営……………2、29、57
──行動基準………………23
──体制……………… 2、8
──担当部署………………28
──に関する情報…………55

[さ行]

再発防止策………………34
裁判情報…………………38
裁判手続と経営情報………50、52
財務情報…………… 2、38
債務不履行責任……………74
差止請求…… 86、129、393、408
差別的取扱い……………85
資産情報…………………38
市場シェア協定……………85
自他商品識別力………156、228
実施権……………… 246
実施権者…………… 249
実用新案法…………147、152
指定役務…………… 208
指定商品…………… 208
私的独占…………………85
支配型の再販価格維持……85
指名委員会等設置会社……15
社員教育………… 20、29、291
社会的責任投資…………47
社外取締役………………17
社内監査…………………57
社内クラウド……………64
社内処分…………………34
社内調査………………326、328
──責任者………… 331
──の手続………… 331
──の必要性………104、330
──の方法………… 331
──の目的………… 330
──の要件………… 330

社内ネットワークシステム……… 329
社内不祥事………………………33
社内不祥事調査委員会…………33
社内法務相談……………………57
社内リニエンシー………………58
従業員……………………… 263
──の競業避止義務………… 263
──の地位………………… 353
──の秘密保持義務………… 263
就業規則………………265、356
周知表示混同惹起行為………… 402
住民基本台帳法…………………62
住民票データ……………………61
収賄罪………………12、105、106
受託者……………………… 195
出向先……………………… 265
出向元……………………… 265
出所表示機能……………… 228
証券取引市場……………………39
商標権…………154、207、225、241
──の効力………………… 227
──侵害…………………… 227
商標使用基準……………… 240
商標的使用………………… 228
商標登録………………225、241
商標登録出願…………154、241
商標法…… 147、153、207、226、241
商法………………………………16
情報管理責任……………… 312
情報収集…………………………31
情報保護の必要性………… 114
職業選択の自由……… 137、344、352
職務発明規程……………… 169
職務発明制度……………… 170
所持品検査………………… 329
新規性……………………… 235
信義誠実の原則…………… 265
親告罪…………………222、383
人材流出…………………… 143

424

事項索引

人事情報……………………… 2、38
新卒社員の管理……………………… 282
人的管理……………… 135、302、315
ステークホルダー……………………… 2
誠実義務……………………… 137
製造に関するノウハウ……………… 120
生物兵器禁止条約………………………92
誓約書……………… 284、356、394
セキュリティ管理責任……………… 312
先願主義… 149、153、162、208、242
善管注意義務………… 20、267、268
先使用権……………………153、230
先使用の抗弁……………………… 388
宣伝広告物……………………… 205
先発明主義……………………… 149
専用権……………………… 227
総括責任……………………… 312
創作非容易性……………………… 235
創作法……………………… 147
相当の対価……………………… 170
属地主義……………………… 157
組織的管理……………………… 302
ソーシャルメディア………123、295
組物の意匠……………………… 236
損害額の算定……………………… 405
損害賠償額の予定……………… 406
損害賠償請求………… 129、393、404

[た行]
第一勧業銀行事件………………… 9
対策本部………………………31
第三者委員会………………………34
代償措置……………………… 353
退職金……………………… 361
　──規程……………… 365、367
　──制度……………………… 361
　──の減額……………………… 362
　──の性格……………………… 361
　──の不支給……………………… 362

退職者……………………… 121
　──による競業行為……………… 350
　──の競業避止義務………351、406
　──の秘密保持義務………………… 351
退職届の効力……………………… 339
大和銀行株主代表訴訟事件………… 5
大和銀行ニューヨーク支店事件…… 8
多重代表訴訟制度………………………18
ダスキン株主代表訴訟………………32
地域分割協定………………………85
知財リスク……………………… 161
知的財産……………………… 3、146
　──活動……………………… 151
　──権………………………127、146
　──制度……………………… 126
　──に関する情報………………13
　──の管理………………………16
　──の取得・管理指針……… 239
知的財産ガイドライン……………… 254
知的財産法……………………… 146
中途社員の管理……………………… 285
懲戒解雇……………………… 336
懲戒事由……………………… 137
懲戒処分……………………… 337
　──の相当性……………………… 338
調査委員会………………………33
調査嘱託………………………52
著作権………………………147、206
著作権法………………………147、206
著作物……………………… 206
通常兵器補完的輸出規制……92、93
ディスクロージャー………………42
デザイン……………………… 155
電子メール……………………… 122
統括責任……………………… 312
投資家の利益………………………39
動的意匠制度……………………… 237
登録要件違反……………………… 230
独占禁止法……………… 84、254

425

独占禁止法違反……………………12、86
独立行政法人情報処理推進機構……64
特許権………………………………218
特許出願……………………153、217
特許侵害訴訟………………………388
特許庁………………………………152
特許法………………………………147
トナミ運輸事件……………………72
取締役………………………………263
　　──の解任…………………………269
　　──の競業避止義務………263、267
　　──の秘密保持義務………263、267
取引先からの情報収集……………58

[な行]
内部告発……………………………70
　　──の公益性………………………73
　　──の方法の妥当性………………73
内部告発者……………………70、71
内部告発者保護法（米）…………75
内部通報………………………58、138
内部統制……………………………3
内部統制システム………………3、7
内部統制報告書……………………8
内部統制報告制度…………………42
日本型ガバナンス…………………16
日本ハム事件………………………9
日本版SOX法……………………6、8
入札談合……………………………85
ネガティブ・インフォメーション…220
ノウハウ……………148、157、254
野村證券事件………………………9

[は行]
ハードコアカルテル………………85
排除措置命令………………………86
排他的リベート供与………………85
派遣先企業…………………………274
派遣社員………………………21、274

　　──の管理……………………21、274
派遣元企業…………………………274
バスケット条項……………………80
パソコン……………………………122
発明者………………………………188
発明者主義…………………………169
発明者名誉権………………………187
発明の保護…………………………152
パブリックドメイン………………218
犯罪捜査規範………………………416
被疑侵害品…………………………387
引抜き………………………………343
非公知性………………129、220、380
ビック・データ……………………64
秘匿決定……………………………47
秘密意匠制度………………………237
秘密管理規程………………………316
秘密管理性………129、219、302、380
秘密情報……………………………117
秘密保持義務…………184、196、351
秘密保持契約………………………195
標識法………………………………147
表明保証……………………………401
複製…………………………………206
不公正な取引方法……………88、255
不作為の暴走………………………17
不使用取消審判……………………242
不正競争行為………154、381、393
不正競争防止法………63、129、254、
　　　　　　　　　　　　301、380
不正競争防止法違反………………63
不争義務……………………………255
普通名称化…………………………243
物理的・技術的管理…………134、302
不当な取引制限……………………85
不当廉売……………………………85
不登録事由……………………230、236
不法行為責任……………………74、405
不法行為に基づく損害賠償請求……86

426

事項索引

プライバシー………………… 61、329
　──侵害………………………61
ブラックボックス……………… 142
フランチャイザー……………369、372
フランチャイジー……………369、372
　──の職業選択の自由……… 372
　──の競業避止義務………… 371
　──の秘密保持義務………… 371
フランチャイズ契約…………… 370
フランチャイズ・システム……… 368
ブランド………………153、241
不利益取扱い……………………74
プレスリリース対応……………31
米海外腐敗行為防止法………… 108
ベネッセコーポレーション顧客情報
　漏えい事件……… 21、30、63、276
弁解の機会……………………… 338
弁護士法23条の 2 ………………50
ホイッスルブロワー……………71
報酬委員会………………………15
報償規程………………………… 171
法的対応…………………………34
法令順守…………………………8
保護されるべき情報…………… 114
ホワイト国………………………93
翻案……………………………… 207

[ま行]

未公開情報………………………79
ミサイル技術管理レジーム……92
三菱自動車工業事件…………… 9
民事の責任……………………… 381
無過失損害賠償請求……………86
ムラ型ガバナンス………………17
モニタリング……………326、328
模倣……………140、155、234、400

[や行]

優越的地位の濫用………………85

有用性………………………129、220
雪印食品牛肉偽装事件…… 9 、40、47
雪印乳業集団食中毒事件……… 9
輸出管理内部規程…………95、96
輸出関連法規……………………91
輸出関連法規違反……………12、94
輸出者等遵守基準…………92、95
輸出貿易管理令…………………92

[ら行]

ライセンサー…………………… 253
ライセンシー……………249、253
ライセンス契約…………249、253
利害関係者……………………… 2
リスク管理……………………… 3
リスト規制…………………92、93
立体商標制度…………………… 154
立体的形状……………………… 154
リニエンシー………………58、88
リバース・エンジニアリング…… 142
利用企業の責任………………… 382
漏えい者の責任………………… 381
労働契約………………………… 264
労働契約法……………………… 264
労働者派遣法…………………… 274
労働者派遣制度………………… 276
労務情報…………………………38

[わ行]

ワッセナー・アレンジメント………92

427

【執筆者略歴】（執筆順）

長 内　　健（おさない　けん）

長内法律事務所
1967年	中央大学法学部卒業
1971年	弁護士登録（第一東京弁護士会）
1975年－1978年	ニューヨーク大学ロースクール、ミラー・モントゴメリー・ソギ法律事務所（ニューヨーク）。

〔著書〕『企業秘密保護ハンドブック（訳）』（アスキー出版局、1986年）
　　　　『海外取引のリスク管理入門』（商事法務研究会、1989年）
　　　　『企業秘密防衛の理論と実務〔第5版〕』（民事法研究会、2011年）など

（第1部、第2部第1章、第2章担当）

片 山 英 二（かたやま　えいじ）

阿部・井窪・片山法律事務所パートナー
1973年	京都大学工学部卒業
1973年－1982年	藤沢薬品工業株式会社勤務
1982年	神戸大学法学部卒業、司法研修所（第36期）
1984年	弁護士登録（第一東京弁護士会）
	銀座法律事務所（現：阿部・井窪・片山法律事務所）入所
1988年－1990年	欧米留学・研修
	ニューヨーク大学ロースクール、ウィンスロップ・スティムソン・パットナム＆ロバーツ法律事務所（ニューヨーク）、マックス・プランク知的財産研究所（ミュンヘン）等
1989年	米国ニューヨーク州弁護士登録

〔著書〕『文書提出命令の理論と実務』（民事法研究会、共編、2010年）
　　　　『日米欧重要特許裁判例――明細書の記載要件から侵害論・損害論まで』（エイバックズーム、共著、2013年）
　　　　『実務審決取消訴訟入門〔第2版〕』（民事法研究会、監修、2014年）など

（第2部第4章、第3部第2章Q1～4、Q6担当）

服　部　　誠（はっとり　まこと）

阿部・井窪・片山法律事務所パートナー
1994年　　　　慶應義塾大学法学部法律学科卒業
1996年　　　　司法研修所（50期）
1998年　　　　弁護士登録（第一東京弁護士会）、阿部・井窪・片山法律事務所入所
2001年　　　　期限付任用法に基づき経済産業省知的財産政策室にて勤務（課長補佐）
2002年－2004年　米国ペンシルバニア大学ロースクール留学
　　　　　　　マックス・プランク知的財産研究所客員研究員（ミュンヘン）
2004年　　　　米国ニューヨーク州弁護士登録
2006年－2009年　一橋大学大学院法学研究科非常勤講師
2007年－　　　慶應義塾大学理工学部（修士課程）非常勤講師
2011年－2013年　日本弁護士連合会知的財産センター事務局次長
〔著書〕『逐条解説不正競争防止法』（有斐閣、共著、2002年）
　　　　『実務　企業統治・コンプライアンス講義』（民事法研究会、共著、2006年）
　　　　『知的財産訴訟実務大系Ⅱ』（青林書院、共著、2014年）など
（第2部第4章、第3部第2章Q1～4、Q6担当）

安　倍　嘉　一（あべ　よしかず）

髙井・岡芹法律事務所
2000年　　　　東京大学法学部卒業
2004年　　　　司法研修所（58期）
2005年　　　　弁護士登録（第一東京弁護士会）、髙井伸夫法律事務所（現：髙井・岡芹法律事務所）入所
〔著書〕『Q&A 職場のトラブル110番』（民事法研究会、共著、2008年）
　　　　『現代型問題社員対策の手引〔第4版〕』（民事法研究会、共著、2012年）
　　　　『ケースで学ぶ　労務トラブル解決交渉術』（民事法研究会、2013年）など
（第2部第3章、第3部第1章、第2章Q5担当）

企業情報管理実務マニュアル

平成27年1月9日　第1刷発行

定価　本体4,000円＋税

著　者　　長内健・片山英二・服部誠・安倍嘉一
発　行　　株式会社　民事法研究会
印　刷　　藤原印刷株式会社

発行所　　株式会社　民事法研究会
　　　　　〒150-0013　東京都渋谷区恵比寿3-7-16
　　　　　〔営業〕TEL 03(5798)7257　FAX 03(5798)7258
　　　　　〔編集〕TEL 03(5798)7277　FAX 03(5798)7278
　　　　　http://www.minjiho.com/　info@minjiho.com

落丁・乱丁はおとりかえします。　ISBN978-4-89628-985-5　C2032　¥4000E
カバーデザイン：関野美香

▶ **2011年改正不正競争防止法・最高裁判所規則に対応！**

『企業秘密保護の理論と実務』改題

〔第5版〕

企業秘密防衛の理論と実務
―営業秘密を中心として―

関連書式付

A5判・432頁・定価 本体3,600円＋税

弁護士　長内　健著

――――― 本書の特色と狙い ―――――

▶第5版では、刑事訴訟手続における営業秘密等の秘密性の保護が図られた2011年改正不正競争防止法や最高裁判所規則などを収録するとともに、参考資料編を整理して、より実務で使いやすいように改訂！

▶実務の現場で必要とされる就業規則、営業秘密管理規定、秘密保持契約書、告訴状、差止めや損害賠償を求める訴状等の関連書式には、わりやすいコメントが付されているので、極めて至便！

▶知的財産権、各種ノウハウや営業秘密、顧客名簿管理およびコンプライアンスなどに関与されている方々をはじめ、総務・人事担当者、役員から第一線社員までの必読書！

本書の主要内容

第1部　企業秘密防衛の対処法
第1章　企業秘密とは何か
第2章　コンプライアンス、企業秘密とコーポレート・ガバナンス
第3章　証券市場からの財務情報の開示要求
第4章　消費者、流通販売業者対策としての情報開示
第5章　裁判手続における真実発見のための回答義務
第6章　個人情報保護法によって保護される「個人情報」
第7章　公益通報者保護法と内部告発者の保護

第2部　営業秘密の保護の歴史
第1章　知的財産権の保護の歴史
第2章　仕掛人は通産省
第3章　日本における営業秘密保護のための取組み
第4章　欧米の法制度
第5章　業界に対する根回し
第6章　知的財産戦略で日本を変える

第3部　営業秘密を保護する不正競争防止法の逐条解説と実務
第1章　不正競争防止法によって保護される営業秘密の定義
第2章　営業秘密に対する不正競争
第3章　民事上の保護規定
第4章　刑事上の保護規定

第4部　営業秘密を守るリスク管理体制の構築
Ⅰ　リスク管理とは／　Ⅱ　営業秘密を保護する不正競争防止法の位置づけ／　Ⅲ　特許権や著作権を補う営業秘密／　Ⅳ　社内における営業秘密管理体制の構築／　Ⅴ　社員と役員に対する労務管理／　Ⅵ　刑事告訴の利用／　Ⅶ　民事訴訟手続の利用

第5部　参考資料編
不正競争防止法／関連判例一覧／関連書式

発行　民事法研究会

〒150-0013　東京都渋谷区恵比寿3-7-16
（営業）TEL.03-5798-7257　FAX.03-5798-7258
http://www.minjiho.com/　info@minjiho.com

■SNS、ビッグデータなどビジネス環境の変化に対応させ5年ぶりに改訂！■

詳解 個人情報保護法と企業法務〔第5版〕
―収集・取得・利用から管理・開示までの実践的対応策―

弁護士・慶応義塾大学法科大学院教授　菅原貴与志　著

A5判・397頁・定価　本体3,500円＋税

本書の特色と狙い

▶一向に減らない流出事故に備えた基本知識がこの1冊でわかる！

▶SNSへの不正書き込みや情報の流出、ビッグデータの活用、外資系企業や海外支店の場合など、加速度的に多様化が進む個人情報の取扱いの実務上の注意点、今後の法改正の動向のほか、最新情報を追加して改訂！

▶ユーザーの嗜好に合わせた情報提供など、進化するビジネスモデルに不可欠な個人情報の取扱いなど、企業はどのような基本姿勢で臨むべきか、Q&A形式でわかりやすく実践的に解説！

▶企業の現場責任者、法務・労務、総務、顧客サービス担当者、弁護士はもとより、医療・金融・教育関係者、自治体関係者等にも最適な実践的必携書！

本書の主要内容

序　論　個人情報の利用とプライバシー侵害
第1部　個人情報保護法
　第1章　立法の経緯
　第2章　基本理念と対象
　第3章　個人情報取扱事業者の義務
　第4章　実効性担保のしくみ
第2部　企業実務上の対応策
　第1章　適用の対象（総論）
　第2章　個人情報取得・収集の場面

第3章　個人情報利用の場面
第4章　個人情報管理の場面
第5章　本人との関わりの場面
第6章　個人情報コンプライアンス体制の構築

〔参考資料〕
①個人情報の保護に関する基本方針
　（平成21年9月1日一部変更）
②個人情報の保護に関する法律についての経済産業分野を対象とするガイドライン
　（平成21年10月9日厚生労働省・経済産業省告示第2号）

発行　民事法研究会

〒150-0013　東京都渋谷区恵比寿3-7-16
（営業）TEL. 03-5798-7257　FAX. 03-5798-7258
http://www.minjiho.com/　info@minjiho.com